U0588855

从细节入手

《"四特"教育系列丛书》编委会　编著

吉林出版集团股份有限公司
全国百佳图书出版单位

图书在版编目（CIP）数据

从细节入手／《"四特"教育系列丛书》编委会编著．
—长春：吉林出版集团股份有限公司，2012.4
（"四特"教育系列丛书／庄文中等主编．班主任治班
之道）

ISBN 978-7-5463-8785-7

Ⅰ．①从… Ⅱ．①四… Ⅲ．①中小学－班主任工作
Ⅳ．① G635.1

中国版本图书馆 CIP 数据核字（2012）第 043980 号

从细节入手

CONG XIJIE RUSHOU

出 版 人　吴　强
责任编辑　朱子玉　杨　帆
开　　本　690mm×960mm　1/16
字　　数　250 千字
印　　张　13
版　　次　2012 年 4 月第 1 版
印　　次　2023 年 2 月第 3 次印刷

出　　版　吉林出版集团股份有限公司
发　　行　吉林音像出版社有限责任公司
地　　址　长春市南关区福祉大路 5788 号
电　　话　0431-81629667
印　　刷　三河市燕春印务有限公司

ISBN 978-7-5463-8785-7　　　　　　定价：39.80 元

前　言

　　学校教育是个人一生中所受教育最重要的组成部分,个人在学校里接受计划性的指导,系统地学习文化知识、社会规范、道德准则和价值观念。学校教育从某种意义上讲,决定着个人社会化的水平和性质,是个体社会化的重要基地。知识经济时代要求社会尊师重教,学校教育越来越受重视,在社会中起到举足轻重的作用。

　　"四特教育系列丛书"以"特定对象、特别对待、特殊方法、特例分析"为宗旨,立足学校教育与管理,理论结合实践,集多位教育界专家、学者以及一线校长、老师们的教育成果与经验于一体,围绕困扰学校、领导、教师、学生的教育难题,集思广益,多方借鉴,力求全面彻底解决。

　　本辑为"四特教育系列丛书"之《班主任治班之道》。班主任是教师队伍的重要组成部分,是班级工作的组织者、班集体建设的指导者、学生健康成长的引领者,是思想道德教育的骨干,是沟通家长和社区的桥梁,是实施素质教育的重要力量。班主任工作是学校教育中极其重要的育人工作,既是一门科学,也是一门艺术。班主任工作既包括日常的教学管理,也包括班级文化建设。

　　本辑共20分册,具体内容如下:

　　1.《管好班干部》

　　班干部是班集体的核心,也是班级的"火车头",这个"头"带的好不好,马力足不足,直接影响到整个班级的运转。有了优秀的班干部队伍,班级各项工作就会顺利开展,班级面貌就会生机勃勃;反之,班级就是一盘散沙,集体就会涣散无力。因此,如何培养一支素质高、能力强的班干部队伍,显得尤为重要。本书对班主任如何管理好班干部进行了系统而深入的分析和探讨,并提出了解决这一问题的新思路、可供实际操作的新方案,内容翔实,教案丰富,对中小学班主任颇有启发意义。

　　2.《带班的技巧》

　　本书讲述的常见问题与解决策略,绝大多数来自新时期一线班主任的教育实践,因此,其实用性和可操作性是不言而喻的。同时.本书又不拘泥于就"问题"论"问题",而是透过现象看本质,善于引导新班主任们看到问题背后更深层次的东西,从而看得更远、想得更深、悟得更多。

　　3.《全能班主任》

　　优秀的班主任是如何炼成的? 他们的成长要经过多少道磨练? ……本书对优秀班主任成长必经的多项全能进行了深刻剖析与精彩演绎。

　　来自一线最真实的问题,来自一线最优秀班主任的"头脑风暴",来自全国著名班主任的点拨，使得本书在浩如烟海的班主任培训用书中脱颖而出。

4.《拿什么约束班主任》

班级是学校进行教育、教学工作的基本单位。班主任是班集体的组织者、教育者和指导者，是学校领导实施教育、教学计划的直接执行者，是指导团队开展工作的重要力量，是沟通学校、家庭、社会三结合教育渠道的桥梁。为了能更好地体现新课程改革对班主任工作的要求，进一步规范班主任工作的管理，明确班主任工作职责，促进班级工作的开展，建立良好的班风、校风，班主任教师除了在工作中讲究技巧性和艺术性外，还应该有严格的工作要求与便于实践操作的基本规范。

5.《班主任的基本功》

班主任工作十分繁杂，头绪很多，要想成为一名优秀的班主任，应当从事务堆中解脱出来，始终保持清醒的头脑，以明确自己的使命。本书全方位地阐述了新时期做好班主任应具备的各方面要素；它从班主任实际工作出发，从工作中出现的问题入手，再到详细地分析问题的成因，最后提出解决问题的方法、策略或建议。本书反映了我国新时期有关班主任工作的方针、政策的新动向，反映了班主任教育理念发展的新趋势，同时也反映了班主任工作实践活动的新发展。

6.《从细节入手》

班主任是班级的组织者、协调者、领导者和教育者，他是距离学生最近、与学生接触最多、对学生影响最大的老师。他的管理、他的教育影响的发挥在很大程度上取决于对教育细节的把握。细节虽小，却能透射出教育的大理念、大智慧。一个成功的班主任，一定是一个关注细节、善于利用细节去感染、教育和管理学生的人。

7.《班主任谈心术》

当前，青少年心理健康问题已成为全社会越来越关注的焦点。因青少年心理问题引发的违法犯罪等社会问题，也呈日趋上升的态势。现代教育的发展要求教师"不仅仅是人类文化的传递者，也应当是学生心灵的塑造者，是学生心理健康的维护者"。作为一班之"主"的班主任，能否以科学而有效的方法把握学生的心理，因势利导地促进各种类型学生的健康成长，将对教育工作的成败有决定性的作用。但是，面对性格迥异，出身、家庭等各有不同的学生，如何走进他们的心灵、倾听他们的心声、解决他们的思想问题？本书将一一为您解答。

8.《班主任治班之道》

班级是学校的基础"细胞"。班级管理搞好了，学校的教育、教学工作才会得以顺利。正如赫尔巴特所说："如果不坚强而温和地抓住管理的缰绳，任何功课的教育都是不可能的。"可见班级管理工作是多么的重要。而班主任作为班级的组织者、管理者，做好班级的管理就成为班主任工作的重中之重。

9.《怎样开好班会》

主题班会可以锻炼学生的活动能力,开拓他们的眼界。如何设计好一场别开生面的主题班会,寓教于乐,从思想上和情感上润物无声,对学生起到特殊的教育作用,这本手册是您的最好选择。分类细,立意精,内容新,一册在手,开班会不愁!

10.《突发事件应对》

书中列举的大量真实生动的案例,无不充满智慧,充满心与心的交流。书中的一幕幕校园闹剧,让人有种似曾相识的感觉;书中老师的"斗智斗勇",让人感到耳目一新,由衷叹服,不禁感慨教育真是一门充满智慧的学问!

11.《学生人格教育》

本书从人格类型入手,对教师和学生的人格类型进行了划分;再结合大量实证研究和教学实践个案,提出了教师应如何巧妙地根据学生的心理类型,在全班教学的同时又针对类型差异,进行适应个别差异的教学和管理,以满足学生的需要来激发学生的学习兴趣,进而提高教学效率,使每个学生得到适合自己的发展。阅读本书,教师不仅能够掌握更有效的教学方式、让学生喜欢上学习、提高教学质量,而且能够对自己有更进一步的了解,有利于教师的自我成长。

12.《学生心理教育》

当前我国教育改革和发展面临的重大任务和时代主旋律,是全面实施和推进素质教育。素质教育的重要内容和目标之一,就是培养学生良好的心理素质,提高学生的心理健康水平。而要想培养和发展学生的心理素质,最重要的方法就是面对全体学生系统地开展心理健康教育。本书就是一本供中小学生心理健康教育用的书,有助于引导中小学生领悟到相关的理念、知识和方法。

13.《学生遵纪守法教育》

对广大青少年的遵纪守法教育应根据其认识水平,从纪律教育入手,让他们从小建立起规则意识。而且要明确所在学校的校规,所在班级的班规;要了解学校的各种制度。由学校的一些纪律制度,推而广之,让青少年对必要的社会公共秩序的规定也要有所了解。同时,要青少年明白人小也要守法。本书以青少年为主要读者对象,目的是让青少年读者感受到遵纪守法的必要性。

14.《学生热爱学习教育》

本书通过大量实例,深入浅出地剖析了动机的重要性和来源,教您如何激发学生投入学习的动机,怎样鼓励学生完成学习任务,还告诉您怎样及时遏制学生在课堂上的不当动机。掌握了激发学生学习动机的策略之后,您会发现,让学生都爱学习,已不再只是梦想,它正在慢慢变为现实。

15.《学生热爱劳动教育》

教育与生产劳动相结合是我党教育方针的重要组成部分,是我们坚持社会主义教育方向的一项基本措施。要搞好教育与生产劳动的有机结合,必须首先教育学生热爱劳动,使每个学生对劳动产生渴望,感到劳动是一种欢乐,是一种享受。当学生能从劳动中取得乐趣时,劳动教育才算获得成功。

16.《学生热爱祖国教育》

热爱祖国是中华民族的传统美德,是每个公民的神圣义务。"以热爱祖国为荣,以危害祖国为耻"不仅是一个普通的道德准则,也是公民的生活规范。爱国主义是维护中华民族大团结,促进社会大发展的主要精神动力,是中华民族最基本、最重要的传统美德。爱国主义,也是对自己祖国和人民的深厚感情。

17.《学生热爱社会教育》

构建社会主义和谐社会,必将为青少年健康成长创造一个优良的社会环境。同时,加强青少年社会教育,促进青少年健康成长,对于促进社会主义和谐社会建设,也具有十分重要的意义。社会的持续发展,持续和谐,在很大程度上取决于今天的青少年能否成为未来社会的合格成员,而培养合格的社会成员,仅靠学校教育、家庭教育是不够的,必须坚持学校教育、家庭教育和社会教育相结合。

18.《学生热爱科学教育》

当你们看着可爱的动画片,玩着迷人的电脑游戏,坐上快速的列车,接听着越洋电话的时候,……你可曾意识到科学的力量,科学不仅改变了这个世界,也改变了我们的生活,科学就在我们身边。科学技术的日新月异,使得科学不只为尖端技术服务,也越来越多地渗透到我们的日常生活之中,这就需要正处于青少年时代的我们热爱科学,学习科学。

19.《学生热爱环境教育》

我们不是从祖先那里继承了地球,而是从子孙那里借用了地球。宇宙无垠,地球是一叶扁舟,人类应该同舟共济。地球能满足人类的需要,但满足不了人类的贪婪。森林是地球的肺,我们要保护森林。水是生命的源泉,珍惜水源也就是珍惜人类的未来。拯救地球,从生活中的细节做起。对待环境的态度,表现着一个人的素质和教养。人类若不能与其它物种共存,便不能与这个星球共存。幸福生活不只在于衣食享乐,也在于碧水蓝天。

20.《学生热爱父母教育》

专家认为教育首先是让孩子"成人",然后再是"成才"。要弄清成绩、成人与成才三者的关系,谨防"热爱教育"缺失造成的心灵成长"缺钙"现象。对一个孩子健全人格的培养,最关键的要让他做到几点:热爱父母,能承受挫折、吃得起苦,有劳动的观念。热爱父母,才能延及热爱社会、热爱人生。

由于时间、经验的关系,本书在编写等方面,必定存在不足和错误之处,衷心希望各界读者、一线教师及教育界人士批评指正。

编者

目　录

第一章

班主任如何做好班级管理工作

身教重于言教

教师的劳动是一件极其严肃的事情,这就要求教师对自己的教育活动必须持十分慎重的态度。学生的"向师性"强,"可塑性"大,他们往往模仿教师的一言一行、一举一动,并且把它们作为自己学习的内容,所以教师的言行和举止,就会潜移默化地感染、教育学生。这就要求班主任要以言教引导学生树立正确的人生目标和学习目的,树立认真刻苦的学习精神和严格的学习纪律,用教师的职业道德和校风校纪规范自己,真正做到以身作则,率先垂范。

学生在学习过程中不是被动、消极地接受教育,而是主动地学习、观察与思考。身教正是通过感官传导进入学生的心灵,潜移默化地影响着他们的身心发展,这是符合学生心理发展规律的教育形式,在教育生活中起着"言传"所代替不了的重要作用。身教可以配合学生自我意识发展的规律达到学生自我教育的目的,在教师无声的教育影响下不断完善自己的道德品质和心理品质,实现自己的自由发展。身教影响力的激励作用是很大的,教师要注重自身人格的塑造,才能培养出符合社会发展需要的人才。

请看下面这个案例:

某班自成立以来,班主任兼教语文课的刘老师发现学生有"事不关己,高高挂起"的倾向,他们对班级的事、别人的事总是表现得很漠然。虽经多次说服教育,效果依然不好,她很苦恼。

一天下午的语文课上,刘老师正讲着课,突然"哇"的一声,该班的学生林瑞吐了一地。时值盛夏,臭味立刻充满整个教室。此时林瑞脸色苍白,汗珠从脸上渗出来,痛苦地趴在桌子上。见他这样,刘老师很着急。而同学们有的捏鼻子,有的扇着书扇跑臭味,有的竟起哄:"熏死了!"

面对这一场面,刘老师放下书,疾步来到林瑞面前,掏出自己的手帕,边为他擦汗,边询问病情,确认是感冒所致,刘老师才稍微放下心。接着,她拿起笤帚和簸箕,从外面取来沙子,清扫呕吐物。教室里很快静了下来,有的惊讶,有的满脸羞色……班长和另外两个班干部连忙接过刘老师手中的工具接着打扫。刘老师转向全体同学说:"大家先上会儿自习,自己看一下课后题。"说完,立即带着林瑞同学去了医院。

刘老师走后,又有几名学生自觉地拿起了扫除工具,大概过了几分钟,教室被清扫干净了。教室里开始有人小声议论。一个同学说:"刚才,林瑞吐了一地,我恶心得也要吐出来。"另一同学接着说:"可不是?真脏啊……""看咱们老师,一点也不嫌脏,又打扫,又送林瑞去医院的,我算是服了。"议论的声音越来越大,此时班长贺名同学站了起来说:"大家对今天发生的事情好像有很多话要说,我们借这件事开一个十分钟的班会,怎么样?"大家都纷纷赞同。班长贺名打断大家的议论说:"我想借这次机会说说我自己,我是一个不称职的班长,在评选班干部时,老师说过'一班之长,要以身作则,同时在学习和生活中要关心同学,帮助同学',当时我信誓旦旦地向老师向同学保证:一定要做好大家的勤务兵。今天,林瑞有病了,开始我无动于衷,是老师的举动提醒了我。"林瑞的同桌站起来说:"我距林瑞最近,这节课我发现他总是趴在桌子上,我为了听课也没理他,他吐了之后,我没考虑到他那时有多难受,只是嫌气味难闻,又离他远远的,看刘老师平时对同学挺严厉,其实对我们挺好的。"

身教重于言教,这件事对学生产生了良好的影响,现在,同学之间互相关心,互相爱护已蔚然成风。大家都懂得,帮助他人是件快乐的事,更是有修养的人的美德。

班主任刘老师对这件小事的正确处理,给教师提供了"身教重于言教"的成功案例。

归结刘老师对这件事情的处理,其成功之处在于:

1. 教师要以身作则,为人师表

教师本人是学校里最重要的表率,是最直观的、最有教益的模范,是学生活生生的榜样。刘老师在面对全班学生的漠不关心、无动于衷,保持"沉默"的状况下,通过自己无声的举动,引导学生自我认识、自我教育,以潜移默化的形式将教师的期望内化为学生的自觉要求。简单的行动胜过了千言万语。

2. 教师的身教是时时处处存在的

教育学生要从大处着眼——培养学生崇高的理想,更要从小处着手——充分利用学生中发生的小事,因势利导,把握时机,教育学生。刘老师就很好地把握住了教育契机,让学生在事实面前,让学生在经历之中,去体验、去思索,从而形成正确的是非观念,激发道德情感,规范道德行为。教师的身体力行就是无声的教育,最好的教育。

身教不同于单纯的言教。印度有句谚语:"告诉我的,我忘了;表演给我看的,我记住了;我亲自动手做过的,我明白了。"从心理学角度分析,这是因为身教具有形象直观性、动情性。由于形象直观,身教就为学生思维发展拓展了从感性到理性,从理性再到实践的认识道路,身教就容易被学生接受。

实践表明,潜移默化的教育形式是学生最易接受的,他们对这种无形教育既不能防御,也不能抵制,模仿也就在无形之中产生,这种模仿最初是外部行为,直观的、有目的的,而后逐渐由外向内、由表及里地转化和深入,经过较长的时间后,教师最初的行为规范就成为学生稳定的心理品质。

古今中外诸多教育家对"身教"都作出过精辟的阐述。孔子说:"其身正,不令而行,其身不正,虽令不从。""不正身,如正人何。"近代著名教育家蔡元培在解释示范时说:"范,就是模范,可为人的榜样,自己的行为要做别人的模范。"夸美纽斯指出"教师的职务是用自己的榜样教育学生。"前苏联教育家凯洛夫提出:"教育是一切美好的化身和可资仿效的榜样。"因而"身教"重于"言教"。

少一些包办,多给一些自主

学生从小学到中学,正是自主意识逐步形成和巩固的阶段。当代中小学生见多识广,绝大部分学生有独立处理安排自己班级的强烈愿望,有展示自己个人才华的积极心态。班主任方方面面给安排妥当,学生当家做主的愿望不能实现,必然使他们的热情降低、信心大减,内心形成强烈的冲突,并会以沉默、消极对待、故意违抗等各种方式表现出来,最终导致班级管理秩序混乱。有位教育家说过:"记住你管教的同学应该是一个能够自治的人,而不是一个要别人来管理的人。"班主任只有在班级管理中少一些包办,多给学生自主选择的机会,班级管理才能收到事半功倍的效果。

下面是一位教师在班级管理实践中的一个案例:

新学期开学后,徐老师接任初一(1)班班主任并教语文课。上课的第二天,就遇到这样一件事,当她讲课正起劲时,发现学生小李总是低着头看什么。她走近一看,他正在看一本《探索》杂志,立刻火冒三丈,但想到刚接任班主任,还是先压住了火气,就没收了杂志,继续讲课。

下课后,徐老师将小李叫到了办公室。小李垂着头,等待新班主任的批评。

　　不知出于何种动机。本想训斥几句的,却变成了一句问话:

　　"你爱看《探索》杂志?"

　　"嗯"

　　"那你有前几期的《探索》杂志吗?"

　　小李一边点头,一边来了精神,感到这位新班主任并不是很凶的人。原想的结局没有发生,便说:

　　"我一直订阅《探索》杂志,里边的内容可好哩。"他瞟了老师一眼,观察着老师的表情变化。

　　徐老师接着批评了几句就结束了谈话。她深思着一个问题,学生爱看课外书,是我们语文教师求之不得的事情,但要指导他们如何看,还要激发他们自觉看。他准备在小李身上进行一个实验。

　　徐老师走的第一步是调查。

　　科任老师反映说,小李上课常常看课外书,学习成绩是中上等,接受能力较强。但他只要觉得对老师所讲的课稍不感兴趣就读课外书。家里买的书也不少,知识面较广,有时老师讲课有错,小李还能纠正。

　　同学们反映说,小李看书特快,知识特丰富。大家都叫他"小灵通"。

　　徐老师直接询问了小李及其家长,了解他的看书特点和家教情况。小李看的书主要是科技类,其次是儿童文艺类、作文选等。看书时间可谓"争分夺秒",课上"偷看",课间看,晚上做好作业后一般还要看,算得上是一个"书迷"。小李的父母都是工人,高中文化,特别关心孩子的教育。上幼儿园时就开始买书,一般是孩子爱看什么就买什么,后来家里还订了几本杂志。在家里,只要小李高兴看,家长一般不干预。只是晚上如果太晚了才提醒他睡觉。家长认为,只要孩子肯读书,将来一定有出息。

　　徐老师走的第二步是指导。

　　这一步想解决两个问题,一是指导小李如何看,二是指导全班同学如何看。

　　徐老师找来小李同学,问:

　　"最近在看什么书?"

　　"前天我和爸爸买了一套《科学探索者》,已看了近一半。"

　　"还在课上看吗?"徐老师又问。

　　"不了,徐老师,我不会再在课上看了。"

　　"保证能做到?"徐老师激将式地问。

"保证。"

"你如果真保证做到课上不看课外书,就给你一个光荣的任务。"徐老师刚说完,小李就接着说:"徐老师叫我做,我保证做好。"

"任务不难,对你来说很容易,就是做班上的好书推荐员。你把看到的好书向全班同学推荐和介绍。让大家都知道书中的知识或道理。具体要求是每周介绍一本,在班会课上用5至10分钟时间。如果我上语文课有时间,也可挤一点让你介绍。只要是你看过的都可以介绍。行吗?"

听完徐老师的话,小李说保证完成。

徐老师在班上宣布了小李同学承担的这项工作,并问同学们愿不愿意听小李介绍新书内容。大家一致同意。为了配合小李同学,也为了激发其他同学阅读课外书的热情,班级成立了一个课外阅读介绍小组,由小李任组长。并在班级黑板报上开辟小专栏"每周一书"。

为了使课外阅读介绍组顺利开展工作,徐老师要求他们制定工作计划,分工负责,而且每次介绍都要在组内备课试讲。介绍什么书,什么时间开展小组活动,都由小组决定。

几次活动后。学生普遍反映效果很好,要求增加介绍时间和内容,有的同学也要求加入介绍组。徐老师考虑到学生的要求,改为"每天5分钟"介绍,增补了几名"志愿者"。小李同学为了组织准备这5分钟活动,忙碌了许多。

经过两个月的实验,学生普遍爱看课外书,都希望能上台介绍自己感到有趣的知识或故事。

徐老师发现,学生的课外阅读积极性调动起来了。涉及的面也很广,而且没有一个在课堂上看书。但总觉得有点不满意,是不是应该和学科教学结合起来?为此她亲自召开一次兴趣组成员会议,共同探讨这个问题。小组会上,学生发言极为热烈,一致认为应与学科教学结合起来。于是大家先作分工,分配给有关任课老师,先分语文、数学、外语、科学、政治、历史六科,任务是根据任课教师的教学内容需要,先行查找学习有关内容并作介绍,或是教学后补充介绍。

这样,课外阅读介绍组又分成六个学习小组。这些小组成员无意中成了任课教师的教学助手。任课教师为了配合教学,也主动向介绍组同学推荐课外阅读书目,并进行指导。

半个学期过去了,课堂上没有出现过看课外书的现象。而学生看课外书的积极性却异常高涨。有的学生说本学期接受到的课外阅读知识量超过了以前一年学习的知识量。学生的书包里一般都有一两本课外书刊，主要是课外时间看，也有不少同学是为了交换看。反正课堂纪律是一天比一天好。

这个案例启示我们，个别学生在课上看课外书，想必有一定数量的老师遇到过，一般的处理办法：一是当众没收，批评了之；二是当众撕毁，公开检查；三是暗示制止，事后招谈，要求改正。可徐老师并没有停留在仅仅制止的目标上。而是从中看到了学生的长处，巧妙地转弊为利，实现了更高的教育目标——既教育一个学生又教育一个集体。

这是一个成功的创造。当教师的教育不得法时，学生是"无帆的船"；当教师的教育得法时，学生就是"鼓满风帆的船"。学生是一艘怎样的"船"，关键在于教师的教育手段和管理手段。徐老师的教育方法给了我们很好的启示。

自觉——纪律教育的核心

纪律和规则是我们平时工作、学习和生活中不可缺少的。很多事实都能说明这个道理，比如买票要排队，走在马路上要遵守交通规则，甚至我们平时的一举一动都受到一定程度的要求和约束，否则任何事情都毫无秩序可言。作为在校的学生，处在向社会迈进的过渡时期，更是有数不清的纪律和规则来要求他们，告诉他们该怎么做不该怎么做。

但是，纪律问题又一直是让班主任操心甚至头痛的问题。在很多领导和老师看来，纪律是组织和建设班集体的保证，是班主任德育工作水平的表现，一个班级如果没有形成良好的纪律，就谈不上班集体的形成。因此，一个班级是否纪律井然、令行禁止，常常影响这个班在科任教师心目中的形象，以及学校领导对班主任的评价。因此，每一个班主任都在纪律问题上动了不少心思、花了大量力气。

班集体的建设当然需要纪律的保障，这一点毋庸置疑。但是，问题在于是什么样的纪律，是自觉的纪律，还是被迫的纪律？所谓自觉纪律，就是指学生将外在的纪律要求转化为学生自我品格修养的内在要求和自觉行动。它具体表现为：当学生单独在某个地方的时候，或老师不在场的时候，他们也知道按既定的纪律要求约束自己。然而，在我们的班集体建设实践中，许多班主任往往只注重纪律的形式，而不太重视纪律的内容；或也知道养成自觉纪律的重要，但由于其养成过程费事、费神，反复、麻烦多多,以致常常用统一性的强迫要求代替自觉的纪律,甚至连安排座位都不例外。其结果使许多学生把班级纪律视为对其自由、人格的限制和束缚。

请看下面的案例:

任班主任多年,已经无法描述我对有些班级学生座位安排方法的厌恶之情了。区区一个教室的座位,成了评价、约束学生的一个"有利的武器"。根据考试成绩排座位几乎成了约定俗成的办法,对学生座位的横加干涉已经顺理成章。于是,当报名结束,下午学生要来教室的时候,我就在想,孩子们的座位应该怎么安排?

这个问题困扰了我很久,中午吃饭的时候都没有想出个头绪,直到我和孩子们一起来到教室门前,在打开门的那一刹那,我终于决定了:不安排就是最好的安排!

门开了,孩子们问我:"老师,座位怎么安排?"

我说:"自己进去,选最喜欢的位子,随便坐!"

孩子们诧异地看了我一眼,但还是鱼贯而入,很快坐在了座位上。我们新的学习生活就这样开始了。

一个多月之后的一次班会课上,我才这样告诉学生:"班集体是我们自己的,座位也是我们自己的。我从来没有将座位作为惩罚或者表扬学生的手段的习惯,因为在这个教室中,我们每个人都是平等的一员,座位没有尊卑之别,正如人没有高下之分。在我的班里面,如果谁想调换座位,一般是通过你们自己协商的途径,我不会对你们的座位横加干涉。但是,也希望每位同学明白,座位对大家的学习是有影响的,我相信大家能作出正确的选择。"

Sally 因为家里的事情,开学之后一个月才到学校,座位安排在最后一排。有一天她告诉我:想调到前排坐。我告诉她,如果有同学愿意和她调换,她就可以坐到前面。几天后,她说不好意思去问同学。我说我也不能对别人的座位加以干涉,但是我有一个折中的办法:把桌子移到前排的走廊上,因为每周我们都要调换组与组的座位,那么下周就会是别的同学坐那里了,相信大家都会理解的。她照办了,于是,在走廊上就有了一个特殊的位子。几天以后,另一位男同学找到我,说要调换座位,我问他原因,他说在原来的座位上老是管不住自己,要和旁边的同学说话,我说:"你找到愿意和你调换的同学了吗?"他说找到了。我告诉他,这说明你已经有了控制自己的能力,恭喜你!我同意你的请求!

有时候我在想：靠控制学生的座位来达到控制学生的目的，还不如干脆把权力交给学生，让他们自己选择，并让他们学会为自己的选择负责。因为，他们正在长大，需要我们给他们长大的机会。

上述座位问题实际上是我们当前班级管理中一些值得反思的问题的反映。类似安排座位这样的将教育硬件异化为权力资源的现象，在我们的班级管理实践中，并不少见。当然，班主任都认为自己是出于种种好心——为了保障纪律，为了保障学习，为了帮助"差生"，为了提高学生的道德水平等等。其实，我们可能更多地是为了方便自己，因为我们不放心学生的纪律自觉性。

更为严肃的问题是，在这种方式和心态下进行的班级管理和班级德育，可能与道德及其管理的本意相悖。

先从"学生——主体"来说。当前教育改革的一个重要特征，就是强调要将学生当作教育的主体，注重学生在班级教育活动尤其是班级德育活动中的主体参与，改变传统班级管理及道德教育中教师主宰、灌输、控制等弊端，通过优化教育途径和教育环境，强化学生的主体意识，弘扬主体精神。但是现实情况如何呢？班主任都知道学生应该是教育的主体，班集体建设和班级德育活动要注重学生的全员参与。然而，恰恰是为了这个"全员参与"的结果，一些班主任忽视了学生的主体性。因为，既然学生是主体，他们就有选择权，可以选择参与，也可以选择不参与。可是，我们一些班主任只承认学生有参与的权利，而不承认或不接受他们有不参与的权利。连选择权都没有，还算是主体吗？说到底，一些班主任尚未真正接受学生是教育的主体这一教育新观念。

再从学生主体问题回到自觉纪律的养成。如果我们真正承认学生是教育的主体，那么在对学生进行自觉纪律的养成教育之前，我们应该对纪律及其与班集体和班级德育的关系有个正确的认识。首先，我们要养成的是自觉的纪律，即不需监督的、真正的纪律，而不是被迫的纪律，即虚假的、做给别人看的纪律。一个班级如果没有形成自觉的纪律，就谈不上班集体的形成，更谈不上德育实效。其次，自觉的纪律是教育的结果，因为学生养成自觉纪律的过程，是在老师信任与激励下，主动地、不断地与自身的不良欲望和不良习惯作斗争的过程。第三，自觉纪律的养成是一个自主性的自我教育过程，其中有反复、退缩、痛苦，也有麻烦，需要老师的鼓励和督促，但是如果没有自主性，自觉的纪律无从养成。

　　教育心理学研究表明，那些以强迫命令、刻板专横的权力主义方式抓纪律问题的班主任，其对学生心理和道德发展会产生至少三个方面的显著消极影响：一是恶化师生关系，班主任被学生看作是个专制者；二是导致学生心理异常，学生在与这种班主任交往时，惧怕和焦虑自然使他们产生种种异常的防御反应，影响学生心理和个性的健康发展；三是导致学生道德发展水平的下滑，即学生在该班主任面前之所以规规矩矩、老老实实，主要是为了避免他的非难，以致他的班级中虚伪、假装、说谎等欺骗现象明显多于那些以民主方式行事的班级。而且，研究者的结论强调，欺骗是精神贫乏的象征，至少有一部分是由于以教师为中心的课堂特点所导致的。

　　所以，作为班主任，我们一定要记住，培养学生的自觉性是纪律教育的核心。

把遵守纪律培养成习惯

　　什么是习惯？

　　"习惯"是养成教育的结果，养成良好的习惯是行为的最高层次。习惯不是一般的行为，而是一种定型性行为。习惯是经过反复练习而养成的语言、思维、行为等生活方式，它是人们头脑中建立起来的一系列条件反射，这种条件反射是在重复出现而有规律的刺激下形成的，并且在大脑中建立了稳固的神经联系，只要再接触相同的刺激，就会自然地出现相同的反映，所以说它是条件反射长期积累、反复强化的产物。从心理机制上看，它是一种需要，一旦形成习惯，就会变成人的一种需要，如果不这样做，就会感到很别扭。因而它具有相对的稳定性，具有自动化的作用，它不需要别人督促、提醒，也不需要自己的意志努力，这就是我们平常说的"习惯成自然"，是一种省时、省力的自然动作。

　　习惯不是由遗传得来的，它是在后天的生活环境中习得的。从生理机制来讲，习惯又是一种后天获得的条件反射。如果对习惯的这一特征缺乏认识，往往会把一个人的好习惯或坏习惯归为先天的、遗传得来的，这在实践中就会走入"误区"，从而忽视教育影响的作用。了解了习惯的后天性特征，可以使人有意识、有目的地进行良好习惯的训练，防止并克服不良习惯的形成，充分发挥主体的能动作用。

　　人的行为有四个层次。最低层次是被动性行为。它需要靠外部的强制力量。这是因为此时孩子的道德认识还不充分，道德情感还不稳固，还没有形成道德意志。例如,老师在场就守纪律,老师不在场就不守纪律。第二个层次是自发性行为。学生通过接受教育,对习惯培养的重要性有了基本的认识,并能自发地根据情境要求去做,但由于其自控能力差,兴趣、情绪变化大,因此行为具有随意性和情境性,行为习惯常常顾此失彼,不能完全到位,反复性大,往往是不稳定的。这时学生不但需要自己的意志努力,还需要家长和老师从外部给予一定的提醒和督促。第三个层次是自觉性行为。它需要一定的意志努力,靠内部的自我监督。这是因为学生已有一定的道德认识,并有一定的道德意志,能够自我要求,自我监督,不需要外部监督,但尚需自己的意志努力。例如,老师不在时也能守纪律,但还需要自己控制自己,提醒自己。知道上课时随便说话、玩东西是不对的,但有时还需要经过自己的思想斗争。看到别人在课堂上说话,也想说,可又一想,好学生应该自觉守纪律,虽然老师不在,也要严格要求自己,于是控制了自己的行动。这种行为虽然属自觉行为,但还不是自动行为。最高层次是自动行为。既不需外部监督,也不需自己的意志努力,这时学生遵守纪律已不是被迫的,既不是迫于教师的监督,又不是靠自己的思想斗争或意志努力,而是自然的、自动的行动——习惯。

　　我们先看下面这个案例:

　　开学了,这是新一年级开学的第一天,孩子们带着他们从小养成的种种习惯聚集在这间教室里,几十个天真烂漫的孩子眼睁睁地瞅着我。我讲了学校的要求和班级的要求,他们有的听懂了,记住了,有的不大明白,还没记住。最后我说:"还有一项要求,只有三个字,我说出来,请大家一定做到。如果做不到,我就要把这三个字重复一遍,做一次提醒。"

　　我说出了这三个字,只有三个字!

　　班级里发生了一些轻微的响动,很快平静下来。

　　我用欣慰的目光把教室里的每一个孩子扫视了一遍,微微地点点头。

　　突然,我点了一个同学的名字:

　　"张野!"

　　"到。"

　　孩子们惊讶了,难道老师要批评他吗?其实我心里特别明白,据此生的家长向我反映,张野从小就好动、顽皮,没有好习惯,希望老师给予帮助。此时的张野小心翼翼地站起来,我平静地说:"老师交给你一项任务,从今天开始,每当我提起这三个字时,你就加上一个数,由你来统计,看看这一学期老师提醒同学多少次,行吗?""行,老师,我一定做到。"

张野坐下了,这三个字在他脑子里首先有了深刻的印象。

就这样,每当我说这三个字时,张野就记一次,有时他忘记了,我就提醒他,时间长了,当我一说这三个字时,同学们就会异口同声地让张野记上。

时间在慢慢地流逝,张野在记数的过程中改变了好动、不守纪律的不良习惯;同学们在记数的过程中学会了坚守与监督……

一次,我问:"张野,记了多少次了?"

"一百七十次了。"

一个学期就要过去了,我重复这三个字的次数越来越少。

长时间的坚持,在我们班形成了这样一种现象:同学们只要看到了张野,就想起了老师那一次次提醒。这三个字是什么呢,那就是——请坐直!

为了这三个字,我的行为习惯也改变了许多。平时要求学生听到上课铃声,立即做到手停嘴停,身坐正,我也严格坚守。只要听到上课预备铃声我便立即站到教室门前,保持立正姿势,不再和任何老师打招呼、闲聊,用目光迎接陆续走进教室的学生;上操时努力做到动作规范、态度认真、精神抖擞;平时听其他老师课时,我比学生坐得还要直……

期末就要到了,近半年的坚持,使学生把"请坐直"这三个字看成了激励、看成了目标,不再感觉这是对自己的提醒、监督。在最后一段日子里,只要我说出这三个字时,同学们都会把不满的目光投向未坐好的同学,使未坐好的同学如临大敌,不敢轻举妄动,这使我倍感欣慰……

对于低年级学生来说,养成好的行为习惯是很难的,而坚持下来更不容易。我用了一种简单但不易坚守的方法达到了我的目的。

习惯是在不断强化中养成的,提醒是强化的一种方式,但"提醒"决不仅仅是在学生做错事情时,老师告诉他怎样做才对。如果班主任能在"提醒"上巧妙地做些文章,会很有成效的。此案例中的老师把"请坐直"当作重点,在新学年开学的第一天提出来,并选顽皮好动的张野来统计一学期提醒的次数,可以说是独具匠心,最终也收到了良好的教育效果。

案例中老师的成功之处就在于利用了低年级学生的"期盼心理"达到了良好行为习惯养成的目的,并进而培养了学生良好的意志品质。小学低年级学生对任何事物都有强烈的好奇心,但不能保持长久;对任何事情都有期盼,但不分性质。上例中的老师正是利用了学生的这一心理特点,把行为习惯的养成同学生关注的兴奋点结合起来,把原本是对学生监督、提醒的三个字变成了大家共同关注的一件事,进而变成了大家相互监督、提醒的一件趣事。低年级学生能在长达半年的时间内对此事的关注度有增无减,这就是利用学生"期盼心理"所达到的教育效果。

学生良好行为习惯的养成需要良好的意志品质作支撑。小学低年级学生意志品质的培养是一件难度很大的事情,因为学生对于空洞的说教、不间断的批评是缺少整体感知的,老师把空洞的说教游戏化、趣味化,激发了学生参与的积极性与坚守的热情,在短期内实现了学生自我教育、自我监督的目的,这就是教育的魅力。

形成良好的班风很重要

班风,是指某一个班级的精神面貌和整体氛围(或特色风格)。班风是班级文化的灵魂。班风一旦形成对班级和集体所有成员都有一种心理上的自豪、自律和制约作用,它是在班主任的引导下通过全班同学共同和长期努力逐步形成的一种精神力量。这种精神力量其实就是班级的精神追求。班风的形成一般会经历:生成期——成长期——成熟期,这三个时期是一个集体形成自己的风格的过程。

学生们在班风生成期开始懂得,个人的言行总是与一个班级的形象连在一起的。班风的成长期,这是班风形成的关键时期,要依靠集体中有感染力、可信的、活生生的榜样来扩大班风的宣传和示范教育,同时开展一系列丰富多彩而又集教育性与娱乐性于一体的活动,使集体成员形成对班风的认同感。最后在班风的成熟期,班风的要求成为集体绝大多数成员的自我要求,他们基本上不需外来力量强迫自己。集体本身也充当起了教育的力量,有能力进行自我管理,这是班风建设的理想境界。一般说来,班风主要包括:

1. 良好的学风

学习是学生的主要任务,因此,学风是班风的重要内容。班主任要在有计划地抓好学习目的教育的基础上,培养良好的学习习惯,使全班同学都能做到认真预习,认真听课,认真做作业,认真参加活动课程的学习并坚持独立思考。

2. 自觉遵守纪律之风

班集体每位成员都能自觉遵守纪律是良好班风的重要组成部分。纪律对于学生学习和班集体成员的关系有着重要影响,强调纪律的目的就是要使学生有效地学习,使集体在某些共同事情上同心协力。良好的纪律要经过班主任和任课教师的管理和谆谆教诲才能形成,有了自觉的纪律才能创造最佳学习情境或个人心向。

3. 批评与自我批评的舆论之风

班主任抓住班风建设,必须经常结合分析本班发生的具体实例,培养学生辨别是非的能力、自我评价和自我教育的能力,引导学生自己管理自己,自己教育自己,形成自觉地开展批评与自我批评的风气。"好事有人赞,坏事有人管"的公正的集体舆论,不仅是班风的重要内容,也是促成其他良好风气的重要途径。

4. 团结友爱之风

人际关系中最友好的形式是以高度的信任和尊重为标志的。这种信任和尊重存在于不同年龄、不同地位、不同作用的人们之中。因此,班主任也要充分信任和尊重学生,诚心诚意地爱护他们,同时还要精心培养全班成员团结友爱的关系,使师生间、干群间、同学间具有亲切感、同情心和友谊,从而使每个同学都在感情上与班集体形成一种不可分割的向心力,形成团结友爱、互谅互敬、互帮互学的良好风气。

那怎样形成良好的班风呢?

我们先看下面这个案例:

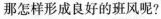

一位经验丰富的老师担任了初二某班的班主任,开学一段时间以后,发现班上的风气有些松散。

为了迅速形成良好班风,把班级建设成优秀班集体,班主任认为到了着手制定班级纪律的时候了。这是班上的重大事项,由她提出并负责指导,但她没有大包大揽,而是先让同学展开讨论,让他们提建议和意见,谈看法和设想,最后由班委会决定班上每项政策。这使全体同学主体意识得到增强:每日三次的打扫卫生工作由小组同学自己检查,自己督促;为预防近视,每两周一次的座位轮换一般情况下班干部都能记着安排,同学们在班干部的带头影响下也能自觉服从。通过赏罚分明的纪律和紧凑的管理,班级正气很快提升,班风建设初见成效。

这个案例告诉我们:首先,良好班风的形成与班主任的领导技能有直接关系。

学生对良好的班风有强烈的追求,并把形成良好班风寄希望于自己的班主任。班主任在实施对班级的监督和领导时,不能凌驾于班集体之上,而应当在他所领导的集体内工作,通过与集体成员的共同关心、参与决定来实现他的领导责任,使自己从"监督型、经验型的领导"变为"参与型、科学型的领导"。这样才有利于在班级中形成自我调控的纪律,保持良好的班风。另外,班主任还应当理解,自己是构成人际关系的动力的一部分,是形成良好班风的重要因素。班主任的敏感性、自信心、业务能力、情绪及每个行动都直接影响着班级的关系和气氛。为在师生间、干群间、同学间形成良好的合作氛围,班主任要事事处处严格要求自己,做到言传身教,为人师表,以自己的模范行为给学生树立榜样;而且必须随时留意信息反馈,调控自己教育教学工作,以促成"师生间热情、认可和关怀的关系",这对形成良好班风是十分重要的。

其次,形成良好班风,还必须具有班干部为主体的班级核心。

班干部是班主任的得力助手,是实现班级奋斗目标、形成良好班风的组织者和带头人。班干部的思想觉悟、学习成绩、组织能力对形成良好班风是至关重要的。这就需要班主任以战略的眼光选拔和培养班干部,对他们的思想要严格要求,帮助他们树立为群众服务、做群众表率的思想;对他们的工作要及时给予帮助,放手让他们在班级工作的实践中扬长避短、增长才干;在可能的条件下班干部可以采取部分轮换制,使所有同学都为树立良好班风而努力工作。

当然,要形成良好的班风,班主任还要特别注意发挥榜样的作用。

"良好的榜样能把抽象的政治道德概念和完美的形象具体化",具有巨大的说服力和感染力。实践证明,榜样对学生的道德行为具有调节作用,它能使学生找出自己的差距,从内心产生巨大的德育力量,使自己自觉地控制那些不符合道德准则的想法和行为,以形成自己的良好品德。树立良好班风必须借助榜样的力量,除上边谈到的班主任自身的榜样作用和班干部的模范带头作用之外,还必须考虑榜样要适合学生中多层次、多方面的需要。其类型也应多样。既要宣传英雄模范人物、杰出的学者,更要树立学生身边的品学兼优、刻苦学习、遵守纪律、文明礼貌、热心为群众服务、团结互助以及"跟昨天告别有突出转变"诸类典型。如,为培养良好的学风,可以发挥白求恩对业务精益求精的精神、雷锋刻苦学习的"钉子精神"和张海迪身残志坚奋发学习的事迹以及学生身边典型的教育资源。这要比空洞说教效果好得多。当然,要想发挥榜样的力量,班主任还必须清楚地认识到"榜样的教育效果有赖于学生自身心理状况",千万不能忽视培养学生的上进心、集体荣誉感,引导他们树立实事求是、虚心好学的精神,否则也会适得其反。

形成良好的班风,班主任还要做多方面大量的工作,如和任课教师以及学生家长密切合作,使全体教师和家长形成协调一致的教育。

增强班级凝聚力

凝聚力是一种心理现象,是集体中人心的聚合力,是建设坚强班集体的关键。班集体的凝聚力越大,其成员越能自觉地遵守集体的规范,朝着德智体美劳全面发展的目标前进。班主任要把几十位个性、品德不同的学生团结成坚强集体,必须研究如何形成班集体的凝聚力问题。

下面这个案例为我们提供了一条很好的思路。

新学期,我接任了初一(1)班班主任。怎样才能在最短的时间内形成班集体呢? 根据以往的经验,我试着从激发同学们的自豪感和集体荣誉感入手。围绕这个想法,我精心设计了第一次班会活动。

上课铃响了,像每次和新生见面一样,我总免不了激动。但我尽力保持镇定,微笑着走上讲台,用平缓亲切的语调向同学们问好:

"同学们,你们好! 从今天起,我们就要朝夕相处在一块儿。在第一次班会上,我将送给大家一件礼物。"

"礼物?""真新鲜! 在班会上老师给同学送礼物?""是什么礼物呢?"

在孩子们的纷纷议论声中,我打开了红绸裹住的小包,拿出一个镶有金边、绘着彩色图案的精致簿子,封面上写着几个鲜红的大字:"初一(1)班荣誉簿"。我双手捧着它,沿着过道绕教室走了一周,孩子们发出了啧啧的赞叹声。

"同学们,我虽然不是诗人,但喜欢用诗歌来表达自己的感情,请允许我献给你们一首诗,作为这本荣誉簿的题词吧!"

"老师,快念吧!"孩子们活跃了。

翻开扉页,上面写着一首小诗。望着一张张兴奋的面孔,我深情地朗诵道:

蓝色的希望,

我把它献给你们,

它默默地记下,

那属于你们的，
蓝色的希望。
洁白的心灵，
火红的光点，
翠绿的青春，
金灿灿的硕果，
玫瑰色的人生。
鼓起远航的风帆吧，
向着五彩缤纷的前程飞奔！

孩子们屏住了呼吸，那一双双对未来充满希望的眼睛闪射着纯洁的光亮。我的心热了。

"希望，怎么是蓝色的呢?"有人问。"同学们，你们喜欢万里无云的天空吗? 蔚蓝色的天空，象征着我们的理想远大，希望美好。'洁白'象征着纯净、美好、高尚，就叫'洁白的心灵'。"

有几个孩子重复念着:

"蓝色的希望,洁白的心灵。"

"对了，绿色，象征着旺盛的生命力，而你们不正处在这个翠绿色的、旺盛的年龄阶段么? 在人生道路上，往往会有许多值得称赞的人和事，你们每做了一件好事，都将是生命历程中的一个闪光点。在你们经过不懈的努力和追求之后，生活会给予你们以补偿，那就是秋天里金灿灿的硕果。到那时，人们会捧着玫瑰花来祝贺，称赞你们为人民作出了贡献。你们说,会有这一天吗?"

回答我的是孩子们跃跃欲试的神态。

"同学们，我为大家写下了第一页。后面的第一页由谁来写呢? 德、智、体几方面都优秀的同学可以来写'三好'栏;心灵手巧的同学可以来写'智慧'栏;为公办事的同学可以写'品德'栏;乐于助人的同学可以写'团结'栏;在学雷锋、学赖宁的活动中作出成绩的同学可以写'英雄的脚印'栏……同学们，争取吧! 看谁在这个簿子上留下的名字最多。"此时此刻，我和孩子们都沉浸在向往的激情中了。

"将来你们长大成人后，还能从我保留的荣誉簿上看到你留下的脚印。那时，或许你是机器旁边的工人;或许你是手握钢枪的战士;或许你是碧空中银燕的驾驶者;或许你是实验室中潜心研究的科学工作者;或许你是贡献卓著的企业家;或许你是自学成才的发明家。不管你在什么岗位上,当你看到自己在少年时代留下的脚印,都一定会感到自豪,感到欣慰。"

"啪啪啪啪……"掌声经久不息。

在热烈的掌声中,我转身在黑板上奋力写下了几个大字:"荣誉属于你们——初一(1)班的同学们!"

"丁当,丁当……"在不知不觉中响起了下课的铃声。

一学年过去了,孩子们已经在《荣誉簿》上记下了一页又一页闪光的事迹,教室里整整齐齐挂着6张班集体在学校各项活动中赢得的奖状。每当我翻阅《荣誉簿》时,常常有孩子告诉我:

"陈老师,第一节班会课给我们留下的印象太深了。"

班主任既是一个班级的合作者,更是一个班级的组织者;班主任既是一班孩子的好朋友,更是一班孩子的"领头羊"。当好组织者,做好"领头羊",形成和加强班级的凝聚力和向心力非常重要。第一次班会课,教师以赠送精美礼物——"荣誉簿"为题,充满诗意地提出"蓝色的希望",激励、启发学生为班集体荣誉而努力奋斗,巧妙地解决凝聚力和向心力问题。

这个故事说明,组织富有特色的班级活动是增强学生凝聚力的有效途径。通过集体活动,使学生体会到他们所在的集体是幸福的集体,团结的集体,温暖的集体。从而更加热爱这一集体,就能以更轻松的心情投入到学习、生活及工作中去。我国早期教育史上就有组织学生课余活动的记载。《学记》记载:"时教必有正业,退息必有居学",并提出:"故君子之于学也,藏焉,修焉,息焉,游焉。夫然,故安其学而亲其师,乐其友而信其道,故以虽离步辅而不及也。"要求学生学习与游憩相融合。这样才会使学生感到学习生活愉快,从而亲其师,乐其友,达到信其道坚定不移的目的。可见精心组织必要的活动是多么的重要。

班级活动形式多种多样,包括教育活动、教学活动、文娱活动等,开展时必须要有个整体的计划。应针对学生的特点,精心安排和设计活动,并且通过同学们的精心组织与准备,最后顺利开展。提醒他们在注重知识的同时,也要发展多方面的才能,使得同学们真正做到知能并重、一专多能。

一系列的活动为学生之间架起了桥梁,密切了师生、同学之间的关系,使他们由相识到相知、相容、相助、相亲、相爱。使他们互相理解,互相关怀,增进了友谊,增强了合作意识。另外这些活动也为同学们提供了舞台,提供了赛场,使他们能公平、合理、适度地竞争,激发了他们拼搏向上的精神。在活动中使得学生能当家作主,他们的人格得到了尊重,他们的参与意识、主人公意识得到了加强,从而增强了班级的凝聚力。

除了开展班级活动,下列几项措施也是增强班级凝聚力必不可少的,班主任应该努力做到:

一、必须建立起强有力的班委领导班子

一个富有凝聚力的班集体,除了要有一名优秀的班主任外,还必须有一支能干的班干部队伍。班干部作为联系班主任与学生的桥梁,作为班主任的助手,他们工作能力的高低,工作方法的对错,在同学中威信的高低,往往能够决定一个班级的精神面貌与风气。所以,开学伊始,就要了解学生的入学材料,进行仔细地研读。初步掌握了哪些学生学习比较好,哪些学生工作能力比较强,哪些学生比较活泼,哪些学生比较腼腆。对学生的情况有一个大致的了解。当然这些都是侧面的了解。让学生进行自我介绍则是对他们的全面了解。通过听他们的自我介绍,对学生有了个更进一步的了解。最后根据自己所掌握的情况从中选出学习较好,工作能力比较强的学生作为临时班委,并明确给他们交代任务,提出希望。只要准备充分,了解深入,所选出的临时班委在开学这段时间定会起到不可估量的作用。班级的各项工作必将逐渐走上正轨,井然有序,而他们也必会成为班级的中坚力量。

选出了班委,就应十分注意发挥他们各自的才能去组织和管理班级同学的学习与生活。应大胆放权给他们,发挥他们的主观能动性与工作的积极性,使他们有一个宽松的工作环境,使他们真正成为班主任的得力助手与班级的中坚力量,而不是成为班主任与学生之间传话筒。班干部的工作责任心加强了,各项工作才能开展得井井有条,才会从"班主任要我做"变为"我要班主任指导着做",积极性、主动性大大提高。当然,对一些必须由班主任解决的事情,班主任必须亲自解决,而不能将一切重担全部工作都一股脑儿地推给班干部,对他们提出过高的要求,使班干部的工作处于被动地位,影响了他们工作的积极性,不利于班级凝聚力的形成。

二、要使班级有较强的凝聚力,班主任对班级学生要极度关心

作为"一家之长",班主任应该关心这一集体,爱护这一家庭中的每一位成员。真正地从内心爱他们，关心他们。能使他们感觉到老师真心的爱护，体会到集体大家庭的温暖。从而使得班集体真正成为团结向上，充满温暖，充满爱意的集体，有极强凝聚力的集体。

班主任爱护班级，关心学生不应表现在语言上，更重要的要落实到行动上。从小事做起，从点滴做起，使学生无时无刻不在感受到班主任的关心与爱护。学生生病，你上去轻轻关心几句，并为之送来了药片，常说"受滴水之恩，当涌泉相报"，学生是不会忘记你的。学生心中定会无比地感动，对此我一位做班主任的朋友深有体会：一个晚上，他曾送学生去医院并脱下自己的毛衣给学生披上。这一点小事，学生始终记在心里，后来她曾在周记中对我这个朋友说"老师，谢谢你……祝好人一生平安"。我这个朋友还曾整夜地陪伴在生病的学生的身旁，一宿没睡，尽管他认为是班主任应该做的，但学生却不这么认为。这位学生家长给他写了感谢信，学生也在周记中写道"老师，你是好人……谢谢你"。这两件事让我们深深地懂得，只要班主任能真情付出，学生必然会真情相报。班主任与学生之间有了真情，有了关爱，我想没有比这更具有凝聚力的了。

三、班主任高尚的人格魅力也是增强班级凝聚力的一个重要方面

班主任不仅要像韩愈在《师说》里说的"传道、授业、解惑"，还应该具有崇高的人格魅力。渊博的知识、深厚的艺术修养，做得正、行得直的作风，都能使得自己在学生中树立威信，使得学生能尊重你、支持你，主动地聚集在你的周围，"拧成一股绳，劲往一处使"。班主任也才能在教育中达到"随风潜入夜，润物细无声"的效果。

增强班级的凝聚力，说起来容易，做起来难。但只要我们广大教育工作者能勇于开拓，勇于创新，不断地总结经验、改进工作，相信一定会建立一个生机勃勃的集体，一个团结向上的集体，一个具有凝聚力的集体。

铸造班级精神

班级精神是班级文化的核心和灵魂，是全班学生的精神支柱和共同信奉的价值准则，具有强大的凝聚力。它包括群体意识、舆论风气、价值取向、审美观念等等。

班级精神是班级文化的主要价值取向，是班级成员共同的行为特征。班级精神有积极和消极之分。积极的班级精神有利于教育文化发挥作用，能对学生产生内在的激励作用，获得全面、和谐的发展，进而增强班集体的向心力和学生的归属感,形成健康向上的班级文化氛围。消极的班级精神则对教育文化起破坏作用,使少数人的行为蔓延成一种群体意识,使班级的正常生活由有序到无序,班集体处于一种混乱、失控的状态。

任何班级都有形成积极班级精神的可能,因为每个孩子的心中都需要阳光的滋润。积极班级精神的形成,一方面取决于教育文化是否能满足学生发展的需要,另一方面取决于班主任的职业素养和个人人格。

班级精神的塑造。可以通过以下方法进行:

一、设计班级标志物

1. 班训

班训是班级个性、特色的高度概括和班级精神的标志,是班风、教风、学风的参照目标。它主要是对学生的要求、训导、告诫和防范。班训可长可短,以简洁流畅、特色鲜明、目标明确、有个性为宜。班训贵在践行。

一个初一班的班主任根据自己班级的实际情况,提出这样的班训:真心尊重每一个人,用心做好每一件事。她向学生这样解读班训:"真心尊重每一个人",就是尊重你们的父母、老师、同学等。你们不一定喜欢每个人,你们可能会对父母、老师有意见,但你们必须学会尊重他人,通过合理的方式表达你的感受。"用心做好每一件事",就是说,你们可能很多事情做得没有别人出色,但一定要尽自己全力去做,这样你就是胜利者。

2. 班歌

音乐可以调节身心的紧张状态,舒缓疲劳,提高审美能力。一首好的班歌欢快奋进,可以激励学生刻苦努力,增强班级的凝聚力。在班集体活动以及学校活动中唱唱班歌,给人以集体的自豪感、信心和勇气,对全班学生是一种无形的精神力量。

3. 班徽

作为班级的象征,班徽在班级宣传和培养学生的集体荣誉感方面有重要的作用。班徽是班级文化的一种标志。比如某市24中学初一(3)班的班徽是这样的:

班徽的主体由"3"变形而成,是展翅飞舞的彩蝶造型。代表了朝气蓬勃的集体。彩蝶身上迸发的每一个光点,是一张张开心的笑脸、一份份涌动的活力。其主要颜色是深蓝和明快的紫色,体现沉稳中迸发出的热情和激情。

班徽的寓意:希望三班每个学生都能破茧而出,变成美丽的蝴蝶,在人生道路上展翅高飞。我们不一定是飞得最高的,但一定是飞得最漂亮的。

二、开展集体活动

班级活动可以增进师生之间、学生之间的理解,增强学生的合作意识和班集体的凝聚力。

班集体在活动中产生和加强,班级精神也在活动中深化和积淀。可结合重大节日、纪念日,在班级中开展演讲赛、辩论赛、文体活动,让每个学生都有展示自我、表现自我的机会。比如,国庆节前夕,可举行"我爱你,祖国妈妈"诗歌朗诵会。在这些活动中,班主任主要扮演导演、倡导者和指导者的角色,要充分相信学生,大胆依靠学生,放手让学生去做。有经验的班主任还会抓住学校开展活动的机会,带领全班同学积极参与。在参与活动的过程中,学生和教师的心贴近了,班级精神也会得到进一步塑造。

三、正确运用网络

网络是一种全新的学习、沟通和娱乐方式,它为形成良好的班级精神拓展了空间。班级网站、教师博客、学生博客如同一个个精神家园,要利用其不受时空限制等优势,增加师生的相互了解,拉近教师与学生、学生与学生、教师与教师、教师与家长、学校与家庭之间的距离。作为班主任,一定要引导学生正确运用网络,为班级文化的发展争取更多的资源。

一个年轻的班主任在中考前夕,每天深夜在网上为班里的每个孩子写一篇文章,并贴上孩子小学时的照片和在中学校园里的生活照,插上一段段动听的背景音乐。他是用自己独特的方式,为每个孩子加油和祝福!他的这一做法,在家长、同行和学生们心中引起了强烈的反应。

家长给他的留言是——

认识你是一种荣幸,孩子们拥有你是一种福气。你的年龄与你对孩子们细密的关心,让我们感动。自从孩子进入你的班级后,学习在进步,自信心在增长。

同行给他的留言是——

我是杭州的老师,在浏览你的网页时,我承认我被深深地打动了。在功利主义盛行的时代，还有那么简单纯净的师生情感。也许，教育原本就是这么美好的。希望我们能成为朋友。

校长日志中的他——

他带着34个孩子走过了这不同寻常的初三，让每个孩子的激情被点燃，让每个孩子的潜能被焕发，让每个孩子的心灵被荡涤，让每个孩子的自信崛起……

这位教师利用网络，采用独特的方式传递对学生的爱和祝福。当学生、教师、家长看着网上的照片，听着优美的音乐，看着孩子的变化，体味着那些文字，怎么能不激动，怎么能不被班主任所感动？班主任由此赢得的尊敬、信任和支持，是其开展班级工作的财富。班主任在班级精神形成中的主导地位在不知不觉中体现出来了。

四、利用传统节日

班主任要善于利用传统节日开展各项专题活动，把专题教育与日常教育结合起来。这样既可以让学生加深对中华民族优秀传统文化和其他民族文化的了解，也是对学生进行礼仪常识、人际交往等方面的指导。以下是一些学校在传统节日之际开展的主题活动可资借鉴：

教师节：开一个特别的班会，给任课老师一份惊喜、一份感动。表演"老师，我想对您说……"、"特别的爱给特别的你"、"大家一起来"等节目，让师生在交流中互相尊重、互相理解。要知道，良好的师生关系是教育教学顺利进行的前提。

中秋节：让学生了解中秋节的知识，让他们给不在身边的亲人打个问候的电话，体会亲情，感受亲情。

感恩节：让学生对帮助过自己的人，爱自己的人说一句感恩的话，做一件感恩的事情。这样，使每个学生学会感谢，学会给予，拥有一颗感恩的心。

"三八"妇女节：让学生为妈妈或家中的女性制作一件小礼物，说一句爱的话语，以表达对母亲的热爱。一位班主任要求学生这天给妈妈一个深情的拥抱，事后很多学生都在周记中讲述了那个激动人心的时刻和很多意外的收获。

五、送学生一份礼物

大多数教师都说自己爱学生，但对学生进行调查时却得出了不同的答案:相当多的学生说没有感受到教师的爱。这是一个引人深思的问题。教师在对学生进行教育时,忽略了说出爱、忽略把爱用学生能接受、能体会到的方式表达出来,很多冲突也因此爆发。礼物能传递爱,让学生知道老师对自己的关注和期待,让学生对教师更亲近和信任;礼物能传递爱,让学生学会表达爱,并充满爱心地走进社会。

请看下面的案例:

"老师,明天是我的生日,你可要记住哦!"一下课,小玲就来到我的身边。

"那你要什么?"我故意问。

"我要和小蓉一样。"

她说的小蓉是上周六过生日的学生。小蓉在上周就告诉我她的生日,她想得到老师的祝福。那么,我送她什么呢? 一张贺卡,一份小礼物,还是其他什么? 说实话,我已好长时间没有送学生礼物了。

周五的晚上,我灵机一动,有了主意。

第二天,一上课,我照例打开书本,好像要上课的样子。看得出,小蓉坐在下面有点失望。我打开电脑,放下屏幕,音乐响起,一个我精心挑选的 FLASH 动画呈现出来。精美的画面上映出欢快的几个大字:小蓉——祝你生日快乐!

学生们的眼光一下子投向了小蓉。小蓉分明有点意外,但很激动,她那小小的脸涨得通红。一下课,学生们都挤到了我的面前,叽叽喳喳。"老师,我过生日时,你怎么没有为我放 FLASH?""老师,我的生日很好记的!""我的生日要是在明天就好了!"一下子,我成了孩子们的中心!

我很意外。我曾想过,学生们的生活中还缺少什么,作为老师可以给他们一些什么。一个小小的生日祝福,居然能给他们带来这么多的惊喜与期盼,真是我未曾想到的。

学生在生活中并不缺少礼物,但能收到老师礼物的机会并不多见。一个精心挑选的 FLASH 动画普通却不平凡,包含着教师的一份良苦用心,倍显珍贵。它会成为孩子成长中难忘的回忆。亲其师,信其道,良好的师生关系是一切教育的润滑剂。有爱,教育才充满生机;有爱,教育才能创造更美好的生活! 有爱才能让班级精神闪闪发光!

营造健康的宿舍文化

"人,诗意地栖居在这片大地上。"海德格尔的这句话很流行,被引用的频率很高。但是,跟学生说时,学生往往哂笑。是的,教室、宿舍、食堂三点一线的生活有何诗意呢?教室是求学的地方,要说"诗意",不少教室还勉强算得上,前面有班风班规,后面有学习园地,侧面有名人名言,有些还会在窗台上摆花,把教室布置得美观大方;校园也有名人雕塑、宣传栏、花草树木、标语牌;但是,宿舍呢?宿舍管理,一直是全日制寄宿学校管理上的难点,又是班主任最易忽略的地方。

走进学生宿舍,环境与教室的反差很大,即使没有脏乱差现象,宿舍的环境也仅限于"物品摆放整齐"这一层面上。不少同学的床头贴满了崇拜者的头像,其中女孩子大多贴的是歌星的,男孩子则贴的是球星的。学校对于学生宿舍的管理也多是采用定期检查、量化打分的方式。每月一次的宿舍大检查,大家总是很累:政教处忙着布置检查任务;全体班主任集合领受任务,然后分成若干小组,拿着纸笔奔向宿舍区;学生则从早上开始,突击整理宿舍——扫天花板,擦拭门窗,摆放日常用品,拖地板等。然后,接下来的日子,江山依旧。到下一个月的某一天,又是如此……

我们花大力气来建设学生的学习环境(教室),却忽略了学生的生活环境(宿舍)。殊不知,宿舍里的许多问题,一样能影响学生的学习,影响班级学风。

对于学生来说,校园是"家",教室是"家";对于住校生来说,宿舍更是"家"。"家庭成员"和睦相处,"家庭环境"整洁优雅,能够直接影响大家的情绪。这里,班主任的管理理念又起到一个很好的导向作用,如果你只是完成了学校的常规管理任务,那是远远不够的。从这个意义上说,只限于"物品摆放整齐"、"六面干净整洁"是不够的。这就需要班主任从"文化精神"领域进行管理,营造一个良好的文化氛围,让学生无论是在教室,还是在宿舍,都始终保持一种文化人的品格,保持一种积极向上、勤奋好学的精神气质。

请看下面这个案例:

进入高二,我被学校委以重任,做了全校有名的后进班班主任。开学后,我对全班情况逐渐有了了解。这个班的问题主要是缺乏一种强烈的上进心,缺乏一种团结协作精神,缺乏青少年应有的蓬勃朝气,缺乏凝聚力和向心力。如何选准解决问题的突破口呢? 一天,我走进学生寝室,突然发现墙上的张贴画真是令人眼花缭乱,目不暇接。我归纳了一下,大致有以下几个系列。

爱情系列:杰克和露丝迎着海风,张开双臂站在泰坦尼克的船头,像一对比翼的海燕正欲展翅翱翔……

体育系列:乔丹猿臂轻舒的灌篮动作和贝克汉姆力敌千钧的临门一射,永远凝固在我们的视线里……

明星系列:男生选择的李玟、张柏芝、金喜善,女生选择的安在旭、陆毅、谢霆锋,永远在他们的床头向人微笑……

看到这,我心中突然一亮,答案找到了!班级所有问题的症结,全在于同学们没有一个上乘的文化品位,没有一个高尚的审美情操,没有一个健康的道德素质。解决问题的突破口就在这里!

于是,我请正在我校军训的武警战士到班上作内务整理示范:被子要折叠得有棱有角,杂物要摆放得整整齐齐。同学们切身感受到了内务整齐的优美,这样便统一了思想。然后,我组织全班同学制定出了《寝室规范化条例》,从此保证了内务的整齐。

接下来,我在班上开展了给寝室命名活动。我说,我们班有6个寝室,男生1304、1305、1306、1307,女生4403、4404,读起来多么拗口,而且冷冰冰的,缺乏人情味,有点类似监狱里叫犯人号码一般。古代的文人雅士都喜欢给自己的住宅、书斋起一个雅号,用以寄托自己的理想、志趣和情操。如张溥的"七录斋",就表现了作者刻苦的治学精神。我们大家也给自己的寝室起一个雅号怎么样?大家要集思广益,关键是要有文化品位。这时,教室可热闹了,大家你一言,我一语,一个个寝室的名称很快就确定了下来。

1304室的同学说:"我们寝室叫远志室。"我说:"好! 有什么典故?"答曰:"《史记·陈涉世家》上说'燕雀安知鸿鹄之志哉'。我们从小就要立下宏伟远大的志向!"大家报以热烈的掌声。我说:"能否给你们寝室拟一副对联?"一个同学说:"弃燕雀之小志,慕鸿鹄而高翔。"掌声经久不息。

1305室的同学说:"我们寝室叫慎取楼。"我说:"此楼何意?"答曰:"取苏轼的'学者'应该'深思而慎取'之意,做学问、修养德行都应该小心谨慎,去芜存精,这样才能发展和创新。"我说:"很好,也能拟一副对联吗?"一个同学说:"知足知不足,有为有勿为。"同学们又报以一阵热烈的掌声。

4403室的女生出面了:"老师,我们的寝室叫'怡红院'怎么样?"我说:"'怡红'二字美则美矣,但怡红院好像是须眉贾宝玉所居之所,似乎不妥。"同学们报以善意的笑声。"那叫'潇湘馆'怎么样?'潇湘馆'虽是林黛玉住所,名字起得也很有情调,但林黛玉这个人我打心眼里不太喜欢,整天哭哭啼啼,我们现代女性不应该是这样的。"另一女生高声叫了起来:"有了,老师,那叫'德馨居'怎么样?"我说:"好!能否再拟一个对联?"她说:"老师,对联我想不出,不过我觉得刘禹锡的《陋室铭》中的'斯是陋室,唯吾德馨'权作阐述是再恰当不过了。"同学们又报以一阵热烈的掌声。

4404室的女生给自己寝室取名为"芝兰居",对联用"入芝兰之室,远鲍鱼之肆"。我调侃道:"两个女生寝室真是清香满堂哟。"教室里响起一阵欢笑声。

1306室叫"无涯斋",对联是"书山有路勤为径,学海无涯苦作舟"。

1307室叫"九畹居",典出屈原《离骚》:"余既滋兰之九畹兮,又树蕙之百亩。"对联用了《九歌》中的名句:"合百草兮实庭,建芳馨兮庑门。"

然后,我发挥自己的书法特长,饱蘸浓墨,或楷,或隶,或行,或草,题写了室名和对联,请人裱好,挂在室内。

后来,同学们说:"老师,美女明星之类挂在室内实在不雅,与室内格调不合。"我说:"哟,文化品位、审美标准还蛮高的嘛。既然如此,你们觉得该怎么办就怎么办吧。"第二天,我到寝室一看,李玟、陆毅等明星画报一夜间跑得无影无踪了。

再后来,我班逐渐跃入了先进班的行列。

目前我国的很多中学都是全日制寄宿学校,宿舍管理多是"苦干型"的,还浮在"内务整洁"的层面上。如果班主任能从简单的量化管理上升到文化管理,能用文化的力量去唤醒学生的内在驱动力,让学生"诗意地栖居",那么班主任就会从疲于奔命地应付任务中解脱出来,因为文化管理是最高的境界,是驶进人们心灵的最具文化感召力、凝聚力和影响力的管理,是最具人文性、影响最深远的一种长效管理机制。

总之,营造健康的宿舍文化,是班主任工作中不可忽视的重要一环。在常规管理的同时,如何提高宿舍管理中的文化氛围,是非常重要的。这不单纯是提高学生的文化品位的问题,也是班主任日常管理的必修课题。

自习课纪律不容忽视

在很多教育网站上,经常有一些老师就自习课纪律提出自己的困惑。例如,"教育在线"的班主任论坛上就有网名为"风雨同舟"的老师的"自习课纪律不好,咋办呀,请各位提提建议"和"木兰"老师的"如何维持自习课纪律?"两个主题帖,在"成长论坛"的"为师感恩"版块里,"雨心"老师在"您是怎样管理班级纪律的?"的帖子里说道:"我时常为班级纪律而苦恼。当我在班里的时候,教室里一片安静。当我一离开教室,不超过两分钟,教室里就乱作一团。我总是认为他们不是小孩子了,因为他们都十五、六岁了,懂事了,有自制力了,没必要当场让他们下不了台,使他们没面子。我总是找出不遵守纪律的人,到教室外进行和风细雨的教育。但是,按下葫芦浮起瓢。有时,我也在班里发火,但一次只管一天。第二天,旧病复发。我疲于应付,身心劳累。各路高手,请您发表高见。"

作为班主任,针对自习课纪律差的问题我们应该怎么办?

一、明确自习课的性质和目的

在自习课纪律差的班级,班主任可以用开班会的方式来和学生一起讨论自习课的性质和目的,注意在这里千万不要说教,而应通过民主交流的方式让学生自己弄明白自习课到底是什么。下面就是一位老师召开的关于这方面内容的班会记录:

班主任:同学们,我们开学已经有一段时间了,大家都看到我们班的课程表了吧?

学生:看到了。

班主任:那我问问大家,我们班星期一上午的第一节是什么课呀?

学生:语文课。

班主任:大家的记忆力真好! 那么语文课是干什么的呢?

学生:(笑)当然是上语文的哦。

班主任:(笑)看我这个问题问得多傻! 语文课当然是上语文的,上数学那就是数学课了。(学生们笑)

班主任:(稍等)那么,大家能记得我们班星期二下午第二节是什么课吗?

学生:(大声)自习课。

班主任:(紧接着)自习课是干什么的?

学生甲:上自习的。(众人笑)

学生乙:自己学习的。

学生丙:复习旧课,预习新课的。

班主任:大家说的都很对,那么,自习课重要吗?

学生丁:当然重要了,自习课上我们可以做作业,消化巩固学过的知识和预习下几节课要上的内容。

班主任:哦,自习课是自己学习的,而且自习课还这么重要啊!那么,我们自习课上应该干什么呢?(学生们沉默了好一会,一个男生站了起来)老师,我们知道了,以后自习课我们一定好好上,再也不吵吵闹闹了。

学生们都赞同地鼓起掌来,老师也笑着鼓起掌来。

这位老师通过循循善诱的方式,让学生自己说出了自习课应该干什么和不应该干什么的关键问题。也只有学生明白了这一道理,自习课才有可能安静下来。

二、培养学生自觉学习的良好习惯

教育,从动力来源可分为:他教和自教。学生上自习课主要是如何自教的问题。现代教育家叶圣陶说:"什么是教育?简单一句话,养成良好的习惯。"那么,怎样才能让学生养成良好习惯,让他们懂得自教、学会学习呢?

苏霍姆林斯基说:"每个人都有一颗成为好人的心。"作为班主任,我们一定要坚信每个学生,无论多么的调皮甚至捣蛋,他都有一颗成为好人的心,都是可塑之才。有些同学在自习课上"胡作非为",很大一部分原因是他们不知道该干什么,而不是他们不想干。有的同学认为把上节课的作业做完就没有事了。更有甚者,他们认为作业可以回家做,书可以回家看。抱有这样思想的学生,他们在自习课上必然是很"轻松"的。当他们在自习课上无事可干的时候,当然会不安分起来。所以,班主任一定要用一段时间来养成学生上自习课的良好习惯,教会他们自教和学会学习。开始的时候,班主任可以根据当时的上课情况,把自习课分为几个部分,每一部分里规定好学习的内容。比如,复习课文、做作业、预习新课和课外阅读等。当然,这些安排应照顾到每个学生的不同学习状况,根据他们的不同情况,或侧重课内,或侧重课外。总之,要让学生有事可做,而且不能挫伤他们的学习积极性。经过一段时间的培养之后,在没有老师指点的情况下,学生们也一定知道自习课究竟该怎样学习了。

三、加强纪律,严管"出头鸟"

俗话说:没有规矩,不成方圆。任何好的秩序皆出于对纪律的维护。校规、班纪不能仅仅是墙上的装饰品,而要渗透到日常管理中去,严格执行。只有这样,规矩才能形成,才能在自习课上有效地约束学生的行为。当然,在执行纪律时也要讲方法,其中严管"出头鸟"就是一个很好的方法。有则故事是这样说的:一个剧院里,观众起先都坐着看戏。后来某人站起来了,但没被制止。最后全体观众都站了起来。在这个故事里,由于第一个站起来的人没有被及时制止,进而导致了秩序大乱。制止一个和制止全体,哪一个更容易是显而易见的。当自习课上有人首先违反了纪律,老师应该及时严肃地制止。对于那些屡犯纪律的同学,可以让他们写反思材料,通过反思进行自我教育。如果再犯就让他们把反思的材料带回家去,经家长签字后再交到班主任处保存或者贴到后面黑板上,时时警醒他们。如果这样还不行,就把他们叫到办公室去自习。办公室里有老师在,有时有很多老师,甚至还有其他班的老师,不管多调皮的学生,在那样的环境里上自习一定都会如坐针毡的。经过办公室的自习的洗礼,他们一定能管好自己的口、手和脚的。

总之,对自习课的管理不能简单粗暴,而应动之以情,晓之以理,并用严格的纪律为之保驾护航。也只有这样,自习课这个港湾才能真正地平静下来。

正确应对考试作弊

我们先来看一则感人至深的教育案例:

一位外籍女教师发现她教的学生考试作弊,她面对学生跪下了,她痛心地说:"作为一名教师,我没想到我的学生会用作弊的手段来欺骗我,欺骗你们自己,欺骗你们的学业。作弊对我来说,从来就是一种耻辱,尤其当我来到异国成为一名教师时。我宁愿我的学生从我的课上只学到诚实。所以,凭我的心,我请求我的学生再也不要作弊,再也不要欺骗。"

外籍女教师的话使我想起了小时候的经历。

小学时有一次期末考试，我无意中发现前排的一位同学探进课桌摸出课本偷偷抄袭。回家后，我对母亲讲了这件事，言语间充满对那位同学不劳而获做法的愤慨。母亲说："孩子，你平时用了功，考试答题就像心安理得地吃用自己种出来的粮食做的饭。而那位同学就像在偷吃别人碗里的饭的时候鼻尖上沾了一粒，他费再大的劲儿吃到嘴里，终究是吃不饱的。"

母亲的一席话平息了我的怨气，接下去的几科考试我都没再去看前排一眼。结果，成绩公布的时候，那位同学仍是倒数第一。

鼻尖上的饭吃不饱！母亲这句话就像一支精神疫苗，很早就注射进我的心灵，增强了我对耍奸耍滑、投机钻营的免疫力。后来的人生经历也告诉我，脚踏实地干事，坦坦荡荡做人，最终会收获富有的人生。

但是，并非所有的人都能意识到这一点，20多年过去了，考试作弊的现象不但没有杜绝，还有愈演愈烈之势。

从2004年开始，教育部对高考等国家级考试的作弊行为作出严厉处罚，只要认定一科考试作弊，所有科目成绩即全部作废。但是，重典之下仍有"勇夫"：河南镇平、濮阳高考作弊案惊动天下，四六级英语试题泄密事件也常常成为人们茶余饭后的谈资。考场作弊不仅没有因为有关部门预防措施的严密、惩治办法的严厉而销声匿迹，反而呈现愈演愈烈的势头。可以说考试作弊已是学校工作一个很大的难题，而且也成为社会难以根治的痼疾。

作为教育者，我们不能因为大环境难以改变而放弃了杜绝考试作弊的努力；作为班主任，我们更要教会学生诚实考试，诚信为人。

那么如何"治疗"这一顽症呢？

一、加强诚信教育，从"心"开始

2004年教育部要求全国723万高考考生在考前签署"诚信考试承诺书"，这可算得上是当年高考的一大亮点。但几年的实践表明，签署承诺书并没有起到应有的效果，除震惊全国的河南镇平、濮阳舞弊案之外，各省市均有或多或少的违纪现象发生。

虽然有关部门对考试作弊行为都有明确的、严厉的处罚规定，虽然这些规章制度都具有一定的强制作用，但是如果学生自己认识不到位的话，那他总会找借口找机会作弊。任何一种教育，当学生内化为"我要……"

的认识,那就好办了。只有学生真正认识到"生命不可能从谎言中开出灿烂的鲜花"(海涅),才有可能杜绝考试作弊。但这个过程是艰难的,所以,在这个过程中,班主任要有信心和耐心,切不可急躁。此外,诚信教育不能流于形式,讲空洞的大道理,要用真实可信的故事和哲理服人。

二、开展讨论,达成共识

时下,在学生当中流行着一种说法:"不作弊者吃亏。"班主任可以举行一次有关这个主题的大讨论,真理越辩越明,让学生明白,作弊者也许一时得逞,但在以后很长的人生道路中必定会吃大亏。孔子说:"人而无信,不知其可也。大车无輗,小车无軏,其何以行之哉?"浙江温州的鞋业曾经因假冒伪劣而在全国各地遭火烧的下场,而王振滔在此逆境之时起家,创办了奥康集团的前身——永嘉奥林鞋厂,并立誓以产品取信于市场。如今的奥康鞋已靠过硬的质量打造成为一个掷地有声的品牌。如今,走进浙江奥康集团总裁王振滔的办公室,抬头便可望见宽大办公桌后面的那条横幅——言必信,行必果。这六个字不仅是王振滔的座右铭,也是他多年来驰骋商海的真实写照。"人品决定产品,产品体现人品。"奥康工业园内还有不少类似醒目的标语。所以,要让学生明白,任何时候作弊只能逞一时之快,诚信才是立身之本。

三、培养正确的是非观

在对学生作弊心理动机的分析中,我们发现,有的学生是由于是非不清而作弊的。因此,要着重帮助他们克服"哥们儿义气"、"姐们儿情谊"的旧观念,树立勇于向作弊行为作斗争的勇气。这样做对于对作弊的性质、危害认识不清的学生是十分必要的。它可以使他们明确帮助别人考试作弊,无论在思想品德上还是在学业上都是有害的。

四、消除分数重压

目前,由于教育思想不够端正,学校、家庭、社会以分数高低定奖惩的问题比较普遍,使学生心理压力增大。这不仅影响学生的健康发展,也是造成学生作弊的外因条件之一。为了消除这种压力,我们首先要说服家长改变对考分的不正确认识,改变以分数高低定奖惩的做法。目前,有的学校已经相应地制定出《对优秀生和进步较大学生的奖励办法》和《转化后进生奖励办法》,效果很好。班主任要帮助学生懂得"分"不是"学生的命根",会学习、能创造,才能终生受益。

五、加强意志训练

不少学生在作弊之后都有这样的感受:当时是一念之差——或者是看到别的同学作弊,怕自己不作弊而吃亏;或者是在解题的时候一时忘记应该记住的公式;或者是正好考到自己做过的题而一时又不知道如何解题等情况,经过一段时间的心理斗争之后,理智败下阵来,感情占了上风,于是哆哆嗦嗦地"动手"了。这种情况究其原因就是意志薄弱。作为班主任,我们平时要多开展活动加强学生意志品质的训练,在活动中锻炼培养学生的意志,让学生明白,有多少贪官污吏正是由于意志薄弱一念之差而走上穷途末路。"少时偷针,大时偷金",那么少时抄书,大时抄什么?

六、必要的惩罚

我国古代对考场舞弊行为处罚相当严厉,如清朝顺治帝曾明令,生儒入场,细加搜检,如有怀挟片纸只字者,先于场前枷号一个月,问罪发落。随着考试级别的不同,处罚轻重也不同,如果在殿试时作弊,就犯了"欺君之罪",不仅会掉脑袋,而且可能株连九族。在国外,对考场舞弊行为的处罚也很重。如美国对考场作弊者,可以指控其阴谋欺诈,最高处罚可达5年监禁和25万美元罚款。所以,惩罚仍然是必不可少的教育手段。因此,由所有学生参与拟定的班规里,可以明确规定惩罚的方式和力度。

无论在什么情况下、什么环境里,考试作弊都是不能宽恕的行为。作为班主任,我们应尽一切可能践行"千教万教教人求真,千学万学学做真人"。

不要让课堂"铃声大作"

随着社会的发展和生活水平的提高,中小学生拥有手机已成普遍现象,由此也给班主任的管理工作带来了不小的难题。尤其是在课堂上,老师讲得津津有味,学生听得如痴如醉时,突然手机铃声大作,……此时老师的恼怒是可想而知的。

那么,到底怎么处理这类问题呢?

很多老师认为校园手机现象并不是什么难题,禁止就行了。手机是干什么用的?是通讯工具。学生是来学校干什么的?有这么多话要讲吗?如果一定有事,可以找班主任呀,何况学校有公用电话。但是学校要求家长收回孩子手机的做法,却引起一些学生的不满,他们认为,国家没有规定手机的使用人群和范围。手机属私人用品。只要上课时关机,下课时不影响他人,学校和老师就不应该限制他们使用。很多学生认为,既然大人们在各种场合都能带手机、用手机,既然老师也可以将手机带进校园、使用手机,学生在学校里使用手机又有何不可?

可见,禁止不是个好主意。那有没有更好的办法呢?

我们不妨先看一个案例:

上午的最后一节课刚上了一半,教物理的王老师就怒气冲冲地走进办公室。

"进来!"他一边喊站在门外的学生,一边重重地把教案摔在了办公桌上。"江老师,你看这课怎么上?我正讲得起劲,教室里手机铃声大作,弄得全班乱哄哄的。"我抬头一看,进来的是我班的小刘。我赶紧走过去,给王老师倒了一杯水,拍着他的肩膀说:"别着急,这件事由我来处理!"

王老师是新分配来的大学生,遇到这样的事难免会发火。我领着小刘往教室走去,原本闹作一团的学生顿时安静下来。我让学生们先自习本节课的内容,一切事情等下午班会再处理。

中午放学时,我特意和小刘一起走。小刘显得非常忐忑不安,他对我说,在手机铃响的一刹那,他觉得窘迫极了,真想找个地缝儿钻进去。别的学生一起哄,正在上课的王老师大发雷霆,当即罚他起来,把手机没收了,说要交给班主任处理。

我把从王老师那里拿来的手机还给小刘,问道:"你爸爸为什么给你配手机?""我妈妈做生意,经常出门进货,爸爸又在公司上班,两个人平时很少照顾我。他们不放心,每次妈妈出门,就嘱咐我带上手机,以便于随时跟我联系。"小刘怯生生地说。

"班里还有同学有手机吗?""有,张晓、李丽都有。她们经常把手机挂在脖子上,可神气了。还有好多同学有。"

我感到有解决问题的必要性。手机在校园里的出现,给教师出了一个不大不小的难题。是否应该禁止呢?我想了想,还是决定把题目交给学生们。

下午的班会课照例是由班长主持,讨论的题目是:"校园该不该'禁机'?"我邀请了王老师等任课教师坐在教室后面旁听。

学生们各抒己见,畅所欲言:

"手机对学生来说是奢侈消费品,我们不应该盲目追求。"

"手机使得通讯方便快捷,是现代社会发展的重要标志。中学生应当享用这一现代科技成果。"

"用是可以用，但要分清时间和地点。在校园里，特别是在上课和集会时应该关机。"

班会即将结束时，我走上讲台，高兴地说："我完全赞同大家的意见，我只提一个小小的建议：学生在校外最好不要把手机挂在胸前，那样容易出事，不安全。"等我说完后，王老师也走上讲台，他十分真诚地对学生们说："我首先向全班同学包括小刘同学道歉，上午的事我处理得不够冷静，还中途停课，对不起大家！我补充一点，课外时间如果同学们在外面有什么急事，可以拨打学校的总机，也可以拨打我和江老师的电话。"

王老师的讲话博得了学生们热烈的掌声。"手机事件"就这样顺利地得到解决，师生们的脸上都露出了舒心的笑意。

学生带手机到校园，一定会影响学习吗？答案是否定的，问题不在于手机，而在于人！如果学生在认识上没有提高，很有可能出现的情况是：老师没收了手机然后交给家长，几天后又回到学生手上；让学生关机，他们又把它调到振动档。这叫上有政策，下有对策，防不胜防。因此说禁止只是解决问题的一种方法，但光靠简单的禁止，很难解决问题，关键还在于对学生进行有效的疏导教育。

办法一：全班辩论、提高认识。我们可以像案例中的班主任那样在全班展开学生持有手机利弊的辩论，让学生在辩论中认识到如果不利用好手机这个工具，对他们的成长没有好处。正如一把刀子，可以用做生活用品，也可以用来做凶器。让他们明白手机不是用来玩游戏或是向别人炫耀的，手机仅仅是一种通讯的工具。

办法二：约法三章，自我约束。如果大家认为可以带手机，那就让他们带，但要教育学生，上课时必须要关机，只是有事的时候用；要告诉他们什么时候可以用手机，什么时候不可以用手机。

课堂上难免有时会发生"铃声响起来"这样令人尴尬的小插曲。"金无足赤，人无完人"，成长中的学生有些瑕疵是正常的，即使学生有些类似的"夸张"行为，也不必大惊小怪。把微笑送给学生，是化解尴尬和制止"夸张"行为的最有效手段。原谅学生的一些小错误，通过疏导，可以让学生自己反省，自我约束，惟如此，类似于学生上课带手机的难题方能迎刃而解。

卫生工作无止境

班级卫生工作是每个班主任都避不开的问题。有的班主任认为管理起来很简单,因为几乎不费什么口舌,班级环境总是清洁如新;而有的班主任却认为这是个让人头疼的大问题,因为尽管三令五申,在管理上也下了不少工夫,但班级卫生还是令人堪忧,甚至脏得像个垃圾场。

好有好的原因,差有差的来由。

事实上,如果我们认真观察,总是会发现一些有经验的教师在管理班级卫生工作方面很有办法。

首先,班主任应该以身作则。

有位老班主任曾经这样说:

学生初入学时,班里乱七八糟,纸屑、脏物随地可见,但他们熟视无睹。我决定以自身为表率,培养孩子的好习惯。课间我走进教室,看见地上有纸屑,周围的学生却没注意到,我就会弯下腰,把纸屑捡起来,并与学生说话,吸引他们的注意力,在他们的注视下把纸屑扔到纸篓中。开始学生们还无动于衷,但渐渐地孩子们有了反应,到后来他们看到我捡纸屑就会拥上来,主动接过我手上的纸屑,并说:"老师让我来。"后来,随手捡起地上的脏物渐渐成了他们的习惯。

教师身教的力量巨大,班主任要养成一进教室先关注班级卫生的好习惯,这样才能逐渐带动全班。

其次,任用称职的班干部。

有些学生热爱劳动,有精力、有能力,也非常愿意为集体服务。任用这样的同学做劳动委员或卫生委员,班主任的工作会轻松不少。这样的学生会把班级卫生工作当成自己的事情来做,一旦发现值日生有疏漏的地方,他会亲自动手,把疏漏的地方打扫干净。反之,如果班干部不负责任,班级卫生工作的效率自然是大打折扣,班主任也会疲于应付。

第三,责任到人,奖勤罚懒。

比如,有的教师要求学生每人带一块布、一个小桶来校,每个学生负责自己的座位,实行位前三包。这样老师既省力,学生的劳动能力也得到了锻炼。还有的教师搞卫生委员负责制,抓卫生不是抓全班,而是只抓卫生委员一个人。只要班级卫生差了,就找他,并且教给卫生委员办法:不要只是自己去捡，要责任下放——把教室分成几个区域，再责任到小队长，小队长再责任到小组长，小组长再责任到每个组员。对于表现好的小组或个人，在班级里进行奖励，树立典型或榜样；对于表现不佳者，要根据事先制订出的规定给予处罚。

第四，可以广泛"封官"。

有些教师善于调动学生的积极性，他们给学生"加官晋爵"，如：窗户长——负责每天擦窗户，走廊长——每天拖走廊，黑板长——每天擦黑板，门长——每天擦门，讲台长——每天整理讲台……同样是搞卫生，但是换了一种思路，效果完全不一样。多了一个称号，学生或许会变被动为主动，做值日也有了荣誉感。

第五，掌握一些技巧。

比如说，有一些教师在安排值日生的时候，会有意识地把男女同学进行搭配。班级卫生工作虽重，但人数多效果不一定就好，三四个人其实就足够了。有人尝试过两男两女或两男一女的值日生搭配方案，效果都很不错。正应了那句俗话："男女搭配，干活不累。"

以上方法都还算是常规方法，但是不同的人使用它会产生不同的效果。著名特级教师贾志敏老师有一次在班级里这样说："同学们，我昨天在教室走廊上发现了一架纸飞机，这飞机的驾驶员大概工作忙，忘了把它开回家了。我想飞机一定很伤心，同学们如果你们将来长大后真的把飞机开丢了，那会是什么后果啊……"这番话像是在讲童话，但正是学生最易于接受的教育方式，让那个随意丢弃纸屑的同学羞愧得无地自容，主动地向贾老师承认了错误。

班级卫生工作是没有止境的。制度性的约束虽然也能收到效果，但是发挥学生的主观能动性才是根本。有这样一个例子，某教师对班级卫生不满意，结果偶然有一次打破常规，问谁愿意今晚留下来做值日为大家服务，然后在举手的学生中选择三四名学生。这几名学生把教室打扫得非常干净。仔细思考一下原因所在，原来举手做值日是主动的、自发的，而根据安排轮流做值日是被动的、被迫的。曾有一位实验班的班主任以实验班称号激励学生，要求学生不仅学习要争上游，班级卫生和个人卫生也要争创一流。学生有了荣誉感的激励，果然非常团结，大家齐心协力，囊括了学校各项卫生荣誉。

靠班主任一己之力，是很难做好班级卫生工作的，所以充分发动学生的主观能动性才是出路，班主任应该沿着这条思路去摸索出更好的办法。

开展体育运动，增强学生体质

前苏联著名教育家苏霍姆林斯基曾说过："良好的健康状况、饱满的精神和充沛的体力，这是朝气蓬勃地认识世界，乐观向上、随时准备克服困难的最重要的条件。"可见，一个人生命力的强弱与这个人的健康状况密切相关，而体育锻炼则是获得健康的重要源泉。班主任作为青少年学生身体健康成长的引路人，在增强学生身体素质、保证学生身体健康方面具有他人所不可替代的作用。组织学生开展体育活动、坚持体育锻炼、搞好卫生保健，使学生顺利地度过青春期，保证其身体健康地成长，以饱满、旺盛、充沛的精力投入到学习和工作中去，也是班主任所担负的一项重要任务和常规工作。因此，必须充分认识到关心学生身体健康的重要意义，进一步明确自己在促进学生身体健康方面所应履行的职责和应起的作用，并根据青少年学生的年龄特征和身体发展规律积极开展适当的体育工作。

但是，在当前考试指挥棒的影响下，我们许多班主任较普遍地存在着重智育、重德育、轻体育的想法，不能正确地看待三者之间的关系。其实，德、智、体和育的关系是相辅相成、缺一不可的。与德育、智育一样，体育卫生教育也是学校积极推进素质教育的重要体现。毛泽东早年在《体育之研究》一文中就曾说道："体育一道，配德育与智育，而德智皆寄于体，无体是无德也。"因此，班主任在传道、授业、解惑的同时，也应该重视班级体育活动的开展。

同时，开展体育工作，还能间接地起到对德育与智育的推动作用。如：体育活动不仅可以锻炼身体，同时，其中还蕴含着丰富的德育因素。所以，班集体在开展体育活动时，就能通过对学生"劳其筋骨"从而达到"苦其心志"、"增益其所不能"的效果。另外，班级体育活动的开展，还能够培养和锻炼学生的自觉性、组织性、纪律性和团结协作的集体主义精神，能够培养和锻炼学生勇敢、自制、坚决和果断的顽强意志，能够培养和锻炼学生的责任感、义务感、荣誉感和爱国主义精神。苏霍姆林斯基曾经说过："有规律地经常锻炼，可以使身体变得健美，动作变得协调，还可以培养性格，锻炼意志。"

我们有些班主任不太重视体育工作，在某种程度上就是因为他们没有充分认识到体育工作的这种教育作用。有些教师甚至片面地将体育工作与学习科学文化知识对立起来，认为体育锻炼无足轻重，投入过多时间会影响学生的学习。其实,这种做法不仅会影响学生的体质,而且单调的生活容易引起学生对学习的倦怠感,甚至最终连学习成绩也上不去。实践证明,班主任关心、支持和有效组织学生开展体育活动,能够丰富学生生活,振作学习热情,有利于学生始终保持旺盛的精力投入文化学习;能够拉近与学生的距离,加深师生间的友谊;有利于班主任及时掌握学生思想动态,了解学生的兴趣爱好,更好地开展班级工作。

　　体育课是学校进行体育活动的基本组织形式,通过体育课,可以使学生较为系统地掌握体育知识、技能和技巧,获得全面的锻炼。体育课应以体育教师为主,但作为班主任,也应积极主动地配合体育教师,当好"配角"。例如,可以充分利用自身在学生中的威信和全面负责班级工作的有利地位,主动向体育教师介绍本班学生的特点,让体育教师在从事体育教育时能做到全面了解学生的情况,有的放矢;同时,班主任还应及时向体育教师反馈学生对体育课的意见和要求,以帮助体育课更为有效地开展。当然,最主要的协助工作还应该是帮助学生树立起体育锻炼的意识,让学生从思想上重视体育课。还应帮助学生消除心理障碍,使学生转变"重智育、轻体育"的片面认识,主动认真地上好每节体育课,完成体育课的各项教学任务。对于学生考评中的一些指标,一定要严格要求。如:在评定"三好学生"的时候,有些学习好的学生体育成绩不合格,在此种情况下,班主任的态度一定要明朗,不让不符合要求的学生当选"三好学生"。同时,及时对他们乃至全班同学进行教育,这样才能让学生真正认识到体育与其他各育的同等重要性。另外,在宣传教育时也要注意"创新",如下面案例中这位班主任的现实分析就能对学生中存在的轻视体育之思想产生一定的触动。

　　为了使学生真正树立讲卫生保健康的意识,我不搞泛泛的说教和硬性要求,而是从新的角度启发学生的觉悟。例如,怎样看待学生生病?我提出:"生病就是犯错误。"并启发学生:生病影响学习,影响工作,影响事业,影响国家,所以生病从客观上来说将对国家造成负担和浪费;生病耗费钱财,影响家庭,给父母增加经济负担。因此,生病和其他错误相比,表现不同,性质不同,但其后果却基本相同。通过这样从新的角度教育学生,使他们转变观念,重视个人和集体卫生,以促进健康。

　　此外,班主任还可以在体育教师的指导下,组织一些班级之间的体育竞技比赛活动。体育活动不仅能起到锻炼身体的作用,同时,还能愉悦学生的身心,增进同学之间的友谊。另外,体育活动还能有效地激发学生积极向上的进取精神。同时,如果巧妙设计的话,体育活动还能发挥更多的功能。如下面这个案例中的做法,班主任的"有心设计"就使体育活动做到了体育锻炼与学生行为训练、班级管理的有效结合。

本届初一学生行为习惯特别差,表现为行动非常随意:坐没坐样,上课随意插嘴。针对这一情况,班主任首先与体育教师进行磋商:前两周的体育课以军训的形式开展,训练学生的站、坐、行、集队等行为习惯,要求站如松、坐如钟、行如风。下雨天,就在教室里训练学生的起立、挺胸、静坐。班主任还密切与其他科任教师协商,共同对学生进行行为习惯的训练,每堂课教师进教室的前几分钟,严格按照训练的标准来督促学生:要求学生坐姿端正,上课做到注意力高度集中,认真听讲,勤思考,踊跃发言,不随意插嘴,有问题举手发言。经过一段时间的训练,学生的不良行为习惯有了很大的改变。

"两操"即早操和课间操。做好早操工作,既有利于学生养成早起早睡的好习惯,又有利于学生身体健康。课间操一般在上午、下午的两节课后进行,由于它是在学生进行了一定时间的学习之后的活动,所以它能帮助学生走出紧张的学习状态,消除大脑疲劳。因此,在开展体育工作时应做到从细微处入手,可以用"两操"工作来带动学生的日常锻炼。

此外,班主任还应组织全班学生定期开展一些班级体育活动,如:球类比赛、拔河比赛、体操训练活动等。这些都是学生喜欢的体育锻炼形式。

同时,大自然是最好的体育锻炼场所。班主任应充分利用本地区或近郊的自然条件,有计划地组织学生开展校外体育锻炼活动。如:可以组织春游、秋游、爬山、划船等项目的竞赛活动,让学生在亲近自然中陶冶身心并得到锻炼。

巧妙处理学生失窃事件

班级失窃,这是校园中发生的较为棘手的事情。由于当事者往往是未成年的学生,这就给我们出了一道难题——班主任无法像福尔摩斯那样去处理校园失窃事件,因为学生毕竟不是罪犯,他们在校期间还处于道德认识的发展阶段,许多行为对他们来说还没有上升到道德是非的层次。

然而,班级失窃现象绝对不能不引起教育工作者的重视。对于这样的问题,教师不要回避、苦恼,要积极学习现代的教育理论,寻求恰当的、合理的、有利于青少年身心健康的解决办法,使学生在教师的正确引导下,逐步形成正确的道德行为。

我们先看下面这个案例:

一天早晨,一名男生来办公室悄悄告诉我说:"老师,昨晚我把300元钱放在衣服口袋的皮夹中,今天早晨穿衣服时一掏没有了。"听到后我心中不禁一惊,急忙问他:"找一找没有?"他说:"哪都找了,就是没找到。"于是,我劝他回去后暂时不要声张。随后,我找来了他所在的这个宿舍的班委和舍长,认真仔细地了解情况,得知确有此事。早饭后,我又带上几个信得过的学生勘察现场,经分析完全可断定,这次事件是本班同学所为。

下午第三节自习课召开了班会,开始了第一步工作——攻心战:"我们班大多数学生来自农村,家庭经济不很宽裕,父母每月支出一笔生活费实在是不容易。同学们,请你设身处地替丢钱的同学想一想,他怎么张口再向父母要?此时此刻他心里是不是非常着急?既然如此,请问拿人钱的同学,你这样做,人道吗?你的良心和道德哪里去了?你现在就这么狠心、残忍,不管同学的死活,将来走向社会,你还有什么出息?况且,你偷了几百元钱,整日的提心吊胆,十天半月钱就花光了,留给你的却是一辈子的愧疚、心灵的不安。所以说,这位同学偷小失大的做法,实在是蠢。"

"同学们,认为这样做太不值得的请举手?"这时,全班同学纷纷举起了手。我见时机已经成熟,就改换语调说:"不过话说回来了,错误谁都难免,改了就好。如果说现在这个同学确实从内心深处意识到自己的错误,想悬崖勒马,纠正错误,我们能原谅他吗?"结果学生的回答完全与我合拍。

我又语重心长地说:"从大家洪亮的声音中,我想你会得到这样一个答案:改了,大家就会原谅你,而且我们大家还要保证,今后谁也不能再提这件不愉快的事!"

接着,我就开始部署第二步的行动——设置改错的场所。时间定在晚饭后,地点选择在男生寝室,寝室里事先放着一个纸箱,箱子上面挖个长方形的小洞,便于偷钱的同学把钱放到纸箱里。

天黑后，同学们按照我的要求来到距离男寝室8米远的地方排好队，一个个走进寝室，在里面停留半分钟再走出来，等所有的同学都走完一遍后，点亮灯，拆开箱子，发现那300元钱卷成一筒，静静地躺在箱底，看到失而复得的钱，同学们都说这个办法真灵。

金无足赤，人无完人；人非圣贤，孰能无过？青少年思想幼稚，往往会因为一时是非不分、认识糊涂而干了错事，这在所难免，做师长的此时应该宽大为怀，容许他们犯错误，并帮助他们改正错误，引导他们引以为戒。

这则案例中那位班主任老师的睿智让人折服，读后真有一种如沐春风的感觉，也有一种同感在心中荡漾"为人师真好"。这位老师在失窃事件的处理中也给了我们一些启示：

一是保护人的自尊心多么的重要。苏霍姆林斯基在谈到学生教育时认为："在影响学生的内心世界时不应挫伤他们心灵最敏感的一个角落——人的自尊心。"案例中老师的"纸箱"及时地避免了伤害学生自尊心的行为，消除了学生心理戒备，赢得了教育学生的良机。更为重要的是她能因势利导，发挥人的主观能动性，在困难和新问题面前大胆探索，获得了成功，达到了预期的效果。

二是教育学生要从学生的一生着想。让我们深深体会到，"教育无小事，教师无小节"。教师在对学生每件事的处理过程中，都关系着学生一生的命运。为师者切忌图一时痛快、一时轻巧，对其一棍子打死。这一推或一拉，也许就让人下地狱或是上天堂。

三是教育方法上要和风细雨。案例中的老师用真诚拨动学生的心灵，化暴风骤雨为和风细雨，以朋友式的劝告，使学生感受到老师浓厚的人情味和深厚的人格魅力，也收到了春风化雨的效果。做思想工作要以攻心为上，攻心要和风细雨、深入细致，只有"心"攻下来了，塑造美好心灵的工作才有可能完成的好。

编排座位——不是问题的问题

排座位是一门科学，更是一门艺术，学生的座位排得是否科学、合理、有效，将直接决定班级的凝聚力和向心力，决定着教育教学效果的好坏，对于打造良好班风班貌，促成优秀班集体的形成起着不可低估的作用。

在影院看电影都希望有个好座位。在学校上课也希望有个好座位。在学生眼里，安排座位是班级工作的大事，大家都很关注，甚至引起学生家长的关注。每一个学生、每一个家长都希望排到一个好位置。班主任老师能否公正、公平、科学合理地完成这件工作，不仅关系到班主任在学生心目中的威信，而且容易引起学生思想情绪、学习成绩等的波动，这些不利于班主任开展工作，也直接关系到班级凝聚力的形成。

有这样一个教育故事：

我所带的班刚刚成立时，分座位并没有使我犯难，按个头排先后。我一向反对按考试名次给学生排座位，这样会给学生带来无形的压力。

张静是个不算漂亮但很清秀的女孩子，我总觉得她的外貌应该配上一个活泼开朗的性格，而事实恰好相反，自从进了我们班，她就始终少言寡语，很少跟其他同学一起讨论问题，每当别人因为一个问题吵得面红耳赤时，她总是坐立不安，一种厌恶夹杂着恐慌的神色就会浮现在她的脸上。有几次我走过去，扶着她的肩膀微笑着问她怎么了，她不是霍地转过脸来，惶恐地望着我，就是犹犹豫豫地坐下，或是轻轻地走开，嘴里喃喃着"没……没什么，老师……真的。"这是一个性情孤僻的小姑娘，我这样告诉自己，但是心里始终打着一个奇怪的结，把我的疑惑跟这与众不同的学生系在一起，而且越系越紧。

北方的冬天总是很漫长，但毕竟过去了。校园里的迎春花早早就吐出了新芽，花圃里的小草也拱土了。张静心里那棵种子到底还是发了芽——那天，她敲响了我办公室的门。

"请进！"我听到敲门声后，猜想着走进来的会是谁。

"老师，我……我……"张静从门缝把自己挤进来，轻轻地关上门，低着头，用手理了一下头发，又使劲绞着衣角儿。

"张静啊，有什么事吗？来，请坐。"我放下手中的教案，起身走到她跟前。

"不，不了。老师，我只想调个座位。"

"啊，这很容易，你想跟谁换，我和她谈谈就行了。我想把你调到……"没等我把话说完，她就给我鞠了个九十度的躬，丢下句"谢谢老师"就消失在楼梯口。我觉得自己找到了症结所在——她跟邻近的同学相处不好，因此情绪低落。"这下我可以看到一个脸上闪着阳光的学生了。"我又一次下了一个错误的结论，换了座位的她依旧每天一脸愁容，课上心神不定，仅一个星期人又憔悴了许多。

果然，四个星期后，她又来找我，请我再次给她调换座位。我没有正面拒绝她,只是告诉她,请你说明理由。她埋着头,坐在我面前不作声,只是一个劲地说:"坐在现在的座位,无法集中精力学习。"

我请她想一想后再来。

第二天她果然来了,虽然还很紧张,但我看到了她眼里充满着对我的热望,她端端正正坐在那儿,像个小学生,仍腼腆地低着头,轻轻搓着双手,不时地把垂到眼前的一绺头发送到脑后。

"谈谈你要换座位的原因吧。"

"嗯,老师,我——"她的情绪突然有些激动,"我担心得了初中时留下的后遗症。"

"别急,老师知道你没有任何病症,只是有些问题没有想明白。"为了使她平静下来,我只能这样安慰她。

她迟疑着坐下,终于向我说明了事情的原委。她在初中时就是同年级前几名的学生,在班级里更是名列前茅。初三时,班主任在班级里实行按成绩排座位的制度,偶有名次下滑,座位也随之变动,这种做法给她带来了很大的精神压力。到高中以后,特别是到重点班后,她的成绩不再是拔尖的了,也没有人注意到她了,这使她很失落,再加上成绩下降,她担心老师将要调换其座位,心中总有一种不安在折磨着,为了给自己留点面子,心想还是主动点儿吧,因此主动换座位的念头便时常在她头脑里闪现,而且越来越强烈。噢,我明白了。

为了转移其心理压力,我问道:"父母给你的压力大吗?"

"不,他们总告诉我,'成绩并不是最重要的,重要的是你尽力而为'。但是我越来越觉得自己对不起他们。"说着她竟哭了起来。我望着眼前这个小姑娘,越发觉得她像一株缺少肥料的小花。我深信,我能让这朵小花开得很鲜艳。

于是,我给她布置了一个工作,由她制定班级学生座位编排方案,并提出几点要求:全班同学认可。符合班级学生的个头、视力等实际情况。有利于班级的文化建设。有利于班级学生的身心健康。有利于同学中的相互帮助。

一周后,张静制定出座位编排的三个方案,在征得我同意后,我让她组织全班同学讨论,最后确定一个大家都认可的方案并在班级中开始实施,全班40多名学生重新排了座位。

经过此事,张静一改往日的满脸愁容,心情一天天地好了起来。她不再独来独往,开始试着加入同学们的激烈争论,课间也不是一个人心慌意乱地站在窗口,而是跟女同学在姹紫嫣红的花坛间散步谈笑。我欣喜地看到,这株小花已经在春雨的滋润和自己的努力下,生长得更加艳丽,闪着朝晖一般的生命光华。

教育的最终目的是让每一个学生都得到发展。教育无小事,事事都育人。班级学生座位的编排看起来是小事,却蕴涵着许多教育思想和教育原则。案例中张静的初中老师以学习成绩编排座位的方式,给她造成了沉重的心理压力,留下了后遗症。到高中后,新班主任随意按个头编排座位的方式,使其产生心理困惑,几次请求调换座位,引起了班主任的重视,在观察、了解、诊断后,班主任针对问题产生的症结进行及时治疗。让张静组织制定班级学生座位编排方案,并在班中进行讨论,及时减轻了她的心理压力,使她的不安情绪得以安慰和释放。

班级座位的编排是班级管理的一部分,合理科学地编排座位有利于班风建设和学生的身心发展,否则就会由此产生师生之间、同学之间的冲突和矛盾,出现不是问题的问题。那么,班主任应该怎样编排座位呢?一般说来,编排座位主要有以下几种方式:

（1）自选式。这是一种信天游的排位方法,由学生自选座位,这种方法表面上比较民主,好像学生也没话可说,事实上对班级一些需要照顾的学生很不利,他们可能会成为抢座的弱者,甚至很多小个儿同学被挤到后排,根本看不到黑板。

（2）成绩好坏式。把学生座位按光线、视线、压力以及听课效果等多方面的因素综合考虑,将座位排成等级,学生按学习成绩好坏依次排列座位。这种惟成绩是瞻的方法弊端是很显然的。

（3）轮流坐庄式。学生座位实行前后左右大轮换,可以每周一换,也可以每月一换。

（4）抽签式。班主任把教室的座位编号,学生依次抽签决定座位,座位的好坏完全靠运气。

（5）关系式。根据学生家长与班主任关系的亲密程度来编排座位,对关系好的予以特殊照顾,这种编排法最可耻。

（6）兴趣式。把班级座位划分为学习兴趣版块,学生根据自己的学习兴趣到相应的版块就座。

（7）朋友式。根据学生间相互友好的程度,让学生自选同桌,自己搭配座位。

上述几种座位编排方法,每一种方法都有它的道理,但每一种方法也都存在不足,作为班主任应根据班级的实际情况,慎重选择,一般可以以某一种方法为主,同时辅以其他方法,这样把几种方法结合起来运用,效果自然会好一些。总之一句话:适合的才是最好的。

班主任编排座位时应根据学生的年龄特点、班级的实际状况以及教学的要求来选择,但无论我们选择什么样的方法来编排座位,有一些共性的东西是应该注意的:

(1)少搞人情座位。老师也是人,是社会的人。既然是社会的人,少不了有一些亲戚、朋友、邻居等社会关系的孩子在自己班上,应该说,熟人的孩子在自己班上。适当照顾一下、编一个好座位也无可非议,学生也是能够理解的,但不要太过分,应该适度才行。

(2)不搞权利座位。班级就是一个小社会,班上的学生来自社会的各个层面,少不了有一些权贵们的孩子在自己班上读书,这对于班主任来说是一大考验。班主任不要为了巴结官员而过分地照顾他们的孩子,这样会无形中将孩子分层,使学生从内心萌生官本位思想,对学生的健康成长不利。同时,还会使大部分学生对班主任产生不好的印象,甚至抵触情绪,对于作好班主任工作很不利。

(3)不搞腐败座位。现在社会上有一种金钱万能的思想,一些家长为了给孩子弄个好的座位,向班主任行贿,一些班主任也因此一边笑纳家长贡品,一边照顾孩子的座位。甚至有班主任将班级座位明码标价,向家长索要钱物,这些都是有损师德的行为,一定要杜绝。

(4)不搞歧视座位。有些学生特别调皮,很难管理,有些班主任就在教室的某个部位设立特殊座位,比如讲台旁边、教室后边的角落等等,让这些学生与其他学生不坐在一起,这是一种典型的歧视性座位,无论对于孩子的健康成长还是教师的班级管理,都是极为不利的。

下面介绍一些编排座位的小技巧,以供参考。

(1)新生入学简洁编排座位。新生刚入学,班主任情况不熟悉,只能先按身高、视力等做临时安排。在其后的一个月左右时间内,班主任通过深入班级、逐个了解学生,掌握学生的家庭、住所、兴趣爱好、同学之间关系等,然后再做新的编排。切忌一开学就把座位的编排搞复杂了,那么以后就会很麻烦。学生是老师简单,他们就简单;老师复杂,他们就复杂。

(2)学科互补性编排座位。班主任在编排及调整学生座位时。可以全面了解学生的各科学习情况,最好征求任课老师的意见,把学科上有差异的学生尽可能编排在一起。结成学科互帮的对子。

（3）性格互补性编排座位。在座位编排时，还可以把性格不同的学生编排在一起，让他们从性格上相互感染，互相促进。在每天的学习过程中，他们吸收同学性格中的优点，有利于自身个性的完善和发展，这样就能潜移默化地发挥学生之间的自然教育作用。

（4）动静结合性编排座位。班级学生中有文静的，有好动的，也有顽皮的。班主任可以在编排座位时，把好动的学生与好静的学生适当调配来编排座位，避免出现"动"与"动"或"静"与"静"的"强强联手"，做到"动""静"结合，保证班级的正常教学秩序。

（5）按心理素质调配座位。学生的心理素质和心理承受力有着极大的个性差异。例如在对前途的态度上，有"乐观派"，有"悲观派"，也有"无所谓"的；对挫折承受力、对环境的适应能力等有"强"有"弱"等等。班主任可以在加强对学生心理健康教育的同时，有针对性地合理安排学生座位，让一些心理上存在这样那样不足的学生与积极向上、乐观开朗的学生同座，以便于他们多接触、交朋友，最终缓释心理问题。

别把学生总往坏处想

青春期最敏感的一个话题就是少男少女萌动的情感，这也是被许多家长和教师视为头痛的问题。我们通常的态度总是把它当作一件极不光彩的事情来看待和宣传，采取一些极端的做法来制止与打击。

如：现在许多学校为防止学生早恋，改变以前的男女学生同桌的传统，让男女生分开，希望通过阻止他们的交往来阻止早恋的发生；有的学校则用抓典型的方法，即把某一对男女学生的早恋当作一件不光彩的事情在全班甚至全校加以批评，并想以此起到"杀鸡儆猴"的作用。事实上，这都是一些极不明智的做法。我们每一个成人都是从青春期过来的，这种青春期的情感萌动心理也几乎是每一个人都曾有过的感受，所以，我们不应把自己超然于事外，俨然把自己当作一个圣人来看待，而应该用自己的感受来体验这群青少年学生的感受，真正从他们的立场出发来帮助他们正确认识青春期的激情，不要总带着审视和怀疑的目光，把青春期的孩子总往"坏处"想。

从生理学与心理学的角度讲，青春期的这种萌动感是一个自然的过程。伴随着青少年学生身体的发育和心理的成熟，他们的性激素水平自然也会提高，这就必然导致他们产生性冲动和与异性交往的需求。这种现象本来是一个自然的过程,只是在今天,我们更多的是要从文化的角度与社会的角度来对青少年加以引导,让他们在更成熟、更理性的阶段,即在完成学业之后,在经济独立之后才去考虑这些问题。所以,我们希望在中学这个阶段,学生的主要精力是用于完成他们的学业,而不倡导他们在太早的时候就进入这种没有社会责任和经济基础的情感之中。在这种不倡导的演绎之下,在某种程度上,有些老师和家长又把这种正常的冲动视为一件羞耻的事情,这就在青少年的心中产生了矛盾冲突。社会学家米德在对原始部落的青春期少年之研究中,发现他们并没有存在成长期的焦虑感,也没有我们今天的青少年内心所经历的暴风骤雨式的调试。由此就更加证实了这种青春期问题更多的是一种文化现象而不是一种自然现象;它不是一个生理问题,而是文化对人的影响问题。

因此,作为班主任,在与学生谈论这个问题的过程中,要防止把这种青春期的正常现象看成是一件不光彩的事情,而更多地应该是引导学生如何理性地去认识这个现象,破除对异性的神秘感,让他们认清自己当前的任务,把主要精力集中到学习上来。在处理这个问题时,首先要做到尊重学生的自尊心,耐心劝导。青春期少年在对待这种青春期的萌动上是很敏感、很脆弱的,如果班主任采用方法不当,很可能会严重伤害学生或把学生本来的一些不成熟的想法推向实践。所以教师应做到关心、细心、耐心,把学生的自尊放在重要的位置来处理这个问题。作为班主任,一定要怀着一颗关爱、理解、鼓励的心才能做好这项工作。我们可以通过一正一反两个例子,从不同角度来了解在对待学生青春期问题上,班主任的不同反应对学生产生的不同影响。

她是某市一所重点中学的尖子生,无论相貌、能力、学习都非常出众,也一直是包括班主任在内的所有教师的宠儿。而到了高三那年,有一次,据传她与班里的一位男生有恋爱关系。由此,学校就掀起了轩然大波,年级主任批评,校领导找她谈话,考试中途也经常叫她出去了解情况。班主任此时的态度则更多的是一种不表态。从此,这个女生没法进入正常的复习迎考,以至于非常优秀的她只考上了一所普通的专科学校。

其实,他们之间本来并没有很亲昵的关系,如果班主任能够更加相信自己的学生,更加理解自己的学生,用自己的爱心和关怀去抚平学生心灵上所遭受的压力,那么一切情况也许就不会变成后来的样子。

与此相反,另有一位班主任为劝导学生的早恋行为而给学生写了一封信,信中言辞恳切,字里行间洋溢着教师对学生的理解与关怀。

我不知你是如何看待我们师生之间的关系与感情的,但我明白自己的感觉,那就是视你如弟、如友。你学习刻苦、努力,成绩突出时,我欣喜,我激动;你学习上失策了,生活上放纵了,我焦急,我伤怀。

最近一段时间,你情绪波动得厉害,学习成绩也有些下降。于是,涌上为师心头的是一阵阵揪心的酸楚……你的母亲为你的成长熬白了青丝,对你的学业充满了企盼,不知你是否感觉到她已将全部的爱毫无保留地抛洒于你。你若在即将扣响青春大门的瞬间,不能正确地把握自己,我真担心你反倒会被这重如泰山的爱压垮。

这则评语既道出了班主任的观点——他对学生恋爱行为消极面的看法;同时,又是以一个亲人、朋友的身份,对学生表达了自己的爱心与关心。这种理解与同情的细心劝导,比较容易打动情感丰富的青春期学生。

班主任还可以通过开展一些丰富多彩的活动,来打破男女生的神秘感,从而使青春期问题得以缓解。青春期这种对异性的渴求感除了来源于一种本能的冲动外,外界的遮掩和隔离就更增强了学生的这种好奇心。同时,北京教科院基教中心专家闵乐夫指出:"孩子出现'早恋'和'社交恐惧症'都和家长对孩子的教育有关系。如果家长对孩子在人际交往中采取充分信任的态度,这将促进孩子人际关系的充分发展。反之,孩子在人际关系中进行得不顺利、受到挫折,这就会造成他们产生自卑、冷漠的心理。孩子在小时候遇到严厉的班主任在他对异性萌生好感时粗暴地加以制止,或者在家里有一个权力欲望非常强的母亲对其和异性交往的事情横加指责,会让孩子觉得自己没有能力,没有吸引力,对和异性交往产生恐惧心理。"事实上,你们对学生的态度也会对学生产生同样的影响。所以,作为班主任,应该创造机会让男女同学多一些群体性的活动,让大家彼此了解,并努力把这种关系向好朋友的方面去转换。通过群体活动来建立男女同学的正常友谊关系是避免早恋的一条有效途径。

她是一个中学的班主任,在上课时,她看到班上一个男孩正对着别的什么出神。他最近常是这种表现,她想,他可能是早恋了。从这时起,她就时刻注意他,果然发现他的眼光总是集中在班里一个漂亮女孩的身上。

该怎么来处理这个问题呢？这是一个较为沉默的男孩，她经过分析，认为他的这种早恋心态更多是来自一种神秘感，于是就把该男孩的座位调到了那位女生的前面，并让那位学习优秀的女孩帮助他。同时，班主任还及时在班上组织一些活动，把他们分配在一个小组。男生注意到老师洞察了他的心理想法，也感受到了班主任对他的关心。同时，他们在活动中逐渐了解，消除了那份神秘感，男孩也走出了早恋的心态。

我们看到，上面案例中的这位班主任了解到男女生之间的爱恋有时是由于一种对异性的神秘与好奇感所致，所以她就通过各种安排暗示那位男生：我已知道你心里的想法，现在，我让你去了解现实中的这个女孩也是一个平常的人，是一个学习上进的好学生，从而消除了出于青春期的好奇和不了解而对女生产生的神秘感。通过熟悉对象的方法去除那位学生的好奇心，这位班主任最终达到了教育的目的。

此外，通过帮助学生树立自己的人生目标，从而实现自己情感的转移也是帮助学生处理好青春期问题的有效方法。你们可以让学生去探索自己今后想要的究竟是什么，有了自己的远大理想，就可以使学生以此为动力来转移自己的一些分心的念头。高尔基有一句名言：一个人追求的目标越高，他的才力就发展得越快，对社会就越有利。在实际生活中，如果能够让学生看清自己的目标，也就更能让他们抵挡成长途中的一些诱惑，从而更好地把握自己，使自己取得成功。

对待早恋：堵不如疏

早恋作为一种社会现象，主要发生于18周岁以前。现代男女均在16~17岁达到性成熟高峰。随着活动领域的扩大和知识的增长，认识兴趣和求知欲的增强，在性成熟的生理作用下，对异性产生了强烈的好奇心，从内心深处感到异性吸引的存在和力量，试图接触异性，有一种探索异性奥妙的愿望。加之社会上各种性信号的诱惑和刺激，促使青少年主动追求异性目标，并开始早恋。

早恋，如果处理不当，会给中学生带来很多不良影响，轻则影响学习和心理健康，重则影响身体健康和终身幸福。因此，如何妥善地解决中学生的"早恋"问题，一直是我们教育工作者重点研究的课题。

那究竟应该如何对待早恋呢？

我们先看下面这个案例：

期中考试刚刚结束,我拿着学生成绩单细致地分析着,每次考试结束,我都会如此,以便在召开班会时能够的放矢。忽然,一个学生的名字和成绩跳入了我的眼帘——程双(化名)语文70,数学53,英语62,物理47,政治49,生物……除了语文、英语两科及格外,其余各科成绩都没有及格。我的心不禁愣了一下,程双到底怎么了?

程双,我班的一名女生,平时性格较内向、腼腆,清秀中带些灵气,在班级中学习成绩属于中上等水平。上学期期末考试,她各科成绩良好,在班内排第十名。可眼前的成绩让我怎么也无法和那个成绩良好的程双联系起来,一定是发生什么事了!班主任的直觉告诉我必须和她谈一谈。

午间,学生放学离校,程双被我单独留在了教室。我将成绩单轻轻地放在她的眼前,她看了一下,脸上立刻现出了一种悲伤之情,她咬着嘴唇,眼泪浸在眼眶中。"程双,这次成绩考得不理想,老师很想知道这是为什么,你能告诉我吗?"我问。她没有说话。当时,我觉得很尴尬,马上又接着问:"我知道你的心里一定很不好受,也一定渴望下次考试考一个好成绩。你如果相信老师,和我说一说,我可以帮你想想办法,出出主意。"她抬起头,看着我,嘴唇动了几下,只是"我"了两句,最后终于挤出一句:"老师,下回我一定好好考。"就再也没话了。我感到她一定有心里话没说出来,是什么令她难于启齿?我觉得让这个性格内向的学生说出事情的真相,直接表白是不合适的,换种形式如何呢,我马上想到了"书信"。我就对她说:"如果你把老师当作朋友,我们不妨用书信的方式来交流一下彼此心中的秘密,让我们共同渡过这一难关,好吗?"程双回去了,我期待着她的回信。

第二天,她像往常一样上学,没有找我。我只是感觉她上课时总有些神情恍惚,我耐心地等待着……

第三天早晨上班,我发现办公桌上放着一封信,她终于来信了。打开信一看,真相大白:"……老师,对不起,我真的不知该怎样向您说。最近,我喜欢上了一个男孩,他挺懂事的,希望老师您别问他是谁。我一直没有告诉他,但心中总有一种怪怪的感觉,看见他时,总想着有朝一日能和他在一起;看不见时,又心慌意乱的,真的不知道该怎么办。现在,我一点学习的心情都没有,看着成绩每况愈下,我也很着急,但又无法集中精力,每天处于烦躁不安之中。我该怎么办呢?……老师,我真想好好学习呀。可我做不到……"我一下子明白了,她早恋了。

早恋，是让很多家长、班主任感到棘手的问题——处理得当，学生会沿着良性的轨迹生活下去；处理不当，说不定会带来许多负面影响。

我该怎么办，程双同学的信让我沉思。我分析着现在的情形：程双的"早恋"尚属萌芽状态，她能够告诉我事情的真相，表明她很想摆脱这一现状，却没有好的办法。我认为这是解决问题的契机所在。

我写了回信，夹在她的本中。

我在信中说："……程双，这是成长中的烦恼，是很正常的事情，也是许多学生都会遇到的问题。你信上说的想法，说明你正在长大，但不意味着你已经长大。你的信让老师想到了自己的学生时代。那时候，老师也像你一样，有自己喜欢的同学。我觉得她很优秀，学习好，体育好，人际关系也好。但我知道，我们不会有结果的，因为我们连养活自己的能力都没有，更谈不到对将来负责了。于是我就努力学习……后来上了高中，考上了大学……相信老师的话，对于你来说，选择是苦涩的，放弃是美丽的。因为这时的玫瑰是带刺的，是只能欣赏的。"

第二天上课，我发现她的目光一直注意着我，我知道我的信起作用了。不久，便收到了她的第二封信，她表示正在努力克制自己的情感，但有些时候还是无法控制。尤其闲着无事的时候，就会想那个男孩子。

于是，我写了第二封信，告诉她一个人的精力大致分配在四个领域，即健康与家庭、事业与成就、人际交往、未来与幻想。如果每个人都能在四个领域中把精力大致分配均衡，就表明他的生活质量高、心态也好，否则，哪一领域偏重，便会出现问题。她目前的问题就在于自己的精力过多地投入到"人际交往"领域中了，时间都放在了整天想着和那个男孩相处等问题，因此贻误了学习；又因为她是看重学习的好学生，所以情绪不好、心烦、焦虑、自责。最后我在信中告诉她试着找些其他事情做，重新进行精力分配，从眼前的处境中跳出来，就会觉得世界很大，就会觉得学习是当前最重要的事情。

信送出去了。程双同学的变化是明显的。

我又趁热打铁，设计了一节"我们是好朋友"的主题班会，和学生共同探讨中学生异性交往的问题。引导学生，明确在这个时期如果过早地涉入"爱河"会带来许多伤害；明确中学生应该怎样对待异性交往，如何进行异性交往等问题。同学们结合实际，各抒己见，主题班会开得很成功。

一个月后，那个好学的、清秀中带着灵气的程双又回来了。

这个案例给了我们一些有益的启示。

首先，教育者能够正确对待"早恋"的学生，把"早恋"看成是学生成长中的正常现象，是长大的表现，同时，充分尊重和理解学生的这份情感。当老师了解到事情的真相时，没有采取批评教育的方式，而是以朋友的身份关心帮助学生，并采用学生能够接受的方式为其宣泄不良情绪提供了渠道，使程双的焦虑情绪得到了缓解。

其次，教育者善于抓住时机进行适当的心理疏导。在这个案例中，我们可以清楚地看到教师在处理程双同学早恋问题的方法上是有的放矢、科学严谨的。例如，为了让程双同学放下心理包袱，他采取了"换位思考""互吐心声"的方式，消除了程双心中固有的焦虑，为成功地解决问题开启了方便之门。在初见成效后，他又乘胜追击，教给学生解决问题的办法，让程双重新分配自己的精力，使其从焦虑状态中摆脱出来。

第三，尊重学生的性格特点。对于像程双这种性格比较内向的学生，采用通信的方式是比较适合的，如果通过谈话的方式可能会加重其心理负担。教师在处理这一问题时能考虑学生的性格特点，选择学生能够接受的方式处理问题，从而达到了预期目的。

第四，注意以正确的舆论引领学生。教师在处理个性问题的同时，注重了营造良好的舆论氛围。能够适时召开主题班会，通过同学们对异性交往的理性认识，营造了一个宽松的环境，减轻了程双的心理压力，为其轻装前进奠定了基础。

除了上述方法以外，班主任面对学生出现的早恋现象，还可以巧妙地进行"冷加工"，转移学生注意力。

班主任完全可能也很有必要创设班内良好的"小气候"——通过紧张而有序的课内学习、健康有益而又丰富多彩的课外活动来充实学生们的生活，让他们把全部精力、智慧集中到学习上，把兴趣和爱好集中到组织的活动中。通过开展活动，班主任要拓宽学生的兴趣，引导学生培养健康、高尚的情操；要多利用班会、团组活动等，组织学生开展第二课堂活动，将学生充沛的精力引导到对高尚志趣和各种知识的探求上；要在班级形成一种健康的环境和正确的舆论，使学生各种朦胧的感情得到约束和自制，抵制社会上的一些不良影响。为此，一是开展青少年学生应该怎样正常交往的教育；二是开展高尚情操教育，让青少年专心、勤奋地学习并经常参加健康的、丰富多彩的集体活动，转移他们自然产生的性兴奋，增强他们的理智水平和自制能力。

总之,对待学生出现的早恋现象,还是那句话:宜疏不宜堵。

班主任如何指导学生进行人际交往

中学生的人际交往

中学生一般比较注重友谊,渴望众多的知心朋友。然而正所谓"近朱者赤,近墨者黑"。也有的同学因择友不慎反而害了自己,或者增添烦恼。因此,正确地慎重择友是涉世尚浅的中学生朋友应该注意的一个问题。学生在班集体内外的学习、劳动、游戏等活动中与他人展开交往时,都有一定的出发点,通常取决于三方面的因素:一是在特定交往情境中所抱的交往目的和充当的角色,二是已有的社会地位及其在交往范围中的认可程度,三是自我评价和自我感觉水平。

由于交往目的不同,学生的交往就有自由交往和角色交往的区别:自由交往也就是情谊性交往,它是学生完全按照自己的意愿通过选择与他人开展的私人交往;角色交往则指学生在正式场合充当一定的角色并肩负为他人、群体和集体提供服务的使命而进行的交往。

学生的发展自我意识过程中都在不断学习自我评价。由于交往经验的不同以及诸外因素的综合作用,学生掌握着各不相同的自我评价尺度,并形成大相径庭的交往自信心水平和交往态度。

对于某一学生来说,交往圈就是由他经常见面交谈并保持联系的人组成的群体的总和。这就是说,构成交往圈的基本要素是群体。比如说:班级群体、小组群体、伙伴群体等。需要指出的是,在某一学生交往圈的结构中,总是存在着一个"最近交往圈"。它由这一学生最愿接近、感到最有意义的人及其代表的群体组成。通常,他与这些人或群体交往的频率最高,能较为畅通地与其开展精神价值交往,对学生个性的形成和发展的影响最大。为此,改变学生的"最近交往圈"的结构,是指导和校正学生交往的重要手段。

学生的交往同样是在特定的时间和空间条件下展开的。交往的时间条件包括:(1)特定的时间段:白天或晚上,课上或课后,班内或班外,校内或校外;(2)展开交往的特定人物是否在场:如教师、同学、家长或其他人等在场时的交往,抑或只有两人进行的交往;(3)展开交往的次数,即交往频率;(4)交往的持续时间。交往的空间条件包括:(1)交往主体所处在广义的空间,即学校和社区;(2)狭义空间是指交往主体直接接触的,如教室、走廊、自己的房间、校园一隅、街道一角等。

学生交往的主要手段是语言,作为交往工具的语言具有表述、感召、描绘等多种功能,除了语言以外,交往的动觉语言和触觉语言等也是交往的重要条件。

当今的学生在交往时还常常借助一定的物质手段,如贺年卡、相片、书刊、文具、仪器,甚至钞票等。

学生的交往内容就是主体交流的信息,它包括认识性和情绪评价性两个方面,一般涉及如下方面:

一是学生生活中的重大事件:学习的成功与失败、班集体和其他集体的大事、知心朋友的大事、家庭生活中的大事;二是学生生存的对象范畴、生活内容、生活方式和具体的学习环境;三是关于自我的形象、品行、社会地位、近期目标、未来职业、择偶标准等;四是学生生活中富有情感色彩的方面:对某事物或某人的态度、印象、感觉、体验;五是关于时尚精彩影视、流行音乐、体育竞技、通用口语、趣闻轶事等;六是抽象的理论问题:人的本质、思维方式、方法化、人生观与世界观等。自然,这些方面在构成特定的交往内容时所占的比重是不尽一致的,这主要取决于交往内容的"主导身份",即交往过程中有情感方面和理智方面占主导地位的那部分内容,它构建和决定着交往主体的内部交往计划。七是世界性问题:科技进步、经济发展、核威胁与裁军、大气污染与生态平衡、战争与和平、人口问题、政局变动等;八是有关伦理道德和社会进步的论题:人际互助与对立、利他与利己、异性关系、社会公正、民主与法制、对传统的褒贬、祖国的前景等。

通常,学生与周围人们的交往是以对话的形式展开的。对话有内容对话和外部对话两种。从另一角度看,作为学生交往形式的对话又可能划分为四种类型:礼节型对话、信息型对话、争辩型对话、坦诚型对话。这四种类型作为学生的交往形式时,具有两个特点:第一,后一种类型的对话都较前一种类型更为深入,即在交往层次上是逐步递进的;第二,最后一种类型的对话兼有礼节型、信息型和争辩型对话的基本特征。因此,对话类型在一定程度上可以反映出交往深度。

心理学家研究表明,学生交往的结果是形成一定水平的人际关系,并促进隶属群体人际关系体系的改变。此时,主体与主体之间的相互作用便由外在的、显现的方面彻底地转化为内在的、本质的方面了。

由于上述各结构要素的质与量上的差别,由于它们相互之间的作用,它们在特定情境中构成的系统,即学生的交往过程,就会呈现纷繁复杂的姿态。

(1)朋友应当是多层次、全方位的。中学生应当结交多种类型的朋友,以满足各方面之所需。如:能够直陈自己的过错失误,开展批评的诤友;能直陈自己指点迷津,使自己少走弯路的导师;能相助于危机、困难之时的患难之友;能与自己一同从事感兴趣的文娱体育活动的娱乐型朋友等等。从而为自己的发展与个性的完善创造良好的外部条件。青少年特别要注意多交学习上能互助互励的同学为友。

(2)中学生在交往中应当把握好择友的标准。如:具有共同的志向、兴趣,崇高的品德,能以心相见,真诚相待,诚实、可靠、正直,具有渊博的学问,在某一方面强于自己等等。由于现实生活中同时具备几种条件的理想的人是很少的。因此,不宜追求十全十美,否则就难以获得朋友。对于一些性格不同,兴趣有异,有某些不足的人,也可适当接触了解,既可使你加深对各种各样人的了解,培养与各种人打交道的能力,同时也可弥补自己的某些不足,寻觅到可交之友。因此,对于这些标准应灵活掌握。

(3)珍惜友谊,发展感情。不管什么时候,都要与人为善,珍惜友谊。须明白:"有很多良友,胜于有很多财富。"有的人交友像蜻蜓点水,或猴子掰苞谷,不能深入下去,满足于泛泛之交,或者见异思迁,喜新厌旧;忽视朋友的情感,以自我为中心;有的搞实用主义,需要时为朋友,用不着时成路人,一旦有点矛盾就翻脸变敌人,这些班主任都要提醒学生注意。

(4)正确认识、深入了解对方。与别人建立某一类型的朋友关系。必须建立在较全面、深入认识了解的基础之上。可通过直接接触,侧面打听等多种渠道和途径,及其一贯的为人处世态度达到真正了解,以便根据对方的实际情况及其意愿决定可交还是不可交,并确定朋友的类型。

(5)交朋友要积极主动出击,不宜消极坐等。班主任要告知学生:交友需要相互间的双向交流与交往。要交上朋友,得有一定的主动精神,可利用课后、学余时间多与同学谈心,互相交流情况、信息、思想及感情,取得相互了解与信任。

影响正常人际交往的心理障碍

班主任要告知学生在广泛的人际交往中应当注意人际交往过程中出现的种种心理问题:

（1）自卑心理：自卑心理的作用是人在人际交往中总认为自己不行，缺乏自信，表现为在人际交往中总是想象成功的体验少，想像失败的体验多，丧失了交往的勇气和信心。

（2）恐惧心理：表现为交往者在与人的交往中尤其是在大庭广众之下会感到紧张、害怕，甚至会出现语无伦次和手足无措。

（3）封闭心理：具有封闭心理的学生把自己的真实思想、情感统统掩盖起来，试图与世隔绝，这种心理严重者会导致对任何人都是采取不信任的态度，怀有很深的戒备心理，从此也就隔绝了人际交往。

（4）嫉妒心理：这种心理比较常见，表现为对他人的优点、成绩、长处等心怀不满，在言语上冷嘲热讽，甚至是采取不道德行为进行攻击。

（5）猜疑心理：猜疑心理表现为对他人的言行的敏感、多疑、不信任。

（6）自傲心理：表现为不切实际地对自己高度评价，在他人面前盛气凌人，自以为是，这些同学常常使别的同学处在难堪、窘境中，这种病态心理将会严重影响人际关系。

（7）逆反心理：逆反心理表现为对所交往同学的言行举止的一种不给以分析的批判、对抗和抵制，从而使同学之间的交往变得困难。

（8）干涉心理：干涉心理表现为对别的同学的事情过分的关心，表现为以打听、传播和干预别人的私事、秘密为乐趣，从而引起别人的不满和厌恶，影响了同学之间的关系。

（9）猜疑心理：表现为在心理上多疑，对他人的言行敏感、不信任，造成人际心理隔阂。

（10）敌意心理：敌意心理表现为把人与人之间的关系视为尔虞我诈，从而无端仇视别的同学，甚至是认为别人是在寻机陷害他，从而逃避同学之间的正常人际交往。具有这种心理的同学，班主任应当给以心理上的解释和宽慰。

如何改善师生关系

师生关系是老师和同学双方的关系，因此教师和学生都要从自身出发，为改善双方关系而努力，在这个方面，教师应当处于主导方面来有意识地去改善这种关系：

（1）教师要主动和学生交往。在我国，由于封建社会那种"师道尊严"思想的影响。学生对老师总有一种畏惧心理。这就需要教师要主动、热情地与学生交往，把自己置于学生之中，经常和学生交流思想、共同参加文体活动,诸如跳舞、唱歌、郊游、野餐、球赛等,积极同学生们一起进行课外活动。

(2)教师要关心学生、尊重学生。教师不仅要关心学生的学习,而且要关心学生的生活。学生有高兴之事,教师要为他们高兴;学生有苦恼之事,教师要热情地帮助解决。教师对所有学生都要一视同仁,给以同样的尊重,要保护每一个学生的自尊心,无论是好生还是差生。教师一旦伤害了学生的自尊心,那么师生关系立刻就会紧张起来。同时被伤害了自尊心的学生对学习也往往采取破罐破摔、自暴自弃的态度。

(3)教师要为人师表。教师对学生的教育既是言传,也是身教。因此教师必须注意个人修养,增强自身魅力。教师的语言要文明,不讲粗话、脏话,不吹牛、不撒谎。教师的举止要大方、自然、不轻佻、不忸怩。教师的衣着要整齐、干净、合体,不留怪发型、不着奇装异服,不流里流气。

(4)教师要有丰富的知识和高超的讲课艺术。教师要努力掌握广博的基础文化知识,深厚的专业知识,以及教育学和心理学知识,要有高度的语言表达力,心理洞察力,能够运用教育规律向学生施教。以此来增强个人的吸引力,给学生留下好印象,使学生崇拜你,愿意接近你,与你交往。

(5)教师要信任学生。信任是改善人际关系的重要因素,如果教师不信任学生,学生就会感到自尊心受挫,就会疏远教师,最终导致师生关系紧张。

(6)教师要注重品德修养,成为学生学习的榜样。如果教师道德品质不良,必然导致学生的疏远,危害师生关系。

在改善师生关系方面,学生应当做到以下几点:

(1)学生要主动与教师交往:学生和教师之间的交往,有助于教师及时了解学生的心理状态和学习状况,同时学生在和老师的交往中对老师更有所了解,有助于消除师生之间的隔阂和神秘感。

(2)学生要尊敬老师:教师的劳动是辛苦的,需要得到人们的理解和尊重。如果学生对教师不尊敬,认为老师讲课是应尽的义务,是为了挣钱,那就会极大地伤害教师的自尊心和责任心。学生对老师的尊重不仅是表面礼节上的尊重,对老师要有礼貌,见到要主动热情打招呼,课前把讲台擦干净、课间擦好黑板,还要尊重老师的劳动,上课认真听讲、并积极回答问题。对老师的尊重,不仅限于表面礼貌、热情,更要表现在尊重老师的人格方面,尊重他人的人格,就不能伤害他人的自尊心,不讲侮辱性的话等等。

（3）努力学习：学生通过努力学习，就会发现自己在学习中的不足之处，并及时得到教师的帮助，这样的一种良性循环，有助于师生关系的改善。

（4）学生要说话文明，举止有礼，讲道德、守纪律，杜绝极端个人主义思想。一句话，要做一个合格的学生。

（5）开展活动：师生之间可以通过丰富多彩的集体活动，加深彼此之间的了解，增进师生之间的友谊。班级搞的一些活动，除了班主任以外，可以邀请其他老师参加，这不仅可以陶冶情操、活跃气氛，还可以增进师生之间的感情交流和相互理解。特别是艺术活动能够增强人们内心的道德信念，使人们产生感情上的共鸣从而缩短彼此之间的距离。

克服各种危害同学关系的心理因素

危害同学关系的心理因素有：自私、逆反、自卑、嫉妒、苦恼、虚荣、疑虑、愤怒、忧愁、羞怯、过度紧张等。

自私在当前独生子女占多数的中学生中是较为普遍的一种心理，它的突出表现就是只顾自己的利益，对他人和集体的利益缺少热情，惯于采取敷衍、搪塞的态度。中学生所表现的嫉妒心、虚荣心、任性、虚伪等不良品质，大多与自私心理有关。因此对于有自私心理的学生，学校和家庭更要高度重视，及早帮助，否则会严重影响这部分孩子心理的健康发展，造成不良后果。逆反心理是中学生日益增强的独立性和闭锁性特点，是他们与家长或是教师闹对立而形成的。这种心理有时出现在你说朝东我偏向西，对成人的管教表现出的消极冷漠，反驳抗议甚至是出走等行为。中学生的反抗心理，既有他积极合理的一面，又有他消极不合理的一面。

嫉妒心理总是指向强于自己、超过自己的同学，是对他人所取得的地位、名誉、成绩、进步等的一种不服气、不友好，有时甚至是敌对的情感，是由一种想保住自己的优越地位而极力要排除他人优越地位的心理倾向而造成的。这种心理的产生与往日的教育和环境有关，进一步滋长会严重影响中学生的进步。嫉妒是一种病态心理，表现为贬低他人或他人成就，以此来弥补自己认为损失了的东西。嫉妒给自己带来的不是上进而是嫉恶、愤恨不平和人际关系的不和谐。

自卑是对自己的能力或是品质评价过低、在追求理想和目标上丧失信心，在与人的交往中缺乏勇气的心态。自卑是中学生的大忌，严重的可能会导致厌世、甚至是轻生的心理。自卑是一种性格上的缺陷，来源于心理学上的一种消极的自我暗示，表现为对个人能力和品质作出偏低的评价。产生自卑感的人常常胆小、怯懦、孤独、沉默寡言、不喜爱交往，活动能力差，进取心衰退，缺乏信心，既无远大志向，也无近期目标，颓废消极，昏昏度日。给自己、他人和集体带来严重损害。

羞怯是一种不敢正常接触社会的消极心理。它使人敏感、胆小、紧张、无法发挥自己应有的才能。由于思想紧张，发散思维能力低，束缚了想像力的展开，智力活动的积极性受到限制。苦恼是由于某种(些)不顺心的因素引起的不愉快的情绪，其实质上是因为生活中的一些麻烦和不顺心而跟自己过不去，怨恨抱憾自己、折磨自己。致使精神不振，意志衰退，颓废沮丧，神志恍惚，精力不集中，记忆力减退，学习、作业效率下降等。

封闭心理是有两种表现：一是害怕别人算计自己，而把自己封闭起来。不敢与人交往；二是学习时间太紧，无暇与人交往，颇有点"两耳不闻窗外事，一心只读圣贤书"的味道。

虚荣是一种被扭曲了的自尊心，它追求的是一种脱离了自己客观实际而被夸大了的虚假荣誉，俗称"死要面子"。虚荣心太强的同学，往往不敢正视自己的不足，以自己的长处去比别人的短处，因而看不起别人。不能虚心向别人学习、拒绝接受别人的帮助，很难搞好人际关系。

疑虑心理的最大危害是使人长期处于"疑神疑鬼"的情绪生活中。经常怀疑别人在算计自己，处处提防别人，不敢与人交往。造成情绪不稳，同学关系紧张，乃至敌对，从而严重影响了中学生参加集体活动和同学之间的正常交往。严重的会使学生陷入消极、苦闷、甚至对他人产生仇恨、敌对的情绪中，愤怒是一种激情的爆发。人在愤怒时交感神经兴奋，肾上腺素分泌增加，心跳加快，血压上升，记忆力减退，思维模糊，认识范围缩小，丧失理智，导致情绪低落。

忧虑是由于对现状的不满和对未来的担忧而引起的一种情感体验。它使人精神沮丧，斗志涣散，精力不集中，胆小怕事，自暴自弃。任性指的是中学生不管他人的意愿与利益。不顾后果的好坏和大小，听凭自己想法和欲望而毫无约束。他人的劝阻批评和帮助都难以奏效。心理学资料表明，任性虽然与先天的遗传因素与精神类型有关，但是后天的环境和教育是养成任性的关键所在。与"自私"一样，它的形成与早期家庭教育密切相关，家庭过分的溺爱或过多的责骂，与形成任性的性格相关。

报复心理有三种情形：一是对得罪过自己的人有仇恨，伺机报复；二是对从事某一职业的人怀有仇恨,伺机报复;三是对所有的人都采取了敌视态度,伺机报复。

过度紧张是指精神紧张超过一定限度。它使高级神经系统的兴奋和抑制过程失调,出现不平衡,引起一系列心理异常:心慌不安、激动烦躁、思维、记忆准确度降低,分析综合不能正常进行,长期过度紧张会导致精神分裂症。由上可见,心理不健康的因素所引起的一系列生理、心理变化,对正常的学习有着巨大的破坏作用,从而降低学习效率和学业成绩。同时所有这些不健康心理都不同程度地危害同学关系的正常发展。因此每个同学都要积极地、有意识地克服这些不健康心理,努力培养自己坦荡的胸怀、平易的态度、大方的举止,要相互信任,相互团结,相互交往。

总而言之,和谐、融洽的人际关系对任何一个同学来说都是非常重要的。在相互交往中,班主任要指导学生随机应变,妥善处事,务求为各自的学习创造良好的人际环境。

学生礼仪的基本要求

1. 尊重他人

文明礼貌的核心便是人与人之间的相互尊重。这是对学生进行礼仪教育的基础。

首先是要尊重他人人格:如礼貌待人,不打人,不骂人,不欺负弱小,不讽刺挖苦别人,不嘲笑别人生理缺陷,不以自己的长处攻击别人的短处,不乱开玩笑,不损害他人自尊心等。其次是要尊重别人的劳动。如上课认真听讲,是尊重老师的劳动;不在校园内乱丢脏物,是尊重工人师傅的劳动;在家里不浪费饭菜,是尊重父母的劳动等等。第三是要尊重少数民族的风俗习惯和宗教信仰。

2. 尊敬父母、老师、长者

(1)尊敬父母。父母生育了自己,也是自己的第一任老师。父母为了自己花费了无数的心血、精神、财力,所以应该热爱父母,尊敬父母。听从父母的教导,与父母加强思想感情上的沟通;生活上体贴、关心父母;尊重父母劳动;在家庭中尽自己的义务。

(2)尊敬老师。老师是"解惑、传道、授业"者,是"灵魂的工程师",每一个学生的学习、品德上的进步,都凝聚着老师的心血。老师的工作辛苦,责任重人,应受到全社会的尊敬,尤其是广大学生的尊敬。要从心底里尊重老师,热爱老师;接受老师的教育和管理;虚心向老师请教;尊重老师的劳动;认真完成老师交给的任务;对老师要有礼貌。

(3)尊敬长者。一切为社会进步作出贡献的长辈、老年人都应受到青少年的尊重。听从长者的教诲、指导,在日常生活中注意一些礼节。如长者来家,要热情打招呼,起立让座等。在公共场所,见到长者要让道、让座或帮助行动不便的老年人。

3. 说话文明

语言是人们交流思想、表达感情、传递信息的工具。语言文明常常反映心灵的美化,情操的高尚。语言粗野则是缺乏教养的表现。要教育中小学生使用文明语言,做到"和气、文雅、谦逊"。

4. 举止有礼

行为举止是一个人道德素养的外部表现。首先表现在外部动作姿态上给人以美感。更重要的是在待人接物上有修养有礼貌。平时衣着也要注意,因为这存在一个礼节问题。

班级集体的人际关系及基本形式

班级集体中学生之间的人际关系既受成人的人际关系的影响,又具有儿童的年龄特征。学生间的人际关系表现为正式组织中的人际关系与自发的非正式组织的人际关系。正式组织中的人际关系以行为成分为主要的调节机制,而自发的非正式组织中的人际关系则是以情感成分为主要调节器。学生在班级集体中的人际关系,一般可分为三种类型:

第一,人缘好的学生。与人关系好,受欢迎,有一定威信,热情为大家服务。学生所以受欢迎、有威信,取决于下列条件:善于交往,对人热情;拥有较多的知识技能,并乐于助人;仪表端庄,和蔼可亲,给人以好感。

第二,受排斥的学生。受人的选择少,排斥多,与多数人关系不好。

第三,被孤立的学生。既未受到选择,也未受到排斥,在班上默默无闻、无足轻重。学生被孤立或受排斥的主要原因是:学习马虎,不关心集体,不注意自己的仪表态度;对交往不感兴趣,不愿意和同学交朋友,不主动与人来往;不善于和同学相处,在共同的活动中往往不能适应。

竞争与合作是班级集体成员联系的最基本的形式,对集体的心理气氛和个人的心理状态产生着深刻的影响,对班级集体或个人的实际进步起着直接的推动或抑制作用。竞争是一种激发自我提高的动机形式,这种动机是在自我意识的基础上,通过与别人的比较而激发产生的。它对激励学生努力完成学习任务,保持紧张状态,提高学习效率有积极作用。

但竞争超过适当的限度,可能会引起学生过分的紧张和焦虑,因而抑制学习。竞争还会使集体气氛紧张,同学彼此视为竞争对手,扭曲集体的人际关系,导致班级成员的心理涣散。因此,应将竞争掌握在适当的限度内。合作是集体成员之间为达到共同目标而相互协作的活动形式。与竞争相比,友好合作对于学生学习进步和心理发展,以及增强集体凝聚力等都具有更积极的意义。

人际关系的社会心理分析

社会心理学把人际关系定义为,在一定的群体背景中,在交往基础上形成的人与人之间比较稳定的心理关系。

1. 人际认知与人际吸引

人际认知包括:体态认知,体态和颜面是人际认知的接口;表情认知,这是日常生活中最常见的人际认知;目光认知,是对整个心态的认知。由于以人为对象的知觉的特殊性,又由于青少年自身存在着认知的表面性、片面性,思维的肤浅性,以及归纳的标准掌握不准等弱点,在班级人际认知中往往会产生偏差,比较多见的有首因效应、近因效应、光环效应、心理定势和刻板印象等五种。

交往双方,除认知因素外,还有情感因素维系着。个人能否被他人乐于接纳、相容,表现为人们心理上的距离,亦即反映为人际吸引的心理问题。造成人际吸引的原因可从两方面分析,一是个人品貌上的吸引力,包括长相、性格和能力诸因素。二是人们相互协调上的吸引力,主要指相近性、相似性、相悦性和相补性等因素。教师如能把握人际认知和人际吸引的因素和特点,就能正确判断学生的人际关系现状。从而有可能正确指导交往,调节不融洽的人际关系结构。

2. 交往态度和交往行为

交往态度由交往的认知、情感和意向等成分组成,是交往行为的准备状态。它是班上学生以同学、老师为对象的实际交往的中介环节。交往的态度越是坚定,对学生的实际交往行为影响力就越大。而交往态度的坚定性与构成态度的认知、情感和意向三种成分的深刻性、正确性和强烈性有密切关系。要使交往态度对交往行为具有更大的影响力,还要使构成态度的认知、情感和意向三种成分协调一致。教师在工作中,既要注意形成学生对人际交往的正确认识,有积极的评价,又要激发他们与之相适应的情感体验,使之形成强烈的行为意向。

一般来说,正确的交往态度,导致正确的交往行为。在产生交往行为时,有两点需加以综合考虑:一是交往的情境。一个学生在某一情境中的交往行为,决定于对交往对象的态度和交往情境的态度。这两者相互作用着,要使某一学生的交往态度有效地影响交往行为,交往态度一定要与交往情境一致(即得到社会的承认),这样才能产生强烈的行动意向。二是交往的能力与技巧。如果学生缺乏交往能力与技巧,往往会使他心有余而力不足,乃至放弃实际行动。教师在帮助学生确定正确的交往态度,以期导引出正确的交往行为时,要想法创设与交往态度相一致的交往情境,还要传授和训练交往的技巧,培养交往中必备的能力。

3. 人际关系的形成与分化

在人际交往的基础上,形成了班级中的人际关系。按交往的深浅可划分为:表面接触阶段——人际关系建立的初期,交往较多的是角色性的接触而非情感上的融合;伙伴互惠阶段——人际关系建立的中期,以共同活动为中介,彼此成伙伴互相帮助而融洽相处,从而结成互惠关系;友谊阶段——人际关系建立的后期,以思想上激励、学习工作上关怀为基础建立的一种最可贵的形式。

据一些实验班调查,班级人际关系大致在新组班半月之后,就开始分化。从人际关系的结构看。分别有星状结构(有核心人物);环状结构(无核心人物);全通道式结构;链式结构(仅一一相联)等。由于在人际关系系统中各人的抱负水平不同,实现群体期望的情况不一,对社会管理的贡献不同,以及个性特点迥异,各人就会有大不一样的社会地位,分别扮演着明星、人缘儿、孤星、嫌弃儿等不同的角色。教师要掌握班级人际关系形成、分化的规律和特点,并设法改善那些社会地位不高、处境不佳学生的现状,使之抬起头来走路。

4. 小组的人际关系

小组是班级的基础单位,是青少年建立人际关系的主要依托点。小组人际关系发展的共同趋势:一是趋向多样化。有行政小组、团队小组、学习互助小组、劳动小组、体育锻炼小组、课余兴趣小组等等。学生同时是多个小组的成员,个人的交际范围就广泛,他同社会生活各方面的联系就多样,深入到社会关系的方面也就深刻,自己的精神世界也会变得丰富。二是趋于微型化。一个小组的人数,不再像过去那样搞成十几、二十人,而是3～7人为宜。微型化利于增强学生间的交往频率和密切程度,每个学生在小组里发表自己见解的机会也会增多,有助于改善个体在小组群体中的社会地位。三是小组长尽量不兼职,让尽量多的学生能在一个小组里担任正副小组长等职,从而有更多的学生体会管理别人和受别人管理的不同感受,让他们学到在不同的角色上与人交往的方法和技能。总之,多样化、微型化的小组,促使学生现实地置于不同的关系系统之中。而角色的变换,又使学生处于不同角色与人交往,从而丰富了学生心理活动的内容,使个性得到较充分的发展,形成较全面的思想和道德品质。

5. 非正式群体的人际关系

据实验班了解,一个班总有几个甚至几十个非正式小群体。它们与班级、小组等正式群体相比,人际关系有几个明显特征:一是自发性,在特定的环境条件下,出于个人的某种精神需要或物质需要的满足,自愿结成小群体;二是相似性,它以相近的心理特征和共同的心理需求为基础,自然组合而成;三是相容性,成员彼此以感情为重,心理相容,具有很强的内聚力;四是一致性,它具有很强的群体意识、群体压力和不成文的规范,对成员的思想言行有着很大的影响;五是畅通性,成员间信息传递灵敏,彼此之间思想交流畅通;六是权威性,其核心人物有权威,对其他成员的心理吸引和心理影响力很大。

非正式小群体,按其与班级的组织目标一致性程度区分,可分为积极型、中间型、消极型、破坏型等。教育工作者一定要把班级的非正式群体视为理解教育对象的重要渠道,接受教育的重要单位,塑造和改造教育对象的重要途径。

学生交往动机的教育引导

交往就是人与人之间通过一定的方式进行接触,从而在心理上和行为上发生相互影响的过程。交往动机,就是个人愿意与别人接触并得到别人接纳和关心的动机。它反映了交往愿望的心理动力。在交往过程中,交往双方实现着各种信息的交流和行为上的互动。个体的人,才不断被社会化,人格才趋于成熟。

交往动机的心理功能,一是表现为协调作用,即协调情感和协调动作,交往可以使相互心理得到某些满足,从交往的信息中自动调节自己的行为。二是保健作用,通过交往,保持人与人的充分的思想情感的交流,保持实现沟通行为所必需的条件,是保证个人心理健康成长所必需的。三是在形成和发展人的社会性心理中有着重要作用。人的社会性心理正是在同他人进行的相互交流中,逐步形成和发展起来的,没有交往中的信息交流,就没有社会心理的产生。

所以,安全的需要、情感交流的需要和个体社会化发展的需要是交往动机最基本的因素。学生参与交往的动机,总的来说主要也由以上几方面所引起,不过,由于每个人情况不同,会有不同的特定需求,这也就决定了学生不同类型的交往动机。其中,有出于情绪上的交往,有出于活动性的交往,有出于关系性的交往,无论是什么类型的交往,交往的最基本动机就是在于希望从交往对象那里得到自己需求的满足。很自然,如果对方不能满足自己的交往需求,学生便很难产生与之交往的动机。

因此,对学生的交往动机的教育引导,就是让学生在各种交往中,形成高尚的交往动机,形成有利于社会和他人、有利于学生个人健康成长的交往动机,使学生在积极的交往中,人格得到完善,社会化的进程得以加快。具体来说,为使学生形成并确立牢固的高尚的交往动机,教师对学生进行交往动机的教育引导,应从以下几方面着手进行:

1. 教给学生正确、健康的人际交往知识,让他们懂得社会交往的意义和目的

人参加社会交往活动,最初是一种自发的不自觉的活动。但人的交往不同于动物的群居性生活,教师要在学生的社会交往活动中,帮助学生认识体会到交往的重要性、目的性,知道一些社会交往的道德知识和行为准则,借助交往,使其加快社会经验的积累,增强道德情感,扩大知识面,补充在课堂上所学不到的实际的、社会性的知识,最终达到使其掌握社会规范。形成与社会一致的又有自身特色的社会态度、价值观念、行为模式和人格特征,成为社会的积极成员。

2. 教育学生在社会交往中处理好奉献与索取的关系

人的行为动机是由需要引发的。不能否认,人的交往活动中带有功利因素。由于个人在成长过程中,必须要从别人、从社会那里获得有利于自己发展的东西,这包括人在交往中对物质方面的索取和精神方面的索取,以满足自己发展的需要和弥补自己的不足。相对来说,精神方面的索取更难满足,追求更多。但是,人的交往动机不能仅仅是自我利益的满足,人还要体现自我存在的社会价值,这就又表现在人要有所奉献,对社会、对别人要有所给予和奉献。所以,人们交往中的需求互补是交往动机中的一个主要因素。教师要教育学生积极主动地吸取别人好的思想和品德,学习别人的优点和长处,并且争取得到别人的承认、尊重、赞许、支持和鼓励。珍惜所得到的荣誉和友情,并以此为动力,丰富自己的精神生

活。同时,在交往中,也要学生善于了解对方的需求,主动调节自己的行为,适时地运用自己的所长,以满足对方的需要。学会关心别人,在别人困难之际,给予无私的奉献和具体的帮助。在同学之间,更多的是要学会给别人多一些的精神上和心理上的满足和支持。

3. 帮助学生通过社会交往,正确树立"自我形象"

国外有一种理论认为,当个体在他人面前出现时,他总是怀着某种目的来积极开展活动向他人传递有利于自我形象的信息,通过自我呈现,对他人施加影响为自身树立某种形象,从而达到使他人认识到自己的存在的目的,甚至达到能左右别人的目的。不可否认,这种交往动机在学生交往当中也或多或少地存在着,它阐明了个人在交往中所起的主导作用以及对他人产生的影响。教师要引导学生把自己的优势和优点,尤其是良好的道德品质和高尚觉悟、优秀的个性品质展现给大家,扩大并树立"自我形象"的正面形象,从而对他人发生深深的影响力和感染力,赢得别人对自己人格的敬重。这样下去,学生的交往动机往往就要考虑多一些高尚的成分,减少一些低级动机和错误动机,学会把其动机行为与所产生的社会效果结合起来考虑。

4. 战胜自卑,增加交往的积极性

一个人社会交往动机的强弱,与一个人对自己的认识态度有着直接的关系。研究证明,学生交往动机弱、缺乏交往积极性的原因,与本人缺少自信、过分自卑有关。自卑感是影响学生交往动机难以发生和不易出现交往活动的重要因素。自卑感严重的学生一般具有一些普遍性的特点:他们的自我形象不稳定,喜欢把自己封闭起来,以掩饰自己所谓的"不言而喻"的弱点;他们对一切事情都很敏感,因而特别容易受挫折;他们倾向于超脱现实而陷入幻想世界,缺乏社会活动的积极性,有严重的孤独感;他们缺乏竞争意识。这些特点,决定了他们很难适应社会交往生活。因此,教师必须予以帮助,让学生树立正确的人生观,确立适当的抱负水平;正确地认识自己和别人,不以别人为自己的唯一比较标准;要积极参加各种活动,在实践中增长才干,发挥特长,从而肯定自己的价值,掌握自我调节的方法,以摆脱自卑感的纠缠。

5. 帮助学生建立良好的同学关系,进一步强化和保持持久的交往动机

当一个人有了良好的人际关系时,他在群体中的交往动机就会进一步加强。对于学生来说,主要是建立并形成良好的同学关系,而在实际生活中,有的学生则很难建立良好的同学间的人际关系。原因是多方面的,

其中大多是个性原因。心理学工作者认为,自我中心主义、操纵他人观念过强、过分地讨好和敬畏、敏感与多疑、傲慢与嫉妒、偏见过甚、过分依赖与不切实际的期待,都是处理人际关系中的障碍,会带来或造成同学间关系的紧张,这样进一步发展下去,势必又带来社会交往动机的不足或不良。教师的责任,在于引导学生认识自身存在的缺点并努力改正,营造一种良好的集体气氛,形成团结、友爱、互助、互敬的风气。使学生在集体中能感到温暖感、安全感;反过来,融洽的同学关系的形成,必将会促使集体中每个成员产生进一步交往的动机。

集体的人际关系与学生人格培养

马克思曾经对人的本质下了这样一个定义,即人的本质并不是抽象的、自然的生物学上的人,人的本质是一切社会关系的总和。从中我们可以认识到,个人生活在世界上,并不是孤立的,他(她)始终要与社会上的其他人发生关系。人是在与其他人相互交往中成长起来的。离开了社会,离开了与社会的人的关系,人就无法生存。狼孩的例子充分证明了这一点。

学生也是在与人相互交往、相互联系的基础上形成和发展自己的人格和个性的。埃里克森的人格发展理论认为:人在个性发展的8个阶段中是否能安全度过,很大程度上取决于与父母、同伴、同事、配偶的关系。学生正处于青少年时期,除去与家庭、社会的联系,在班集体中与教师、学生的关系是影响其个性形成的重要因素。师生之间、学生之间的人际关系不仅影响学生对课程的兴趣、情绪、学习的动机,而且对学生自我意识、独立性、创造性等个性特征的发展具有重大作用。

集体的人际关系对个人自我意识的形成和发展具有重大作用。自我意识是个人对自己的看法和态度,它在人的个性发展中起重要的调节作用。学生的自我意识主要是在教师及同伴对自己的评价中形成的。良好的师生关系和同伴关系使师生之间、学生之间可以相互信任,相互尊重,个体可以从教师和学生同伴中得到公正客观的评价,形成关于自己的能力水平、智力、努力程度以及学业上成功的可能性等等观点和信念。学生如果能够形成正确的自我意识,自尊自信,增强自己的责任感,正确地评价自己、认识自己,人的个性也就可以沿着健康的方向发展;相反,在不良的集体人际关系中,师生之间不能建立起相互信任、相互尊重的关系,甚至夸大、引发师生间的对立,学生不能从教师和伙伴那里得到公正的评价,而产生自卑、孤僻等不良心理,对自我也形不成正确的认识,自我意识的发展受到严重阻碍,学生的个性得不到健康发展。

自主性是学生个性发展的又一重要品质,是具有独立人格的象征,也是自尊、自信、自立、自强和自我价值实现的前提。良好的集体人际关系是影响学生自主性发展的重要因素。教师与学生之间的相互信任、相互尊重是培养和增强学生自主性的关键。教师要重视学生,关心学生,把学生当做平等的个体来对待,使学生可以认识到自我的价值,充分挖掘自我的潜力,成为一个个性充分发展的自主的个体。

学生的创造性是学生能力的重要组成部分,也是个性品质的核心和灵魂,集中反映了个人的智力、气质、性格、意志、情感等心理发展水平。良好的人际关系可以为学生创造性的培养创造有利的条件。在教学过程中,教师充分尊重学生的意见,保护学生的好奇心,鼓励多样性,排除学生的畏惧心理,让学生大胆地去想像和思维,是培养和发展学生创造性的必要条件。在一个民主化人际关系的班集体中,师生之间充满了平等、活跃的和谐气氛,学生得到充分的尊重和信任,敢于畅所欲言,敢于提出问题、解决问题,学生的求异思维、发散思维得以充分发展,学生的创造意识、创造能力得到充分发挥;反之,师生之间、学生之间关系僵化,学生心存畏惧,缺乏积极性和兴趣,学生的创造性就不能得到充分发挥。

学生群体中的人际关系是重要的教育手段和教育内容。作为教育的手段,良好的人际关系的作用表现为:一方面是有效的激励手段。在教学中,师生之间、学生之间关系好,彼此信赖,学生就容易接受意见,改正错误,教育的效果就好。尤其是在课堂教学中,师生有良好的心理气氛,师生都会情绪高涨,互相配合,有助于教学目标的达到。另一方面,人际关系是教育进行的重要渠道。在教学活动中,人际关系是极其重要的沟通手段,不论是传授知识、灌输思想,还是开发智力,人际关系的作用都不可忽视。人际关系作为教育的内容,既有德育因素,也有智育因素。人际关系的内容、性质及其心理成分,如情绪情感、态度倾向等,都是德育范畴的东西;而良好的人际关系的知觉、人际交往的策略、团结他人的能力等又是属于智育的内容。学生群体中的人际关系具有两个突出的特点。首先,学生的人际关系具有纯洁性。较之社会上其他一些领域,学生的人际关系相对地更为单纯、更为规范。这是与学生群体本身的性质分不开的。学校是向下一代传授知识与文明、传播科学与真理、传授道德与精神的组织,教育的对象是天真纯洁的青少年,这种情况必然也体现到学生群体的人际关系中去,决定了学生人际关系的纯洁性。同时,学生的人际关系还具有丰富性的特点。在班集体中,所有的成员都可以进行直接交往。几乎是所有的教育活动,都是以人际交往的形式进行的。学校越是追求教育效果,学校的人际关系就越是丰富多彩。同时学校班集体中成员时空距离小,交往极为方便易行,在客观上为人际关系的丰富化提供了有利条件。另外,学生群体中的人际关系还有波动性和文化性的特点。

1. 学校里学生之间人际关系的主要类型

(1)友好型。

学生之间的关系是互相接近、互相信任、亲密融洽和富有吸引力的关系。这种友好关系有性质和程度的不同。既有积极健康的友好关系,也有消极的、不健康的友好关系。其程度也有深、浅之分。

(2)排斥对立型。

排斥对立型是指学生之间相互排斥、疏远,彼此不融洽、反感、嫉妒、嫌弃,甚至对立、争斗。这类关系也有性质和程度的区别。既有原则性的,也有非原则性的;既有冲突剧烈的,也有一般排斥的。产生排斥对立的原因也很复杂,有的是因为双方观点的对立,有的是由于误会、猜疑,也有第三者的挑拨造成的对立。

(3)孤独型。

学生在集体中既不被选择也不被排斥,也不选择与排斥他人;在情绪上既不产生积极体验,也不产生消极体验。有的学生既不主动与人交往,也不接受别人的交往,处于孤独状况;有的学生不但没有人选择,还会被多数人排斥,陷于独立的状况。

2. 学校里学生之间人际关系的特点

在学生集体的不同时期和阶段,学生的人际关系也有不同的特点:

(1)小学生人际关系的特点。

儿童进入学校,开始成为集体的成员。集体生活是他们集体意识形成的主要条件。低年级小学生对自己在集体中的地位,还不大关心,大多数还缺乏清楚的意识与要求。老师是集体的核心,与老师的关系胜过同学关系。同学之间多半是一种"游戏关系",一起玩耍。参加少先队是小学生生活中的一件大事。少先队的活动大大促进了他们集体意识的发展。小学生认真地按照原则对待相互关系,开展批评是相当认真的,往往超过中学生。大约三四年级,开始出现少数的比较稳定的自发的友伴群,但规模小,人数不多。多数人的友谊仍是不稳定状态。由于女孩比男孩听话,发育比男孩早二至三年,小学女生当学生干部、积极分子的要比男孩子多。在低年级,男孩子一般都能服从女孩子领导。高年级,一些男孩开始成为自发的头头儿,与女孩子的正式头头儿地位不时发生矛盾,对一些老师偏信女孩子表示不满。

(2)初中生人际关系的特点。

进入初中,是中学生了,有了与儿童时代告别的新异心情。新的环境、新的学习内容、新的要求、新的朋友,产生着新的相互关系。初入中学时,还以教师为中心,对朋友还在"探索"。比较熟悉之后,少年期相互关系的新特点就开始显现出来。同学之间人际关系的交往,开始比师生关系更为重要,而且比小学生的相互关系复杂、多样,更有内容。同学之间的相互关系按其程序可以区分为:一般的同学、较亲近的同学与要好的朋友。与小学生不同,少年开始表现出不容许成人对他的同学关系过分干涉的倾向。要好的朋友之间表现出了少年友谊的特点:绝对忠诚、坦白、保守秘密,遵守无形的"伙伴关系准则",齐心斥责对朋友的"叛变"等等。班级中自发的伙伴群增多,而且,一般是女学生中的小团体较男生为多。非正式的头头儿开始出现,有的是受学生尊敬的有威信的但未当干部的少年。在乱班的男孩子中常有"孩子王"式的人物出现,这种头头儿常常带头闹事,与老师对立。学生干部与非正式头头儿的不一致,开始影响班级的工作。男女同学间有时用"有意寻衅"来表示友谊。男女同学间相互指责、影响团结的事件,以少年特有的方式时有发生。少先队的活动增进着少年友谊,以及活动的独立自主性的增强,使少年产生了同志式关系的情感体验。随着年龄的增长,有了争取加入共青团的要求,促使少年间的相互关系按原则性的方向发展。

(3)高中生人际关系的特点。

青年初期是最有集体精神的年龄阶段,其相互关系逐渐具有成人化与社会性的影响。青年渴望友谊,需要"志趣相投"、能"倾心交谈"的朋友。相互间的友谊比起少年要稳固得多,深刻得多。党的要求、团组织的活动,促进着真正同志式友谊的形式。青年比少年更关心自己在集体中的地位和形象。青年常把朋友作为自己的一面镜子。高中生两极分化比较严重,这影响着他们之间的相互关系。自发的伙伴群数量比初中有所减少,但规模较大。非正式头头儿的作用比较显著。如果说,少年的自发小团体只是对学校集体的补充,那么在高中,若班级集体吸引力不强,有的就可能热衷于自己的小团体,有的甚至参加"街头团伙"的活动。他们的友谊不讲原则,只讲"哥们儿义气"。男女之间的友谊也复杂起来。据近年的调查,中学初恋现象有增加的趋势,有时初恋就像"流行病",在一个班中谁也不谈恋爱,而在另外的班则有不少学生在恋爱。由于青年的"闭锁性",高中生的相互关系情况不像初中那样容易了解,矛盾与问题也不像初中生那样显露于外。教育学生正确认识友谊,建立良好的相互关系,是高中阶段应予重视的重要问题。在班集体中,集体成员之间建立密切良好的人际关系是由多种因素决定的,例如集体的性质、集体的活动等。集体成员的个性心理特征更是影响集体人际关系的重要因素。据心理学家研究表明,在班集体中,受欢迎的学生具有以下的特点:

①善于和集体其他成员交往。如果学生善于交往,就有更多的机会与他人沟通思想、交流感情,产生心理上的接近,就会受到其他同学的欢迎。

②有较好的学习成绩或知识面广、有特长,并且愿意毫无保留地帮助其他人学习,这类学生容易受到集体的欢迎和赞扬,反之,如果这类学生只顾自己不顾旁人,不愿帮助集体其他成员,那么他不但不会得到集体的欢迎,反而会受到大家的孤立。

③仪表整洁,待人大方,和蔼可亲。

④性格开朗、兴趣广泛、风趣幽默的学生也常常成为集体的中心。

学生在班集体中被孤立和不受欢迎的主要原因有:

①学习不认真、马马虎虎、漫不经心、成绩较差。这类学生往往对学习采取漠不关心的态度,对集体取得的成绩也往往视而不见。

②性格孤僻、人格异常。对同学交往不感兴趣,不主动与人交往,喜欢孤独的生活,或者是出于自卑,不敢与人交往。

③不善于与集体其他同学交往。

缺少交往的技能和方法也是导致学生在班集体中受孤立的重要原因。有的学生虽然主观上有与同学建立密切关系的愿望,但却不知道如何去做,甚至在共同活动中弄巧成拙,结果造成同学很少与他交往。这些学生有交友愿望,但常常因伙伴的拒绝而交不到朋友,他们心理上经常处于一种不适状态。如果不及时加以引导和矫正,很容易造成人格倒退,产生异常行为,变得孤僻、自卑,产生攻击性和破坏性等。

教师若发现班集体的人际关系处于异常状态,就应及时采取措施,调整班集体的人际关系。

调整班集体人际关系的主要措施有:

①优化集体背景，丰富集体人际关系。运用组织手段，建立人际关系网络，为学生提供日益扩展的交往范围，建立丰富多样的生活联系，从而使他们的个性世界变得更为充实。

②正确引导非正式群体。对于学生非正式群体，一是要承认，二是要积极引导。对于那种偏离集体或反集体的小群体，可采取情感疏通、头领角色公务化、价值观更新、职能替代、扩展交往等手段加以引导，逐步使它与班集体的关系趋于正常化。

③积极创造教育情境，克服定位困难。为了使学生在班集体中克服各种社会知觉偏差、情绪波动和定位困难，教师应当有意识地创设各种教育情境，并发挥其教育效能，以促进建立积极的人际关系、减少消极的人际关系的影响。教师可以运用教育艺术，有计划有目的地创设各种教育情境，如信任情境、成功情境、抗拒诱惑情境、道德选择情境、挫折情境、冲突情境、竞赛情境、辩论情境、创造情境、集体主义情境等等。在情境教学中，要加深情感体验，强化集体感受。教师在指导学生克服定位困难时，应有意识地采取各种教育手段，巩固交往取得成功的经验。应当使集体生活具有巨大的情绪吸引力，引导学生克服自私、冷漠的情感，培养学生学会关心别人，养成尊重他人、关心他人的良好习惯。

④改进教学工作，创设良好气氛。集体的教学活动是共同活动的主体部分，因而改进教学工作是调整改变班集体人际关系的十分重要的途径。

⑤改变控制方式，优化师生关系。为了顺利调整班集体的人际关系，教师首先要对自身进行调整，调整自身的思想和行为，为建立良好的师生关系创设前提条件。师生关系对班集体人际关系产生着举足轻重的影响。为了在集体中建立良好的人际关系，教师必须把每个学生放在心上，在师生交往中把自己放在恰当的位置上。要做到这一点十分不易，要求教师必须积极提高自己的教育素养。

协调和改善集体人际关系有许多具体的方法，例如感情投资法、心理吸引法、深层了解法、消除紧张法、排难息纷法、激情感染法、理解关注法、诚心交友法等。这些方法可以增进友谊，使人际关系更加协调、巩固，又可以消除隔阂，解决矛盾，使人际关系得到调整。教师在选择方法时应注意学生的个性特点和环境条件，具体问题具体分析，选择最可行最有效的方法。教师不仅要采取措施调整和改善集体不良的人际关系，还要创造形成班级良好人际关系的条件。研究表明，思想、信念和目标的一致，一定的交往水平,个性的相似与相容等都是建立和发展良好人际关系的基本条件,集体成员应该具有共同的理想、信念和共同的奋斗目标,在统一的目标下,师生能够产生共同的心理感受,并直接影响人们的行为,保持良好的人际关系。教师还要设法提高集体成员的交往水平。研究表明,居所和工作地点接近,接触频繁,可以自然地增加彼此的相互了解,认识和态度容易趋向一致。教师应当注意增加人际交往的频率,更加注意交往的深度。随着交往的深度,随着交往水平的提高,人际关系也会深化。在安排人际交往活动时,还要注意人的个性特点与个性倾向之间的不同。人的气质、能力、兴趣和性格是人的个性特点,而人的思想、观念、价值观、态度则属于人的个性倾向方面。个性特点与个性倾向一致,自然会使彼此感到亲切,有共同语言,在心理上彼此吸引、喜欢和接近,结成亲密关系。有的个性特征虽然相反,但是个性倾向相似,也能友好相处。如脾气暴躁与脾气随和的人,由于观点或态度一致而结合在一起。这种结合常常能相互弥补,取长补短。所以,教师既要注意人的个性特点的差异,又要关心个性倾向的一致性,只有这样,才能更好地协调人际关系。

班集体的人际关系建设

班集体建设是促进个性获得充分发展的重要外因。教育工作者需要深入研究的是,集体是通过什么来对个性发挥巨大作用的? 班集体建设的对象是什么? 教育社会心理学告诉我们:是关系,主要是集体中的学生之间的人际关系,其中起决定性作用的是,各种关系的性质以及学生在这种关系体系中的地位。

研究班集体建设与个性发展的关系,就是要研究怎样的人际关系,才成为个性发展的积极影响源;而人际关系又是怎样以共同活动为中介,提高层次水平,从而丰富和完善个性的。

1. 逐步丰富集体活动内容,更新活动方法和组织形式,促进个性获得充分和谐的发展

活动是群体内部各种关系得以发展的源泉。群体内人际关系是以活动为中介来影响青少年个性的。某一群体所达到的水平,是以共同活动的内容为标志来划分的。在一般的班级群体中,人际关系以对每个人有个人意义的共同活动内容为中介;在班集体中,人际关系以具有社会价值和个人意义的共同活动内容为中介。共同活动不同的内容,对个性发展发挥着不同的作用。为此,教育工作者注意与学生共同筹备活动,指导而

不包办,一起想方设法丰富活动的内容,增强其社会价值,很有必要。

群体共同活动的内容对个性的影响是主要的,但也不能忽视共同活动的形式。活动的成效在很大程度上,受到活动方法和活动的组织形式的水平所制约。良好的活动内容要恰当的形式与之相适应。儿童的个性发展正是在活动内容的不断丰富,各类活动形式的相互联系,以及结果的变化中才上升到更高的水平。

集体活动色彩斑斓,丰富多样,意味着将学生置于不同的人际关系系统之中,这将丰富学生心理活动的内容,使个性得到较为充分和谐的发展。

2. 通过扩大集体中的人际交往范围,提高人际交往的层次水平,从而丰富个性,加速个体社会化的进程

"集体内部的每一发展过程,并不是与活动直接相联系的,而是间接地通过交往来发生联系的。"活动及其活动中的交往,是集体中人际关系的基础。学生在活动中不断扩展相互关系,这些关系反映人与人之间、人们对周围现实、对自己的各种态度。这就是集体对个性影响的最本质的特征。为此,当班集体建设以人际关系为直接的工作对象时,首要的问题就是如何通过各式各样的活动,扩大学生的人际交往范围。让他们与同一班级的不同小组、同一年级的不同班级、学校高低年级以至校外教育机构及与社会上不同职业的人交往。"个性的丰富取决于他同别人联系的多样性以及对生活的不同态度。"与低年级同学交往,他会学会如何关心爱护人、帮助人;与高年级同学、与长辈交往,他会学到如何尊重人、学习别人的生活经验;与社会上不同职业的人打交道,他会逐渐增强公民意识,逐步认识社会。

班集体中的人际交往是有多种层次水平的。大体分为表层的和深层的两种。较细的可分为:情谊性交往层、互相帮助交往层、责任依从交往层和深交挚友层等。在班集体建设中,教师要能自觉地引导学生在共同活动中,既扩大交往范围,又指导学生进行深层交往,逐步提高人际交往层次水平。近几年无锡市班集体建设的许多实验班在协调人际关系上获得了成功。

如在协调公务关系中,试行干部轮换制、值日班长制、小组自愿建组改革(让非正式群体正式化)。建立众多的交叉的小组,如在行政小组、团队组织之外,建立学习互助小组、学科兴趣小组,科技、文体、劳动小组、校外学习小组,尽量让学生在不同的活动组织中担任不同的职务,处于不

同的地位与人交往。实践证明学生在学校中充当的角色越是多样,他和集体的联系越是巩固,所接受的教育也更加多方面,个性就越丰富多彩。

3. 让学生在班集体中有适当的位置、有服务的岗位,以显示和表现其特长,从而有利于培养个性的集体主义倾向性

学生在班级中人际关系处于什么地位,则对个性发展将产生怎样的影响。如果学生在班级的人际关系中占有重要的地位,则班集体完全可以成为对学生个性潜移默化地施加影响的基本途径。

可是,在传统的班级工作中,班主任是主要决策者、监督执行者,少数班干部是具体执行者,大多数学生成了观众、陪客。"班主任急煞,班干部跳煞,同学们空煞"。这几年,无锡一中等校,一些创建班集体的老师试着把班级的大小工作分为几十个岗位,做到一人一个岗位,个个参与班级管理,人人在班上找到自己的位置,每个学生都能在为班级服务的岗位上,学习着为同学、为集体服务,让孩子从小明确为别人、为公众、为社会服务的意义和价值,产生"为最大多数人带来幸福的人,是最幸福的人"的情绪体验,培养参与意识和管理能力,增强社会义务感、责任心。这确是培养个性的集体主义倾向性,陶冶美的个性的良好途径。

在组织和协调人际关系中,满足学生渴望在他所在的群体内占有适当位置的需要,并设法在这个群体内让他显示和表现自己的特长,从而得到整个群体或大多数成员的尊重和重视。这里讲的适当位置,不就是指处于某一组织内的负责人地位,而是指在那个适当的位置上,该生能发挥与其能力、特长相应的作用,自我感觉良好,体验到自己是所属集体的成员,他为别人所需要,从而产生幸福和愉快感。

怎样了解班级人际关系形成中的心理困难

在班集体人际关系的形成和发展中,必须研究人际交往中的矛盾和人际关系分化及整合中值得注意的种种现象。

1. 社会认知偏差

由于所处的班级微社会背景的差别,由于学生自身的经验、性格、需要等因素的不同,他对于班级群体的社会心理状态、共同需要、行为乃至群体对他的企求等作出推测和判断时,往往会出现以下偏差:

(1)对自身:学生们对自身的特长、吸引力、"权力"及由此形成的在集体中的实际地位的知觉往往与客观的情况差距大。有些学生感到大家似乎都很爱戴他,而实际上却不是那么回事。还有一些同学的自我评价

却总是过低,他们就常因"似乎同学们对我不友好"而委屈伤心。由于学生的自我认识对于他基本行为和生活态度有直接的决定作用,因而必须通过调整人际关系这一途径认真加以引导。

(2)对角色:学生在班集体中并不只是充当一种角色,当他扮演某一角色时,他对这一角色的相应的社会典型行为的标准(即权利和义务的总和)的理解也会出现偏差。于是他所介入的人际关系也会直接受到影响。如果班主任注意指导学生逐步把角色行为模式和相应品质与他自身的个性品质有机结合起来,以成功地充任这一角色,获得好评,这种偏差就会缩小,人际关系就可趋于协调。

(3)对他人:学生在班级中感知他人时也会出现较大偏差,其原因有诸如心境效应、第一印象、晕轮效应、定型作用、线索偏差等等。此外,缺乏经验也是重要的一条。这时,人际关系水平便会发生波动。

(4)对情境:设置特定的教育情境和利用自然情境是教师调整人际关系并对个性施加影响的重要手段。然而,学生对情境的判断常会发生误差。引导他们学会判别不同时间、地点和不同文化背景上的人物、事件,并采取相应的交往方式,是建立良好的人际关系的不可忽视的方面。

2. 情绪波动

学生在班集体人际关系的体系中,由于群体期望与自身需要的矛盾;由于在班内的社会地位与自身动机及抱负水平的不一致;由于群众评价与自我评价间的差距,他便会产生各种内心体验,如欢愉、幸福、充满希望,或是寂寞、倒霉、无望等,这就可能带来情绪波动,从而使人际关系呈现出很不稳定的状态。消极心境、不良情绪、共同感受的分化倾向、师生情感不协调趋势等等,这些都会直接影响班集体人际关系的发展水平。为此,教师通过直接和间接手段,控制班级情感脉搏,努力培养其协调性,是调整班集体人际关系的至关重要的方面。

3. 定位困难

由于交往障碍等诸多原因,学生在班集体的人际关系体系中确定自己的位置,尤其是取得有利的地位,常常相当困难。

(1)优秀学生、学生干部与同龄人建立关系有时相当困难。如有的学生被推举为班级干部,在公务关系中居于有利地位,但他却没有亲密的朋友,由于没有情谊性关系作调节,他有时很难开展工作,以致威信下跌,日益苦恼。

(2)有的学生有很多朋友,能力也较强,但集体并不委托他办理重大事情。由于他在公务性关系中找不到自己的位置,就常常会由集体的积极分子变为消极的成员,于是,他会千方百计在非正式关系中争取有利地位,甚至使小群体偏离集体,这种代偿意愿就会导致各种恶作剧和偶发事件的产生。

(3)很多有特长、爱好和才能的学生常常会有某种疏远集体的倾向。这或是因为兴趣爱好占去了很多时间,使他们很少有机会与同龄人交往和参加集体活动。或是因为这些学生的才能没有被同伴所重视,于是他们因缺乏志同道合者而变得沉默寡言。

(4)在每个班级里,都可能有几个默默无闻的孩子,他们大多在班内受到排斥、歧视,甚至成为"不受欢迎的人"或"替罪羊"。这种现象是很不正常的,对班集体的人际关系产生销蚀作用。

4. 竞争与协作的失调

竞争和协作是影响人际关系发展的两种不同形式,它们相互间的有机结合既有助于人际关系的整合,也能促进个性的发展。然而,在实际工作中,不少班级却往往以竞争取代协作,或是只强调协作而忽视竞争,以致人际关系波动甚大,或者缺乏活力。其实,学生在规范明确的环境里开展竞争与协作,就能在教育活动中开展频繁的交往,通过相互沟通、相互影响和学习而达到深层交往的水平,并顺利地越过心理冲突而进入心理相容的境地,从而使班集体的人际关系由一池活水作源头,不断注进新的成分,不断趋向协调。在竞争与协作中,随着班集体水平的提高和班级荣誉感增强,成员为了取得更大的成绩会表现出强烈的向心倾向,在此基础上形成集体感受,从而使人际关系更加趋向凝聚。

5. 从众掩盖自决

由于受群体压力作用等缘故,有时学生常常不得不改变自己的观点、意见、行为模式,甚至是衣着的式样。类似这样的从众现象当然有它积极的一面,但有时却会使学生放弃正确的意见而变得随大流,这往往不利于学生个性的发展。应当在一定人际关系的背景上,逐渐增大自决成分,把集体尊重个体和学生自我尊重结合起来,不仅使学生与班集体人际关系体系密切相关的感觉强化,而且使他越来越感到自身有独一无二的、不可重复的个性。

6. 理想化与现实化的反差

学生头脑中人际关系模式总是带有玫瑰色幻想的印记,但现实生活中班级的人际关系却并不总是那么如愿。对于人际矛盾和冲突的产生、发展及解决,他们普遍缺乏思想准备,所以,在潜心建立真善美的关系的同时,应当有计划地设置各种矛盾的冲突色彩的教育情境,指导学生现实地、谨慎地识别假恶丑的关系,并与之作不懈的斗争,从而使班集体的人际关系得到锻炼。

班集体对学生人际关系和行为的形成和培养

班集体组织是获得信息的重要渠道,学生与同龄人的交往是获得信息的非常重要的特殊渠道,通过它青年学生可以认识许多必要的事情,和由于某些原因成年人并不告诉他们的事情。

班集体组织是一种特殊的活动形式和人与人之间的相互关系形式。学生通过各种协同活动,形成了社会相互作用的必要技能,服从集体纪律的能力,以及维护自己的权利,将个人利益与社会利益联系起来的能力。在同龄人组成的集体中,人们之间的相互关系原则上是建立在平等的基础上的,站在应该站的地位,并能维持这种地位。如果没有这种同龄人的集体,学生便不可能培养成年人所必需的交际品质。集体里的相互关系具有竞赛性。这是与父母的关系中所没有的,而这种竞赛性也是很宝贵的生活经历。曾经有人说,学校里的同学是比父母还要好的教育者,因为他们没有怜悯之心。

有组织的班集体都具有共同的目标、共同的规范、共同的准则等特征。还有集体的共同活动和相处和睦,关系融洽的集体成员间的相互交往。一个良好的班集体是每个集体成员精神生活、精神面貌的综合表现,绝不是集体成员个人情绪、情感特征的简单相加或机械拼凑,而是升华为相对个体而独立的一种教育力量。有组织的班集体一经形成,它就创设了一种环境条件,形成了一定的心理气氛,对集体每个成员的人际交往和行为都起着潜移默化的教育作用。

集体成员共同活动所形成的行为标准,即"行为规范",对学生的行为有很大的制约性,任何学生想突破集体的规范行动,将是十分困难的。这种规范得到集体舆论的支持,而舆论对人的精神和行为具有巨大的制约力量,并给每个成员的心理发展留下深刻的烙印。故"行为规范"的影响力,对于学生来说,几乎是难以抗拒的。它对集体和个人究竟产生积极影响还是消极影响,将由规范的性质决定。

在班级集体现实的交往过程中,班级的人际关系会发生分化,集体成员中"有明显地位的人"、"被抛弃的人"或"被孤立的人"之间地位上的差异悬殊。"被抛弃"、"被孤立"的学生,其心灵将受到伤害,这往往是引起问题行为的重要原因。问题行为一般分为两种类型:一是行为问题;一是性格问题。行为问题是由那些反对别人管束,粗暴地扰乱别人的行为或是难以自我控制,以致行动不适合纪律要求的行为所组成的。这是一种敌对性和攻击性的行为,对班级集体有较大的干扰性和破坏性。性格问题常常表现出那种称之为"退缩行为"的形式,感到焦虑,害怕他人,对自己可能受到批评和嘲笑的那些处境表示回避。行为问题较能引起教师注意,但性格问题多半保持在隐蔽状态,这些学生往往表现得温顺服从,以逃避别人注意,这样就不容易鉴别谁需要指导和帮助。一般教师容易将行为问题看得严重,而忽视性格问题。许多研究表明,社会交往方面的退缩是日后心理障碍的先兆。行为问题和性格问题都可能起因于焦虑,性格问题通常更具有明显的焦虑特征,行为问题也可能是摆脱焦虑的一种形式。问题行为的引起和加重,在很大程度上是由于学生在学校生活中遭到失败和挫折的结果。造成这种结果的原因可以是学生主体的因素,也可以是在班级集体中所处的"被抛弃"、"被孤立"的困境所造成的。保持适当限度的焦虑,对于学习活动是必要的,但过多的焦虑,会引起敌意和问题行为。有经验的教师最突出的特点,是具有感知班级集体"焦虑程度"的能力,有效地调整集体间的人际关系,帮助"被抛弃"、"被孤立"的学生从困境中解脱出来,这是消除问题行为重要基础。

如何建立和谐的班级人际关系

在班级中建立一种和谐的气氛,使师生之间、同学之间的关系和睦融洽,心心相印,能有效地调动每一个学生的积极性,能在令人愉快的教育情境中消除学生中诸多的不健康心理因素,能在班级中形成一种协调的人际关系,进而使学生的个性特长得以充分发展。因此,在班级建设的众多目标中,建立和谐的班级人际关系是一个重要方面。

1. 建立和谐的师生关系

一个和谐的班集体,首先要有和谐师生关系。很难设想,班主任与学生之间的关系疏远或紧张,班级气氛会融洽和睦。有资料表明:一个人的学生时代,与老师在一起的时间超过与父母相处时间的两倍,而老师的人际交往,则有80%是与学生的交往。这样朝夕相伴的生活,如果没有和谐的师生关系,没有师生之间的相互理解和相互信任,班主任工作就难以收到效果。

怎样建立和谐的师生关系呢？

（1）建立良好的第一印象。第一印象是学生对老师的第一次最清晰、最深刻的直观感觉，它将长时间镌刻在学生的心目中。每一个学生，无论是优秀生还是后进生，对一个新的集体、新的老师都会产生某种渴望，渴望得到老师的理解和关注，渴望自己在新的集体中能占有满意的"角色"。因此，教师给学生的第一印象如何，能否点燃他们心灵深处的希望之火，将对学生的成长产生至关重要的影响。

当然，由于教师的个人素质不同，建立良好的第一印象的方法也不尽相同。有的以知识渊博见长，有的以风趣幽默取胜，有的以亲切和蔼感人。

（2）在日常工作中逐步加深师生感情。学生对教师良好的第一印象并不是一成不变的，它可以随着师生交往的加深继续保持和发展，也会逐渐淡化以至转化，关键在于教师的思想、心理品质和工作水平。教师要得到学生的信任，就要悉心了解学生，努力使自己与各种性格的学生打成一片，逐步架起师生之间心灵相通的桥梁。

教师应注意从点滴小事做起，把温暖送到每一个学生心头。一个学生头痛趴在桌子上，你及时把药和开水送到桌前；一个学生忘了值日，你走到他身边小声提醒而不在全班批评；一个学生上课自觉坐正了身子，你报以赞许的微笑。这些小事，都会使师生关系融洽，在学生心目中产生对你的尊敬、感激之情。

（3）理解学生，做学生的"知己"。学生需要理解，不理解学生，教育就无从收到效果。有些班主任老师整天对学生苦口婆心，说破了嘴皮，却引起学生逆反心理，以致出现了班级气氛紧张，老师一张口，学生就故意顶牛的现象。因此，只有理解学生，才能把握住学生的思想脉搏，才能让学生对你敞开心扉。比如学生犯了错误，他自己已经知道错了，班主任就无需再进行指责性批评，一个暗示的眼神，往往比批评更有效果。即使批评，怎样批评，在什么场合、什么样的教育情境下批评，教育效果也截然不同。再比如对待差生，一味批评训斥，就会把他们推向故意与你"作对"的一边。

2. 培养同学间的互助友爱之情

一个和谐的班集体，除融洽的师生关系外，还需要有一个互尊互助、团结友爱的同学关系，这也是班级气氛和谐、集体有向心力的关键之所在。那么怎样培养学生之间互尊互让、和睦相处的情感呢？

（1）创设友谊情境，指导学生交往。在班级中，有的学生朴实厚道，从不斤斤计较；有的学生待人热忱，愿意主动帮助别人；有的学生内向持重，能冷静处理同学间的矛盾。对这些学生个性心理品质中的优点，班主任应及时进行表扬，以形成正确的班级舆论。在指导学生交往上，班主任要悉心创设交往情境，组织丰富多彩的教育活动，鼓励学生特别是那些不善交往的学生介入交往，并让他们懂得，互助友爱是集体中必不可少的，应该理解别人，关心别人。

（2）及时发现并引导学生中自发形成的各种非正式小群体。学生的交往也如成人一样，不可能是等距离的，在班集体内外客观地存在着各种由学生自发形成的非正式小群体。对此不应感到大惊小怪，也不能采取硬性拆散的措施。在一定意义上说，它是学生选择性交往的结果，是建立情谊关系的基地。然而恰恰是这些小群体在某些时候、某些场合左右着班级的局面，造成了同学之间你我亲疏的不团结。对这类小群体，班主任要运用教育艺术，及时予以引导，可采取情感疏通、"角色换位"等方法，引导他们扩展交友范围，将个人的情感融于集体之中，同时干预不正当交往，从而减少离心力，维护班级和谐的局面。

（3）做好个别学生的工作。在一个四、五十人的班级里，总会有几个有点怪僻的学生，他们明显地表现出与班级大多数人的不协调，对集体持一种漠然的态度。对这样一些学生，班主任要给予特殊的关怀，小心翼翼地抚平他们心灵上的创伤，使他们感到，这里是一个温暖的集体。在这个集体里，无论谁有了难处，都会得到大家的帮助。这样就会在学生心中树立起一个美好的形象，播下团结、友爱的种子。

（4）让集体充满友谊和爱。学生的集体主义思想，是在丰富多彩的集体活动中产生的，是在生动教育情境的感染下、正确舆论的影响下形成的。因而，在开展内容充实的集体活动中，应当重视使活动成为集体评价的对象，在形成正确的集体评价的同时，激发学生的自尊感、友谊感和集体荣誉感，使每个学生自觉地把自己融于集体之中，逐步养成关心他人、关心集体的好习惯。

怎样实施班级的管理目标

实施班级的管理目标是班级管理的重要步骤。班级工作的质量、成效、经验、教训都是在班级管理目标实施的过程中创造出来的。实施管理目标要做好以下几方面的工作：

（1）正确制定实施班级管理目标的活动计划。即规划实施目标的活动过程、步骤、方法和方式。

（2）做好组织工作。即班主任要把学生安排在适当的岗位上，从事适当的活动，使班级中人人有事干，事事有人管。

（3）做好指导工作。即班主任针对学生认识上、行动上同班级管理目标之间的差距，进一步向学生提出要求，给予具体帮助，促进学生个人和班级工作的进步。指导工作的内容较多，如沟通信息、介绍经验、分析问题、选择方法等。指导方式有集体指导和个别指导两种。

（4）做好协调工作。即班主任在实施过程中根据各阶段的发展变化，随时协调各种关系，增强合力，使班级工作按原定目标顺利进行。协调内容包括协调班内人际关系和各项工作之间的关系，协调本班同其他班级、学校有关部门的关系以及师生之间的关系等。

（5）做好激励工作。即班主任运用精神和物质的手段去调动全班学生的主动性和积极性，使实施目标成为全体学生的自觉行动。如通过表扬、奖励使指向目标的行为得到发展；通过批评、惩罚，使偏离目标的行为得到改正，从而促进班级管理目标的实现。

怎样运用制度管理

班主任通过制订和执行规章制度去管理班级的经常性工作，这就是制度管理。规章制度是学生在学习、工作、生活中必须遵守的行为规则。它能够保证班级工作有秩序、有成效地进行，使学生的行为规范化，提高班级工作的效率。怎样实施制度管理呢？

（1）制定细则。根据《学生守则》和学校各项管理要求，从本班实际出发拟定各项制度的实施细则，如学习制度、卫生制度、爱护公物制度等，内容要明确具体，文字要简明扼要，使学生便于掌握和记忆，利于贯彻执行。

（2）注意让每个学生了解规章制度的内容和意义。通过各种宣传形式，提高为学生执行规章制度的自觉性。实行一项新的规章制度要进行思想动员。即使是已经实施的规章制度，也应根据情况作出新的说明和要求，使学生懂得怎样做，为什么要这样做。

（3）严格要求，认真检查评比。各种规章制度公布执行后，就应严格检查评比，以便及时发现问题，作相应的调整。检查评比中，要贯彻班级成员在制度面前一律平等的原则，严格按要求办事，保证规章制度的执行。

（4）反复训练，形成习惯。要把执行规章制度和规则变成学生的自觉行动,需要进行长期严格的坚持不懈的教育和训练,使之成为学生的习惯。

如何进行民主管理

班级民主管理的含义是:运用民主集中制的方法,使班级成员参与管理并发挥其主体作用;同时每个班级成员又要服从班集体的正确决定,承担起各自的责任。只有依靠全班学生发挥高度的积极性和创造性,人人具有主人翁态度和负责的精神,才能取得班级管理的最佳效果。

班主任运用民主管理的方法,应做到以下几点:

1. 组织全班学生参加全程管理

表现在四个方面:第一,计划阶段。班主任可引导学生就确定目标和制定实施目标的措施等问题展开讨论,并以班级学生参加讨论的广度和深度作为民主管理水平的一个标准。第二,实施阶段。应注意发挥班级中各种组织、每个学生干部的作用。第三,检查阶段。应做到班主任和全班学生相结合,在师生共同参与下进行检查评比。第四,总结阶段。班主任要和全班学生一起,对班级工作情况进行评议,总结经验教训,探讨管理规律。

2. 创造民主氛围,把班级的民主管理渗透到各个方面

实行值日生、值周生制度,开展日评、周评、月评活动;建立民主生活制度,定期召开民主生活会,班主任、学生干部和全班同学一起,以平等身份参加会议,开展批评与自我批评,培养学生的民主意识、习惯和自我教育的能力。

为什么要组织和培养班集体

班集体是由全班学生组成的正式组织,是学校教育的基本单位。它是班主任工作的对象,又是学生进行各种活动和自我教育、自我管理的基本组织形式,它对学生的影响是其他教育形式所无法取代的。

1. 组织和培养班集体,能够培养学生的集体主义思想

学校应当有意识、有目的地组织一种有益于学生成长的"特殊的环境",在这个特殊环境里,有共同的奋斗目标,有正确的集体舆论,有自觉的组织纪律,有团结友爱的情谊。学生生活、学习和娱乐在这样的集体之中,就会逐渐成为集体的自觉成员;通过组织起来的学生集体的潜移默化和冶炼,学生的集体主义精神就能更好地培养起来。培养班集体就是以集体主义思想教育学生,使他们热爱班级这个集体,进而热爱学校这个集体,直到热爱我们的祖国。

2. 组织和培养班集体,能够促进全班学生在德、智、体、美、劳几方面得到发展

在一个好的班集体里,同学之间能够在思想上互相帮助,学习上互相切磋,行动上互相激励,生活上互相关心,为争取在德、智、体、美、劳几方面都得到发展而共同努力。可以说,贯彻德、智、体、美、劳全面发展的方针,是班集体得以形成的条件,而组织和培养班集体又为学生的全面和谐发展创造了良好的环境。

3. 组织和培养班集体,能够培养学生良好的个性品质

学校培养出来的人才,不仅要有良好的共性素质,还应有良好的个性素质。学生良好的个性品质主要依靠班集体来培养。每个学生都离不开集体,集体的好坏对每个成员都有直接的影响。一个优秀的班集体,学生之间的交往大都是在有组织的积极活动中进行的,并促使班集体和学生个性同时得到发展。在诸多的集体活动中,学生获得了显示自己才能和特长的机会,在他人和集体的肯定性评价中,心理得到满足,个性得到全面和谐的发展。因此,班主任要抓住并利用个人与集体的这种内在联系,通过班集体去教育学生,又使学生自己教育自己。

班级组织的结构类型有哪几种

由于受多种因素的作用和影响,班级组织在发展变化中往往会形成不同的类型。常见的类型有以下几种:

1. 散漫型班级组织

班级没有明确的奋斗目标,缺少核心;班干部无威信,没有号召力;学生不能自觉遵守纪律和规章制度,集体活动不容易组织起来。原因往往是班主任缺乏工作经验。

2. 集团型班级组织

班级内出现非正式小群体并扩大形成若干个小团体。在班级工作和活动中小团体内部不团结造成班级混乱。班干部或多或少地卷入小团体中,不能发挥班干部作用。班主任工作方法不当,处理问题不能从全局考虑,使得班级工作难以开展。

3. 中间型班级组织

班级不能稳定发展,时好时坏。班主任不善于组织集体,往往事倍功

半,班级组织总处于中等水平。

4. 集体型班级组织

这是班级发展的最好的类型,是班级组织发展到最高阶段的表现形式。

班集体的形成发展有哪几个阶段

班集体的形成不是自发的,需要班主任深入细致地组织、培养和教育。班集体的形成要经历一个变化发展的过程,这个过程可以分为以下几个阶段:

1. 松散的群体阶段

班级初建时,几十个学生编成一班,坐在同一个教室里共同学习、生活。可是他们彼此之间缺少了解和情感联系,集体没有什么吸引力,不能发挥正常的作用,一切活动听从班主任安排,学生的心理尚处于一种各想各的松散状态。

2. 有组织的群体阶段

班级成员在共同的学习和生活中不断交往,互相熟悉。在班主任的引导下,班级学生干部能各尽其责,积极开展工作,表现了各自的才能,获得了同学的信任。班级有了明确的奋斗目标,建立了一些适合本班的规章和制度,形成了正确的舆论。在这一阶段,班主任主要依靠集体,依靠学生干部去开展各项工作,但这时的班集体仍然经常地需要外界的帮助和督促。

3. 成熟的集体阶段

班级成员互相关心、爱护集体,良好的纪律、舆论和班风已经形成。班干部能有计划、有步骤地开展工作,班主任在或不在都一个样,能顺利地带领全班同学开展活动。同学们也具有自己教育自己、自己管理自己的能力。在这个阶段,也还会有少数人组成的小群体或站在集体之外的个别学生,但他们已经不能对这个班级产生消极影响了。

组织和培养班集体有哪些具体方法

1. 确立集体共同的奋斗目标

这是班集体形成和发展必不可少的条件。集体奋斗目标的提出,要与学校当前总的教育任务相一致,要有针对性和思想性;目标和任务要准确、鲜明、具体,适合学生的年龄特点,使学生感到亲切、有兴趣,同时又是学生经过努力可以实现的。

2. 选拔培养学生干部和积极分子,形成班级领导核心

要建立一个坚强的班集体,实现集体的共同目标,必须有一批团结在班主任周围的班级学生干部和积极分子,成为班级的核心力量。他们是全班成员为实现集体目标而努力奋斗的带头人,是集体的骨干,是班主任的得力助手。所以,选拔和培养班干部和积极分子,是组织和培养班集体的一项重要工作。班主任应当挑选德、智、体全面发展,关心集体,能起模范带头作用,具有一定工作能力的学生来担任干部。培养积极分子应与建队、建团相结合;经常注意培养新的积极分子以扩大积极分子的队伍,推动全班学生不断前进,使班集体的力量得以加强。

3. 形成正确的集体舆论

为在班级中培养和形成正确的集体舆论,班主任应从多方面努力做好教育工作。要教育学生学习运用表扬和批评的方法,表扬好人、好事、好思想,维护正确的东西;同时也要批评不正确的思想,抵制歪风邪气。要充分利用班会、团会、队会、板报、墙报等班级舆论阵地,善于就本班学习、思想、劳动和生活中存在的实际问题组织学生进行专题讨论。

4. 培养优良的班风和传统

优良班风和传统的形成,需要经过长期的有目的有计划的培养。班主任要善于将班上出现的优良品质和风尚,在全班同学中加以宣传、扩大、巩固,使其得到班集体的支持和承认。同时,也要引导学生学习别班、别校的优良风尚。班主任应以身作则,起模范带头作用。要对班级所有学生严格要求,公正无私,不能有所偏袒。优良班风形成后,还要教育全班学生珍惜它,使之不断完善和发展。

5. 严格纪律,健全制度

一个好的班集体应该使每个成员都严格遵守集体纪律和制度,这对维护和巩固班集体,对教育学生个人有着十分重要的意义。因此,班主任在组织领导班集体的过程中,应向学生提出明确的纪律要求,运用奖惩的方式强化纪律观念;同时,建立健全学生学习、生活等方面的规章制度。

如何做好幼儿园与小学的衔接和过渡

孩子们从幼儿园进入小学,主导活动发生了本质的变化。他们对小学的学习、生活还不适应,不习惯。因此,小学一年级班主任的工作,要注意适应刚入学孩子的特点,尽可能地让他们较快地适应新的学校环境、班

级环境,适应学校生活,搞好幼小衔接和过渡。

1. 班主任应做好调查研究工作

一年级的班主任在接新班之前,要深入附近的幼儿园进行调查研究。重点了解幼儿园教育教学的内容和方式,特别要观察幼儿园老师怎样带班,了解他们的语言、动作和组织工作等。同时,可以通过座谈会,请幼儿园老师介绍孩子们各方面的情况,并请他们对小学老师工作提出具体建议。

对于没有上过幼儿园,从家庭直接进入小学的学生,应通过家庭访问了解情况,如了解家庭教育的环境、孩子的个性特点、生活习惯、健康状况、智能水平等。在班级中,要对差异较大的学生给以更多的关心、爱护和照顾。

2. 要注意学生的年龄特点,增强活动的趣味性

新入学的学生最大的特点是活泼、好动、爱玩,在课堂上能集中注意力的时间很短。因此,一年级的班主任对学生的要求不能一下子提得过高,提出的要求应是大多数学生都能达到的。个别学生一时达不到的,要宽容、谅解,给予个别帮助、指导。特别需要多组织一些活动,使学生在安全、有趣的活动中尽其天性。幼儿园是寓教于玩、寓教于乐,正式上课的时间很少,进入小学,正式上课的时间就逐渐增加了。所以,一年级班主任工作要注意渐进性。不能布置家庭作业,要给学生充分游戏的时间,以免使学生失去学习的兴趣。

一年级学生对班主任是最信赖、最服从的。这就要求班主任加强自身的修养,对学生循循善诱,做孩子们的大朋友,尽可能不要严厉批评、大声训斥学生,更不能对学生实行体罚或变相体罚,应更多地跟孩子们一起唱歌,一起跳舞,一起讲故事。对学生进行思想品德教育,应注意形象化,运用直观、具体、生动的方法,如出示图片、放幻灯、角色表演、做游戏等。

如何做好小学与中学的衔接和过渡

小学和中学的衔接和过渡工作是否成功,不仅关系到班主任今后的工作能否顺利开展,还关系到学生在新的学习生活中能否健康成长。小学生在升入中学以后,由于受到新的学习、生活环境的刺激,会产生强烈的新鲜感、好奇心和上进心。但初一学生年龄尚小,对新的学习生活缺少心理准备,适应能力差,一旦遇到困难和挫折,上进的热情会冷下来。他们对教师仍有着一定的依赖性,在如何学习和争取进步,如何处理人际关系等方面都需要班主任的帮助和指导。

1. 指导学生尽快完成角色转变

初中一年级班主任首要的任务,就是尽快使新生实现从小学生到中学生的角色转变,让学生做好积极的心理准备和活动准备。既要使新生在尽可能短的时间内安下心来学习,又要帮助他们建立新的心理平衡,消除学生对新的学习生活梦幻般的想像和对新的学习生活因信心不足而产生的畏难情绪。为此,班主任应从以下几项工作着手:(1)认真、热情地做好新生的接待工作。(2)开展丰富多彩的迎新活动,使学生明确中学学习的任务、性质、学习方法及学校的规章制度等。(3)主动与学生家长和学生原来就读学校的教师取得联系,全面了解新生的情况,认真拟定新生工作计划。

2. 培养新生的集体荣誉感

每个初中学生都希望在新的班集体中发挥积极作用,取得荣誉。即使是差生,来到新集体后,也愿意调整自己,努力上进,在新老师、新同学面前改变以往的形象。班主任要善于根据学生的这些心理特点,把他们组织起来,调动其积极性,培养集体荣誉感。这就要求班主任注意做好以下几项工作:①加强集体主义思想教育,引导学生正确处理集体与个人,个人与他人以及大集体与小集体的关系。②确定班集体长远的奋斗目标和具体目标,指导每个学生确定自己经过努力可以实现的目标。③把表扬和批评同增强集体荣誉感联系在一起,加强新生对自己和对集体负责的责任心。④安排丰富多彩的教育活动,如联欢会、野炊、参观、文体比赛活动等,给每个新生创造表现自己的机会,增强愉快的心理体验,将每个人在集体中合适的角色地位确立起来。

组织班级活动有哪些原则和方法

组织班级活动应该遵循的原则,可以概括为如下六项:

1. 班级活动的教育性原则

班级活动要有体现教育方针的正确内容,还要符合教育规律和学生心理发展规律。要使全体学生通过集体活动,获得发展,有所收益,而不要使活动变成一种纯粹的娱乐活动。这对教师的组织准备工作提出了较高的要求。

2. 班级活动的针对性原则

班级活动要讲针对性,针对性越强,收效越大。一般情况下,组织班级活动一是要针对学生的年龄特点和身心发展需要。二是要针对班级里实际存在的问题。活动的目的要明确,越是能针对班级里现实存在的问题开展活动,活动的效果就越好。三是要针对社会上、学校里或班上同学间的"热点"问题,开展班级活动。

3. 班级活动的整体性原则

班主任在组织活动时,要对活动的全过程,包括酝酿、计划、准备、实施、小结等阶段做全方位考虑,也要对活动的各个侧面,包括活动的主题内容、基本形式、组织过程、时间、地点、基本要求等各个方面进行统筹安排,使每次活动都做到计划周密、目的明确、组织严谨、内容丰富、收效明显,最大限度地发挥集体活动的教育作用。

4. 班级活动的多样性原则

多样性包括活动内容的多样性和活动形式的多样性。班级活动非常忌讳单调划一、刻板乏味,应该为学生提供丰富多彩的教育环境,以满足儿童活泼好动,求知、求新、求美、求乐、求奇的需要。这一要求为班主任的创造性劳动提供了无限广袤的天地。

5. 班级活动的主体性原则

班级活动的主体是班级的全体成员,班主任只是这个整体中的重要一员,起指导和出谋划策的作用,不能包办代替。主体性原则要求班主任通过班委会的工作,最大限度调动起全体同学的积极性,使全体同学都处于积极的参与状态,只有这样的活动才能收到理想的教育效果。

6. 班级活动的创造性原则

班级活动要保持高度吸引力,获得最佳效果,就必须有创造性。创造性首先表现在活动内容上。活动内容要随着祖国现代化建设的深入发展、季节环境的变化、学校班级教育任务的安排、班级中各种学习问题的呈现等而不断变化。同时,在选用活动形式时要充分考虑到学生活泼好动、喜欢参与的特点,每次活动形式依内容设计,不求统一,使每个学生都能在活动中获得锻炼才干、学习知识、展现才华的机会。

开展不同类型的班级活动具有不同的方法,这里介绍几种普遍适用的方法:

(*1*)组织发动的方法。具体程序是:①组织动员。向学生讲清楚活动的任务、内容,说明为什么要进行这项活动。②明确要求。向学生说明完成这项活动的具体要求和措施,解决怎样活动的问题。③分析、预测活动效果。分析学生在活动过程中可能出现的各种问题,要求学生引起注意,并预测活动效果,提出活动结果评比办法。

(*2*)检查指导的方法。检查指导的目的在于随时发现活动过程中的问题,及时进行分析、研究,具体指导学生按活动要求进行;并注意在活动中进行观察评价,进行正面引导,使学生逐步形成自我教育的能力。

(3)科学控制的方法。班主任通过一定的程序、条件与数量规定,使活动与学校的德、智、体、美、劳教育协调一致,保证活动沿着正确的方向进行。这里要注意的是班主任给出的程序、条件和数量规定要合理,既要有教育性、科学性,又要有可行性,使学生通过努力可以达到活动提出的要求。

(4)放手的方法。班主任让学生和学生集体依据活动目标要求,进行独立自主的创造性活动。这一方法要求班主任注意从学生实际出发,使他们在意识到自己责任的基础上积极参与活动,并在活动中表现出对班集体所承担义务的主动行为,培养学生自我教育、自我发展的能力。

(5)活动总结的方法。具体办法多种多样,如开小范围座谈会、撰写活动总结、广泛征求意见、开全班总结大会等。不管采用哪种方式,一般情况下班委会应先开总结会,并将总结的内容以口头或板报的形式通报全班同学,继续吸取反馈意见,为今后班级活动的开展积累经验。

如何指导班委会开展工作

组织和培养班集体,是班主任的最重要的工作。加强对班集体的组织和培养,重要的一点就是要建立起一个坚强的班级领导核心——班委会。班主任指导班委会开展工作的核心问题就是选择、使用和培养班干部。

1. 选择班干部

班主任接受一个班的工作任务后,要注意发现和培养积极分子,选拔那些德、智、体全面发展,关心集体,起模范带头作用,在同学中有一定的威信,具有一定工作能力的学生担任班干部。

2. 使用班干部

对班干部既要大胆使用,放手让他们工作,又要重视培养,严格要求,帮助他们提高思想觉悟和工作能力,教育他们谦虚谨慎,平等待人,善于团结同学、关心同学,做热爱学习、遵守纪律的模范。班干部必须坚持"三好",才能在班上起到应有的作用。

3. 培养班干部

班主任既要尊重信任班干部,支持班干部独立工作,又不能放任自流,对班级管理工作不管不问。班主任应该在工作中培养班干部,要帮助班委会制订每个学期的工作计划,对各方面的工作提出明确的要求。班主任还要定期指导班委会开会研究班上的情况,确定工作内容,对工作不要只布置不检查,更不要把班上的工作全部推给班干部而自己撒手不管。

如何指导学生的体育活动

指导学生开展体育活动,是班主任工作的重要内容之一。

1. 指导和组织开展班级群众性的体育活动

一般要抓如下几项工作:

(1)积极协助体育教师组织好体育课。体育课以体育教师为主,但是,班主任不能袖手旁观,不管不问,而应该积极向学生宣传上好体育课的重要意义,调动学生的积极性,并向体育教师介绍学生的特点,配合体育老师上好体育课。

(2)组织好"两操"和眼保健操,做到持之以恒。"两操"(早操和课间操)和眼保健操是保证学生身体经常得到锻炼的良好形式。班主任要亲自抓好,带头参加,严格要求,认真检查,使全班同学都能自觉地积极地参加到锻炼的行列里。

(3)组织好灵活多样的课外体育活动,建立各种运动队,使体育活动广泛开展起来。

(4)做好家长工作,做到校内外相结合,把体育活动坚持不懈地开展起来。

(5)在体育锻炼中,培养学生良好的思想、意志、情感品质。在班级开展体育活动,一定要使学生把练身体、练技术与练思想、练意志、练作风结合起来,使他们的身心都得到锻炼发展。

2. 积极协助体育教师推行"达标"教育

班主任要积极协助体育教师推行《中学生体育合格标准试行办法》,并把"达标"(达到国家体育锻炼标准)作为评选"三好"学生的条件之一。具体要做到以下几点:

(1)要主动做好宣传工作,明确锻炼的目的,端正锻炼态度,了解推行"达标"的意义和要求。

(2)要取得体育教师的支持,加强技术指导,培训骨干,带动全班。

(3)要持之以恒、经常锻炼,循序渐进,不断提高,使课外体育活动经常化、制度化。

3. 班主任要做好卫生保健工作,进行卫生教育

开展体育活动与做好卫生保健工作是保护学生健康、增强学生体质的相互联系的两个方面。班主任不仅要抓好体育运动,还要抓好卫生保

健工作,使二者紧密结合起来。具体说来,应做到以下几点:

(1)经常向学生进行卫生知识的教育,注意培养学生良好的卫生习惯。

(2)建立和健全卫生制度,开展卫生检查评比。

(3)协助校医对学生进行体格检查,建立健康卡片,掌握学生的健康情况。

如何指导学生开展课外活动

学校在课堂教学之外组织学生进行的各种有意义的教育活动,统称为课外活动。课外活动是对青少年进行政治思想教育、科学文化知识教育以及开展文体锻炼的重要途径。课外活动范围广泛,内容丰富多彩,方式灵活多样,适合青少年身心发展的特点,开展课外活动,应当作为班主任工作的一项基本内容。在指导开展课外活动时,要注意做到以下几点:

1. 要有明确的活动目的

课外活动要有利于实现学校教育目的,促进学生全面发展,其内容应是健康的、有益的。每项活动都应主题鲜明,方向正确,计划周全,寓教于乐,寓学于乐,寓发展智力于活动之中。

2. 要面向全体学生,坚持自愿原则

课外活动是实现教育目的的重要途径,因此,要尽量使全体学生参加到活动中来,让他们都有机会在活动中受到教育,得到锻炼和发展,但不得强迫命令,要让学生自由选择,自愿参加。只有自愿,才能保证学生在活动中有积极性、主动性和创造性,使活动具有自我教育的作用。

3. 要符合学生年龄特征,照顾学生兴趣、特长

不同年龄的学生,知识水平与经验不同,兴趣、爱好各异。因此,课外活动的内容和形式也应有所不同。同时,要考虑学生的个别差异,照顾兴趣、爱好、特长。

4. 要注意活动的趣味性和吸引力

课外活动内容要丰富多彩,形式要灵活多样,力求富有趣味性,使学生在轻松愉快的气氛中受益,让他们看到自己的成绩,体验到成功的喜悦,从而激发和满足学生参加课外活动的愿望与要求,使活动坚持下去。

5. 要充分发挥学生的主体作用

课外活动是学生开展活动,应把主动权交给学生,让学生自己动手、动脑,培养自主、自立的能力。因此,班主任要做到:对活动的计划与组织,尽量启发学生自己去考虑,教师只给以必要的提示与指导。

此外,班主任还应加强对课外活动的管理。一要建立班级课外活动的指导机构,这是开展课外活动的组织保证。二要把课外活动列入班级工作计划,保证活动时间,使课外活动正常化、制度化。三要聘请和配备辅导员,加强课外活动的指导力量。可以聘请校内外教师或其他有专长的人员,也可以聘请高年级学生来担任辅导员。四要处理好课外活动与课堂教学的关系。班级课外活动要有利于提高教学质量,有利于提高学生学习科学文化的积极性,不能影响课堂教学;但又要保持课外活动的独立性和特点。不能把课外活动变成课堂教学的继续。

如何对学生进行遵纪守法教育

1. 班主任应经常给学生讲述遵纪守法的意义

在社会生活中,每个人都必然要同其他人发生直接或间接的联系,为了维持人与人之间的正常交往,使人们的生活、劳动得以顺利进行,就必然要建立起相应的行为规范。这些行为规范可分为三个层次,即道德、纪律和法律。这些规范一旦建立,就要求每个社会成员都要遵守,不允许有任何特殊。一个人对道德、组织纪律、社会法律遵守的程度如何,是衡量一个人思想觉悟高低的重要尺度。

2. 培养学生遵纪守法的自觉性

一要加强组织观念,努力做到个人服从集体、少数服从多数,自觉抵制个人主义、自由主义和无政府主义。二要加强政治思想品德教育。一旦学生树立了远大的共产主义理想和具有高尚的思想品德,在遵纪守法方面就有了高度的自觉精神。三要严格要求学生遵守学校纪律。学校纪律主要包括:学生守则、请假制度、奖惩制度、考试制度等,应要求学生严格遵守。四要教育学生不但要做遵纪守法的模范,而且要敢于同违法乱纪的现象作斗争。

3. 树立法制观念,开展反腐蚀教育

法制包括立法、守法、执法和保证法律的实施等多方面的内容。班主任要时常组织学生学习法律的基本知识,通过各种形式的法律社会实践活动,树立学生的法制观念,培养学生识别并自觉抵制社会上不良现象的能力。由于社会上一些不良现象的大量存在,反腐蚀教育应该是一个长期的过程。这要求班主任不仅要坚持对学生进行正面的法制、纪律教育,而且要坚持开展丰富多彩的活动,充实学生的课余生活。

第二章

优秀班主任细节管理案例

一路走来,一路风景

朱一花

我喜欢走路,家与学校之间有一条弯曲不平的小路,路边的鸟语花香和着泥土的夯实,加上一路的祥和带来的惬意,少了大街上的喧嚣与繁杂,让我享受不已。其实,在教育的路上,我何曾不是一步一个脚印地走来? 路上的故事,或许有些青涩与稚嫩,而自然的风景,却总是让我如此难以忘怀……

走上岗位,山重水复疑无路

过往的岁月犹如星星点点,洒落在我的记忆中。和所有的老师一样,我也是带着美好的憧憬走上工作岗位的。说来也惭愧,中师毕业的我,被分配到这所9年一贯制学校时,曾在街上号啕大哭过。当初中的班主任兼语文老师时,曾被学生气得跑出教室,曾当堂对着一名学生咆哮并对峙了近一节课,还曾因为沟通失当和家长吵过……我充满着无限热情的第一个年头,却成了我教育生涯中不堪回首的"灰色岁月"!

我发现我很容易冲动,很急躁,属于胆汁质的一类人:热情、直率、精力旺盛、勇敢积极,但情绪容易激动,脾气暴躁,具有很强的兴奋性和较弱的抑制力,能够以极大的热情投身于事业,克服在达到既定目标道路上的重重困难。的确,我不缺乏干劲,可对待事情的冲动情绪,总是把自己轻而易举地套在一个难以自拔的怪圈里。外出学习的机会不多,但我从来不缺乏学习的途径:看书、同伴互助……书本中不乏具体的例子和先进的管理理念,但一到实际操作,便让我那容易冲动的个性给冲淡了。再则,学生是一个个独立鲜活的个体,唯有走进他们的内心世界,才能引起他们的共鸣。走出初中,进入我的生活的是一年级的孩子。他们成天在我耳边唧唧喳喳地闹腾着,为了能够让他们在较短的时间内养成学习习惯,我天天盯着他们,让他们在我设置的规矩中学习、游戏。我简直成了会念咒语的巫婆,在我的咒语中,他们小心翼翼地成长着。无须应对刚走上工作岗位时初中学生的那股叛逆,班级的流动红旗多了,可我却……太累了!他们爱打报告,我有求必应;他们不会值日,我陪着扫了一个学期;学校举行班容布置比赛,我却成了主角;他们掌握汉语拼音不理想,我在干着急……我就像一台被榨干了油的机器,每天昏昏沉沉地回到家里,等待着我的,又是充满劳累的明天……我泄气了! 我为什么要那么累? 我凭什么这么累？放下牵挂与执著，我也能轻松地度过每个工作日，我也能好好享受夜晚的清凉与舒适……

我泄气了，正应了胆汁质"一旦精力消耗殆尽，往往对自己的努力失去信心"的说法。

有一段时间，我疯狂地迷恋上了网络游戏。面对游戏角色升级的诱惑，我充满着活力，常常通宵达旦。虚拟的角色，让我忘却了一切烦恼与忧愁，没有了压抑与限制，我越战越勇……渐渐地，随着接触的网络角色的增多，我觉得有些不对劲，怎么和我同在一条战线里的"网友"们都是些乳臭未干的孩子呢？他们之中有不少还是因做了坏事被赶出校园的！即便是在校的学生，厌学情绪如大山一样压在他们的身上。他们年纪不大，但在游戏里，烧杀抢掠无恶不作，尽管虚拟，但这却是真实的释放啊！这是一个多么危险的信号！孩子是一个家庭所有的希望，而孩子们在网络中迷失了自我，他们能为自己的将来做些什么？长此以往……我不敢往下想。我猛然一惊，天呐！我不是在做着和他们一样的事情吗？我还常常告诫学生千万不要去碰电子游戏，自己却……

我呆坐在电脑旁，游戏中的战斗场景依稀可见，鼠标却如千斤重锤一般再也挪动不了分毫。我回忆着两个月来班级里的每一个细节：学生因为没有及时完成作业，我只会愤怒地敲打着他的手背，直至通红；孩子上课时经常不集中注意力，我却只会用怒目圆睁表达我的感受；孩子四项竞赛被扣分，我只能用狠狠的批评告诉他们下次不能重犯……我反观着自己，这是我吗？这是曾被授予优秀毕业生的那个我吗？这还是那个信誓旦旦说要当一名优秀的班主任的我吗？

我陷入了沉思……

另辟蹊径，柳暗花明又一村

我离开网络游戏，但又回到了网络中，并使工作的第五个年头成为我教学生涯的转折点：在教师教育学院孙有福老师的指引下走进"教育在线"，并成为张万祥老师的网络弟子。在师傅和论坛的引领下，我逐渐地摸索出了一条全新的班主任工作之路。

1. 读写结合，重新定义成长方程式

上了论坛，拜了师傅，就必须要写，这可给我出了一个天大的难题。我对写并没有多大兴趣，一则功底不好，羞于出手，二则毅力不足，怕自己坚持不住。但拜师成功，这是千载难逢的机会啊！为了完成张老师的作业,我开始撰写自己的经历,记录着工作中的点滴。网络虽是虚拟的,但操纵鼠标的人却是真实的。关注、扶持、鼓励是世间最美好的情感,能让人积聚无穷的力量。我不再担忧与暴躁,因为在我的背后,有千千万万双目光在注视着。两年间,我在"教育在线"的"班主任论坛"与"语文沙龙"版块发表了30余万字。写着写着,你会发现自己正在经历一个蜕变的过程,每一次剖析与反思,都是独特的心理过程。我把撰写随笔当成充盈精神世界的一种方法,它充实着我,让我的教育之路不再孤独。我还制订了读书计划,利用课余时间读了大量书籍。看着书架上的书一本本被我"蚕食",我仿佛觉得体内那股充满激情的力量不住地激荡着我似的。我不仅读班主任管理方面的书,还读经典的文学著作。我不敢说"读"和"写"给我带来多大的成就,但从那一年来的变化看,确实让我的人生之路多了很多弥足珍贵的东西。从未在报刊上发表文章的我,一年间就发表了四篇文章;撰写的教育论文也逐渐步入县市一、二等奖的行列;班级氛围好了,凝聚力强了,纯真的笑脸多了,学生学习进步了……

现在,我已经把论坛写作转变为博客写作。每当看着它长出郁郁葱葱的绿叶时,我总是抑制不住内心的激动,静静地看着它散发着芳香……

2. 换个角度看孩子

尽管我努力改变着自己,但也没少受挫折。到黄坦镇小后不久就遇到了一个让我黔驴技穷的孩子——杰。寄宿在姨妈家的他,逃学,爱玩,爱捣乱,不做作业,甚至玩火,拿店里的香烟随处挥霍……姨妈早已对他束手无策。我的努力只能换来他短暂的安静,这让我很失望。我常常想起和他发生"冲突"的每一个镜头:他上课出现散漫的情形时,我责备他不打起精神,但他并没有因为我的责备而振奋;他偶尔没有完成作业,我总是激愤异常,但他并没有因为我的"狂风暴雨"而"善待"作业;他的默写不尽如我意,但他并没有因为我的斥责而上交优秀的答卷……就在我打算放弃他的时候,张老师的一番话让我如梦初醒——降低对孩子的要求,从孩子的优点入手,使孩子感受成功与喜悦,加上耐心,一定能感化孩子!

我尝试着搜索他的优点:那次玲在课堂上吐了,是他打扫了脏物;那次听写13个生字对了5个,他也曾懊悔地埋下头;那次考试遇到难题,他也紧咬着笔杆思索着……他的形象逐渐高大起来,他那调皮的脸也如此可爱起来,我的内心突然间有一种难以言表的喜悦——原来,换一个角度看孩子,竟然如此动人!

享受班主任,千娇万态破朝霞

当用心去感受和学生打交道的过程时,你会发现班主任工作总能带给人很多的意外和惊喜。真的,我曾无数次请求校长辞去我教导主任的职务,却死死地拽着班主任不放。我已经把班主任工作当成我生命中的一部分。我很享受晚间骑着电瓶车走家串户(学生家)的悠闲,很享受聆听他们拔节的声音。孩子们的心灵纯洁得像蓝天一样,和他们在一起,也许会乌云密布、雷电交加,但风雨过后的彩虹,是为人师者最美妙的成就感的汹涌。

1. 走进学生的世界,尽情欣赏美丽的风景

孩子们要开班干部会议,作为班主任的我当然要出席。看着他们伶牙俐齿的表现,突然间发现,他们不再是一群毛孩子了。他们的话语,充满力量,充满精神,充满着对班级荣誉感的追求,更充满着对同学的关爱。听,"周同学经常和高年级的人来往!""健健有时候上课会睡觉"……一个个问题摆上桌面,大家议论纷纷,寻找良策,时不时来一句可爱的玩笑话,不当班主任的你,能常常品尝到这独有的和谐吗?

不要以为崇高的品质只有伟人才有,我们班里的同学照样也有。听,看着丽丽忙碌的样子,我心疼地说:"丽丽太忙了,平时一定要注意劳逸结合哦!"话音未落,丽丽就插话了:"其实我倒没怎么忙,忙的是小敏和小亚,她们俩真的忙!"(她们俩辅助丽丽管理班级图书角)一句简短的话语,让我感慨不已。谁说丽丽不忙?开学筹建班级图书角时,她跑前忙后。登记、发放、回收,样样工作井井有条,现在一切都走上正轨了,当别人再接手她的工作时,她却毫不犹豫地把功劳给了他人!不当班主任的你,能常常感受到这份沉甸甸的善良与真诚吗?

2. 努力做个"懒"班主任

记得一部电视剧里有一句经典的台词:如果你握紧双手,抓住的仅仅是空气;而你张开手掌,触摸的是整个世界。其实,班主任工作也一样,学会放手,学生才能自由地、尽情地展翅高飞。谁不想让自己轻松一点?我也不例外。要想轻松,就要学会放手。当然,这并非撒手不管,而是学着让学生自主管理。他们虽然是孩子,但他们有自己的主见,他们的内心世界常常隐藏着不为大人所知的理想。只要为他们创造机会,他们就能给你一片晴朗的大空。班主任工作要求事无巨细,有人曾把班主任形象地比喻成班级的保姆。曾有一段日子,我天天泡在学生堆里,班级各项工作

上来了,可我却累趴下了。班级里不乏能力强的孩子,可我的事事包办却成了阻碍他们成长的绊脚石。渐渐地,我试着放手,学生上交给我的却是一份出人意料的答卷。我不参加班干部会议,他们非但丝毫不受影响,反而解决了更多实际的问题;班级组建图书角,他们的分析丝丝入扣,一个个点子恰到好处,半年时间图书角从没有出现差错……我惊喜地发现,孩子们的主人翁意识、集体荣誉感增强了,学习氛围也浓厚了。有时候,我都觉得自己就是一个旁观者,整个世界是他们的。其实,这原本就是他们的,我只是把应该属于他们的东西还给了他们而已。这样一来,我就成了一个名副其实的"懒"班主任,学生却也能管理得井井有条,我却落得个自在。

3. 同伴相扶,成就幸福的班主任旅途

理解、尊重、体谅等都能成为人生中最可贵的财富。我很幸运,在我的身边,就有互相学习、相互理解的同伴。三个同年级的班主任常常坐在办公室里"华山论剑",或为课文解读产生分歧而讨论不休,或因班级学生闹事处理办法不同而争吵不止……在"刀光剑影"的背后,涌动的是真诚、关怀与互助。可以毫不留情面地指出缺点,可以在曲终人散之后还坐在办公室里"窃窃私语",可以在山穷水尽的时候指点柳暗花明的前方……有了同伴的一路相扶,在班主任旅途中,哪怕荆棘满地,我也会坚实地将它们踩在脚下。

一路走来,一路风景。当我们细细地品味每一个脚印时,前方的路还在无限地延伸……

相信我,我一定能够一直走下去。

我的班主任工作之旅

孙有新

自从 1999 年参加工作以来,我一直行走在班主任工作的路上。每带一个班级,我总能接触到不同性格的学生,领略到不同的"风景",其中有"长途跋涉"的艰辛,也有"登上山巅"的高峰体验。我喜欢班主任工作,喜欢它给予我的挑战,喜欢它赋予我的成就感和幸福。

结缘班主任工作

爱上班主任工作,要从大学时代的教育实习说起。教育实习期间,平时沉默寡言、不苟言笑的我在可爱的学生面前话多了,微笑也多了。大学

同学说我像换了个人似的。在与学生的交往中,我找到了当教师尤其是做班主任的成就感和幸福。尝到当班主任甜头的我对班主任工作"一见钟情"。初为人师的我在教学工作任务重、压力大的情况下,主动要求当班主任。这一当就是7年,直到2006年我去攻读教育硕士。2006学年虽然身在华东师范大学,但我的心并没有离开班主任工作岗位,仍然以"编外班主任"的身份关心着备战高考的学生们。

将师爱的阳光撒向每一个学生

我非常欣赏"一切为了学生,为了一切学生,为了学生的一切"的教育理念,并用心去努力实践。每个学期我都要找每个学生至少谈一次心,与他们谈学习,谈生活,谈理想,让他们感受到我在关心、关注着他们。在公正对待每个学生的同时,我把更多的爱献给特别需要我帮助的学生,尤其是后进生。后进生是班级里的"弱势群体",与一般学生相比,他们遇到的挫折更多,受到的批评也更多,他们体会不到哪怕一点点的成就感,他们比一般学生更需要老师的关心和帮助,更需要师爱的阳光。我相信,给他们一点阳光,他们也会灿烂。

2004年11月,一个叫芳的学生从东阳的一所补习学校给我寄来一封信。她在信中写道:"孙老师,芳是在您的教诲下长大的。是您,彻底地改变了我。我感谢您,老师!"这段话让我感到欣慰。

我带的2004届学生,高中三年,分了三次班,芳是我连续带了三年的少数几个学生之一。高一时,她就很信任我,经常找我聊天,把她的开心、不开心的事讲给我听,因此,我知道了她心中很多的苦恼,对她也格外关心。她的数学成绩很不理想,这点与我"同病相怜"(我高中时数学成绩也很差)。我经常用自己高中学习数学的经历来激励她努力学习数学。高三时,在我的鼓励下,她的学习成绩进步很快,尤其是政治成绩,她曾经考过全班第一名。遗憾的是,在高考中,由于她的数学成绩只考了20多分,尽管她的文科综合成绩很不错,却只上了调档线。高考失利后,她去东阳参加"高复班"。这期间,我多次写信鼓励她,并给她寄去一些高考复习资料。她也很勤奋,在平时的模拟考试中,她的总分经常能达到500多分,尤其是数学成绩竟然超过了100分。2005年高考,虽然她的高考成绩没有超过我的预期,但也被西安外事学院录取。

师爱是阳光,它能温暖寒冷的心。师爱是清泉,它能滋润干涸的心田。师爱是催化剂,它能加快心灵的成长。师爱是除草剂,它能除去心头的杂草。

以书为友，与大师对话

作为班主任，光有爱心是不够的，更要学会科学地、理智地爱学生。2001 年 9 月，第二次带高一学生，我发现自己还在"重复昨天的故事"。虽然处理班级事务比刚当班主任时顺利多了，但我感觉自己的工作水平仍在"原地踏步"，仍然像个消防队员，为班级事务疲于奔命。

于是我开始对自己两年多的班主任工作进行全面的反思。反思的结果是，我的班主任工作还停留在经验层面，缺乏教育艺术，缺乏教育科学理论的指导。有时，我感觉自己在蛮干，付出很多，收效甚微。思来想去，我觉得必须用教育理论武装自己的头脑，用教育科学来指导自己的班主任工作。只有这样，才能既使自己从烦琐的班级事务中摆脱出来，解放自己，又可以增强教育效果。

于是我开始去找心理学、教育学方面的理论书籍，与书交朋友，与大师进行对话。魏书生老师的《班主任工作漫谈》让我爱不释手，我一边看书，一边把魏老师的班主任工作方法借鉴过来，应用到自己带的班级，取得了一定的成效。李镇西老师的《爱心与教育》，使我对班主任工作有了更加神圣的感觉，对后进生的转化工作更加有耐心了。万玮的《班主任兵法》，让我对班主任工作产生了新认识，班主任工作不仅需要爱心和勤奋，而且需要教育智慧。我们教师读书，不能仅仅把视野限制在教育学、心理学方面，也要读一些其他学科的书籍，比如企业管理学，借鉴其他学科的理念和工作方法，这些对班主任工作会有很大的促进作用。

我也向卢梭、苏霍姆林斯基、陶行知等大师学习，学习他们先进的教育理念和成熟的教育艺术。我还研读了心理辅导理论和实践类的书籍，把心理辅导技巧和学生思想政治工作结合起来，使学生更容易接受我的思想教育。为了进一步提升自己的理论水平和修养，2006 年我考取了华东师范大学教育学硕士。在华东师大学习的一年时间里，我聆听了 60 多场专家讲座，阅读了大量教育学、心理学、社会学、哲学类的书籍，受益匪浅。

在活动中塑造学生的人格

如何提高德育工作的针对性、实效性，是我们班主任经常要思考的问题。我把德育工作渗透于丰富多彩、形式多样的班级活动中。

班级是学生的另一个家。班级里的学生有一半以上是住校生，为了营造家的温馨氛围,在每个学生生日的当天,班级要为他(她)举行生日庆祝仪式。仪式上,我代表全体学生向过生日的学生赠送由全体师生签名的生日贺卡,还有学生表演节目庆祝生日。有几届学生,我还在他们生日的当天给他们写一封生日贺信,信中有祝福,有鼓励,也有期望。为学生庆祝生日,还有一个目的,那就是让学生记住父母的生育、养育之恩。

我既努力让学生得到老师和同学的爱,感受到班级这个大家庭的温馨,又努力让学生学会感恩。2005 学年第二学期,我在班级发起了"护蛋行动"。"护蛋行动"是一种体验活动,给每个学生发一个生鸡蛋,要求他们除体育课、广播体操或其他剧烈运动时间、睡觉外,平时要时时刻刻把鸡蛋带在身边,并要求学生在"护蛋行动"中及时记录自己的感受和思考。"护蛋行动"持续了一个星期,大部分鸡蛋"光荣牺牲"。在主题班会上,学生们互相分享"护蛋行动"的感受和体会。一些学生的深情发言,让人禁不住潸然泪下。静由"护蛋行动"想到父母多年对自己的养育,想到父母对自己的好,一件件小事虽然平凡,却打动了在座的同学、老师和家长的心。娜和她妈妈(邀请的嘉宾)在现场的真情对话,让人为之动容。露回忆起父亲送她上车的故事,让人不禁想起了朱自清先生的《背影》,让人感受到一份浓浓的父女深情。这次"护蛋行动"让学生更加体会到了父母的养育之恩,学会了感恩。

网络写作,改变了我的班主任的行走方式

2004 年 3 月,我开始步入"教育在线"论坛,网络写作成了我工作之余的"必修课"。写作的过程,也是我对自己的班主任工作进行反思的过程。在记录班主任日记的过程中,我产生了"将诚信教育进行到底"的想法。通过召开主题班会,我给学生上了一堂重要的诚信课,这对学生的心灵触动很大。可以想象,如果我没有写班主任日记,就不会将反思行动作为一种重要的教育资源,对学生实施诚信教育。我相信,这次教育活动会在学生的心中留下深刻的印象。

在网络上,我认识了许多来自全国各地的优秀班主任,与他们进行交流。在他们的鼓励和支持下,在 3 年多的时间里,我写了 60 多万字的教育随笔,其中班主任随笔将近 40 万字。

回首将近 8 年的班主任工作经历,我百感交集,有辛酸,也有欢乐。展望未来的班主任之路,我充满信心。我会努力追求把班主任工作变成幸福之旅,让学生们因为我的存在而感到幸福,也让我因为学生们的存在而感到幸福。

班主任,成长之路有多远

陈老师

挫折是难得的人生经验

记得刚刚步入校门走上讲台的时候,想起自己曾经失学的苦楚,就暗暗下定决心:一定要不辱教师的使命,一定不能误人子弟。

那时是单身。每天早晨,和学生一起早操,一起早读,一起早餐。中午,学生在教室午睡,我就趴在讲台上。晚上,学生晚自习,我就在讲台上备课、改卷子。住的就是教室旁边的一间小房,几平方米,既没有电脑又没有电视,一张桌子,一个箱子,一个吃饭的碗和勺。书占据的地方最多。

周末睡个懒觉,看看闲书,和朋友聊聊天。

那时,我是全身心地投入,有拼命三郎的架势。同行们说我是"苦育派",我对同行的"溢美之词"欣慰地接受下来。久而久之,班集体宁静的外表下面积聚了一股旋涡。首先是有人迟到,有人不穿校服,有人大扫除逃跑,有人抄作业。接着是考试舞弊,逃学,甚至打架斗殴。一件接一件,使我的心无法平静,我的付出不但没有回报,反而有不少学生误解我,记恨我,我陷入深深的苦恼之中……好心当成驴肝肺,这帮学生没良心。于是我开始学会批评人,学生学会辩解,后来甚至是狡辩。于是我开始记流水账:某月某日迟到,某月某日抄作业,某日逃跑,某日旷课,本子的记录上有犯事学生的签名。训起人来理也直了,气也粗了。你为什么迟到?为什么抄作业?为什么逃跑?为什么旷课?把你爸爸叫来!

家长来了,把我的流水账翻出来,直到学生认错并表示痛心疾首为止。这样,班集体里才算稍微安宁一点。我常想:现在学生不懂事,训他凶他是为他们好,等他们懂事了自然会明白的,所谓"严师出高徒"、"棍棒之下出英雄"嘛。

我一直认为,我是爱他们的,这点是不容置疑的,学生自然也应该知道。我自己在"文革"时失去了读书的机会,内心深处一直把学习看得很重,所以我一直觉得努力学习是学生的天职,遵守纪律是学生的本分,听话尊敬老师更不在话下,所以常常又忽略了对好学生的鼓励与肯定,虽然常常在心里赞叹不已。有时觉得表扬人肉麻、别扭,但批评起人来却自然连贯,而且借题发挥,无限引申,滔滔不绝。

久而久之，问题出来了。

开始是好学生，我一句不得体的话，被他们硬顶回来。有些模棱两可的事，他们据理力争，旁征博引，搞得我大为恼火。后来是干部上书，班会上公然为那些捣蛋鬼请命。虽然我把他们压下去了，但心里还在愤愤不平，最终他们还是我行我素，并且态度也越来越差。当我众叛亲离，成为学生的公敌的时候，对学生的友好成为虚伪，严厉要求是故意找茬，和家长交流严重不协调，所有的努力都变成了泡影。

干部阳奉阴违，事事都要我亲力亲为。甚至课堂纪律都无法收拾，最后导致科任老师的课也需要我到堂看管，卫生，两操，事无巨细，好像没有助手，都是孤军奋战。有时候是与天斗，与地斗，与学校斗，与家长斗，与自己选拔的干部斗，与优秀学生斗，与差生斗，斗得我遍体鳞伤，心力交瘁。

后来，我的单车气被放掉，气门芯不翼而飞。再后来我的办公文具也不翼而飞，最后我唯一值钱的军大衣也离我而去……在我找到一点蛛丝马迹准备好好教训并处分他们的时候，三名肇事学生结伴出走。在异地走投无路的时候偷人家单车被抓……结果算自动离校……

我并没有觉得自己做得如何糟糕，反而认为学生不懂事。作为老师，没日没夜心都操碎了，学生却不领情，当时只觉得心凉，只觉得委屈，满腹牢骚，甚至对学生心有怨恨：一群这样的白眼狼，值得我这样付出吗？值得我这样待他们吗？

我敢担保，有我这样心态的人，在中国教育这块土壤里，不在少数。于是理性对待学生，严格要求，一是一，二是二，用冷冰冰的制度以及说教去残酷地对待热血学子。在这样的教师生涯里，没有情感世界的认同，没有感情的收获和回报，面对的是几十个无血无肉的学习机器，于是当年的热血教师逐步向庸师甚至巫师演变，实在是可怕。

我很幸运，在我山穷水尽的时候，我走进了教育网络，与大师对话，感觉教育的绿意扑面而来。原来教育是可以这样处理问题的，真可谓在我山穷水尽的时候，突然又柳暗花明了。

顿悟是突破瓶颈的途径

1999 年的 5 月，拜读了李镇西的《从批判走向建设》。之后在中国中小学教育教学网相识镇西，并带着敬畏的心情和他一同担任 K12 班主任论坛的版主。暑假回湖南看望父母，携着镇西的书，在火车上就迫不及待地读了起来。我的灵魂被触动,我的思绪被链接,我的心灵被震撼!

整个暑假,我进行着一场灵魂深处的洗礼,想起学生在我临行时的那种无奈,想起学生乞求的眼光,想起学生辞行时深深的鞠躬,我的眼睛湿润了。我有爱心吗?我扪心自问,我有。为什么我用爱心教育的学生是这样?我有热情吗?我反躬自问,我有。可为什么我的学生会离我而去?我不知道。学生在想什么,我知道吗?我没想过。我走进学生的心灵了吗?肯定没有。审视过学生的心理需求吗?设想到学生学习的困难吗?我的好心学生清楚吗?我的严格学生理解吗?我进行了一系列的反思,越反思心里越恐惧,心里越慌张,难道问题真的是在我的身上?我心里阵阵发怵。

《爱心与教育》的来临,唤醒我沉睡的潜能,开启幽闭的记忆,激活我封存的爱心。当今教育界,许多假大空者,要不高不可攀;要不深不可测。李博士的书,没有耳提面命的责备,没有正襟危坐的俨然,以其独到的典雅通达、看似漫不经心实则满蕴灵性与温馨的笔调,以敏锐的心灵捕捉纷繁复杂的教育契机,读来如沐春风,清爽宜人;又如一汪甘泉,点点滴滴,沁人心脾;又像一股清澈的山泉,汩汩地流淌在我的心田,滋润我那快要干涸的爱心。

教育态度的改善,教育方法的改变,教育观念的重新定位,教育境界的逐步提高,使我走进课堂,走进学生的心灵,走向教育的民主。学生要求其实并不苛刻,学生其实很可爱,于是回报、互动、升华、提高,在教育的长河中,我尝到了教育的甘甜和教育带来的喜悦——那就是收获教育的幸福。这不仅有学生的心灵,更有爱心教育换来的无可限量的精神财富的快意。

如今我也已成为爱心教育的发烧友,积极实践着镇西的爱心教育。"以心灵赢得心灵,用人格塑造人格"已经渗透到教育的方方面面。在教育交往中,暗含着对平等、民主的人际关系和个体开放心态的倡导,也有对差异和独特性的尊重、对个性和教育主体性的崇尚。

爱心不是万能的,一定是理性的艺术的爱。为此,我利用校园网,开通了"班级在线",和家长、学生共同搭建了一块绿色的教育平台。在这里,可以畅所欲言,因为目标和追求一致。于是交流探讨、互相激励甚至扶持,加上社会的力量,校园其他学子的参与,平台越来越厚实,越来越精彩。

几年来,不觉已经积累了几十万字的书稿,《守望高三的日子》、《追求教育的诗意》、《怀揣着希望之路》相继出版。在细细品味自己的东西的时候,生出许多感慨。

不时地与大师对话,主要是阅读教育类的书。读书要有自己的思想,要进行思考、比照、借鉴、提升,使之成为自己的经验。教育永远没有进入化境的时候,只有不断地思考与时俱进,只有触类旁通、举一反三、灵活运用,才有可能成为自己的思想,才有可能和别人的经验比照,规避别人的教训,缩短经验积累的时间,借鉴别人的成功,驾轻就熟地为我所用。

2005年,接手新的班级。我建立了自己的博客,建立了网上相册,建立了班级博客"桃李部落"。

2008年我们班进入了高三。这一届,从高一到高三,60万字的随笔以及和学生的互动,可以看做"新教育视阈下的原生态的深圳特区普高教育生活的三部曲":高一的主题是"给学生一方精神家园",高二的主题是"让美丽贮满行囊",高三的主题是"享受高三的日子"。

三年的班级生活,全程实行学生自主管理,把对学生的欣赏写在脸上,落实在心里。

用心是班主任成长的钥匙

用心教书育人,说起来谁都知道,可付诸行动且坚持下去的,不多见。用心一两次用心一两年或许还行,用心几十年如一日就不容易。从王晓春的"管"到"帮",从万玮的动用"兵法"再到李镇西的"爱心",无一不是用心的结果。用心可谓放之四海而皆准,请听我道来。

用心就会注意建立自己的威信。比如,建立良好的第一印象,比如,上好第一堂课,比如,认真处理和学生的第一次交锋,开好第一次家长会。许多第一次建立起来了,在心理上征服学生,在感情上取得家长的认同和支持,加上自己的勤奋友好以及业务能力素养,学生为什么不喜欢呢?

用心就会赢得学生的信任和好感。我在接受《中国教师报》采访时说,师生之间出现矛盾或者误解,教师应该负主要责任。交流的畅通与否当然是教师的责任,误解不能解除说明教师处理方法还存在问题。

我还通过网络跟学生交流。在网上,学生可以换一个名字,我不知道他是谁,但是他知道我是谁。因为不知道他是谁,我就更不可能端着老师的架子去训他。所以,这种交流更加平等,学生有什么想法,不好意思当面跟我说的,就在网上交流。他们有什么要求可以直接在我的博客上留言,我有什么要求也可以在上面提醒他们。

用心能够走进学生的心灵。知己知彼,知其然还要知道其所以然,了解透彻,要用心。用心就会有良好的方式和途径,效果自然不言而喻。

用心可以把自己的爱和欣赏巧妙地传达给学生。

用心可以借助集体的力量实现自己的一些想法。如果只靠班主任一个人管理这个集体,那样会累死,还费力不讨好。要想办法让你的想法变成集体的舆论,让集体承担起相应的责任,实行班级自主管理。比如,我就常常引导全体学生帮我引导某些个别的学生,而且不露痕迹,悄悄地。

如果用心,绝对不会忽视家长这个同盟军的力量,一定会想方设法取得家长的支持。有了家长的信任和支持,许多看似不太好处理的事情就会迎刃而解。

如果用心就会从班主任的琐事中解放出来,调动学生自主管理集体的动力和积极性,让班主任做一个旁观者、指导者和评价者。我们班上的部长负责制,从高二到高三,几乎全员参与,收到了良好的效果。

用心,就会走在成功的路上,路途的远近,看用心的程度。

因为热爱

屈红霞

岁月荏苒,光阴如电,屈指算来,我在高中班主任的岗位上已经拼搏了整整23年了。23年来,我担任过普通文科班、理科班和重点文科班、理科班班主任,送走了13届毕业班,1600多名学生。回首青春,苦涩与甜蜜交织,辛劳与快乐共存,虽五味杂陈,却坦然欣然。每逢年轻老师向我"讨教",我便直言没有诀窍,只因热爱。因为热爱,我才能将最深沉的情意给予学生,将阳光植入他们的心田;才会殷殷期待自己在课堂上播撒的种子,来年在社会上开花结果成为参天大树。

热情是教师必备的素质

长期以来,教师一直被誉为"春蚕"、"蜡烛",我认为如果我们仅仅以此自喜和自居的话,就不免落伍于时代。从踏上讲台的第一天起,我就立志在平凡的工作岗位上争创不平凡的业绩。不仅做"春蚕",更要做"火炬",既照亮学生,也提升自我,与学生共同成长!

美国著名教育家诺曼·文森特·皮尔说:"你的热情将会感染、激励和吸引他人。他们将为此而爱戴你,他们将为此愿意伴随你前行。"其实,没有什么事情比拥有热情更重要的了。如果教师对教育教学充满渴望与热情,那么学生就会对你所教的课程感兴趣,就会自觉自愿地听从你的开导,并把你的激励化为鞭策自己进步的力量,努力使自己成为优秀的人才。

20多年来,我在不同类型的班级与各种层次的学生交往,超负荷的劳动量也曾使我力不能支,顽劣的学生也曾令我心力交瘁。但是,因为热爱,因为热情,我把每一个压力都当做一次新的挑战,始终以昂扬的斗志和积极热情的态度来对待每天平淡、琐细的工作,立志走出属于自己的教育精彩来。

1982年我大学毕业,来到中石化子弟中学教书。适逢这所年轻的学校为创高考品牌,正在全校范围内选拔刚组建的高二文科班主任,经学校再三考核权衡,最终由我挑起了重担。从此我便全身心地投入到教育教学中。在资料匮乏且缺乏经验并求助外校名师未果的情况下,我决心自闯一条路,刻苦钻研,自编复习资料,挑灯夜战,不记得刻坏了几块钢板、批改了多少份试卷,用自己的青春蘸着心血扎扎实实提高自己的教育教学水平。

美国教育家贺瑞斯·曼恩说:"从来不去尝试激发学生学习热情的老师,就像是捶打一块冷冰冰的铁。"平时我尽一切可能地关注班上每一个学生。根据学生的实际情况,随时给予学生正面和积极的评价,让他们相信自己能行,以此不断督促他们前进。小新是一个自尊羞怯的女孩,我提名她做班长,给她搭建展现自我的舞台。我设法刺激她的竞争心理,不断提高她分析、解决问题的能力。课上我们共同探讨,课下我们促膝谈心。我用满腔热情点燃她心中的火花,并添上其刻苦钻研的愿望之柴,让其上进之火熊熊燃烧起来。事实证明给学生比实际情况稍高一点的评价,学生才会勇于尝试。有了自信,才会勇往直前。共同的理想和追求,使我们师生成就了一段善缘,结下了亲如姊妹的情意。1983年7月,小新一举夺得高考省"文科状元",创造了普通中学获高考第一名的奇迹。

1986年我接手已经换了两个班主任的高二理科班,学生用燃放爆竹的礼仪欢迎我。为了扭转班风、学风,我积极开展以学生关心的热点、焦点为载体的各种类型班级活动。比如,那时港台的武侠小说冲击大陆,不少学生课上课下沉溺其中,不能自拔,荒废了学业。我觉察到这种狂热的背后虽有着行侠仗义的影响,但也寄托着逃避现实的消极幻想。于是便设计了"武侠小说给我们带来了什么"为题的主题班会,引导学生正确对待,培养他们积极的人生观。

学生小军痴迷武侠小说,不仅替书贩向同学租赁武侠书籍,而且常常旷课去冒充"大侠",打抱不平,因此学习成绩一落千丈。家长拿他没有办法,学校把他列为"问题学生",给予警告处分。我热情地接近他,为找寻旷课的他,我认识了和他关系密切的小书贩以及他在社会上的一些"狐朋狗友",从中了解到小军真实的思想活动,以便"对症下药",促使他转变。最终我的热情、真诚和耐心感动了小军,他醒悟到老师是真正为他的前途着想。从此开始发奋用功,当年便考上了军事学院。

20 世纪 90 年代中期,我调动到了省级某重点高中,来到了新环境,接手全年级各科名次排在最后一名的班级。班上受过学校处分的就有 4 人,而且已结成帮派。其中学生小龙是学校一"霸",被学校给了"开除学籍,留校察看"的处分。当时有领导和同事对我直言:虽然你是市级劳动模范,带出过高考"状元"和"探花"。你把这样的学生教好,我们才会服你呢!当然,我倒不在意别人服不服,只是教师的天职要求我不放弃任何一个学生。于是我便真诚地和他们交流,用热情唤醒他们冷漠麻木的心灵。

一次,小龙迟到后谎报班级,被政教处戳穿,在全校宣布取消我们班评选红旗班资格。紧接着他们一帮人又打群架,学校决定将他们开除。我与领导据理力争,表示只要学生还有一线希望,都不能将其赶出校门。我了解到小龙之所以谎报是为了不给集体抹黑,打群架也事出有因。于是便找小龙谈心,肯定其良好的愿望,指出其错误的做法,分析冲动、任性、野蛮产生的不良后果,针对他的"英雄主义",启发他去"接近高大才能变得高大",当然我这里的"高大"指的是"品学兼优"的学生。为了消除他的顾虑,我私下给品学兼优的学生做工作,努力营造一种适合各类学生学习的氛围。最终小龙有了进步,虽然其间也曾不断反复,但是我绝不气馁。当年他以年级第 30 名的成绩考入北方交通大学。他说我从老师那里领取的不仅仅是一纸大学录取通知书,更重要的是我懂得了怎样做人。

学生是有丰富情感的人。学校教育的过程最重要的是学生情感体验的过程。优秀的班主任就应该在这方面下工夫,要通过形式多样的方法,让学生体验到学习的快乐和生活的乐趣,给学生精神上的鼓舞,使学生思维更加活跃,探索热情更加高涨,从而成为学习和生活的主人。

"善于激励"是教师必须具有的能力

记不清哪位名人说过,"生命的确是黑暗的,除非有激励"。

　　"激励"是一种需要穷极我们一生智慧去学习的教育艺术。一个用心用情用爱去激励学生的老师,学生会因为他的激励从失败的泥潭中爬起来,扬起前进的风帆,从而使人生亮丽而多彩。教师本人在享受过程的同时,会品尝到教育者的幸福。

　　从高一到高三,我精心打造具有自己风格的班级。虽然不是重点班,但是我要求学生志向高远,与全省最好的学生竞争高下。我立志做"人师",平时与学生谈人生、谈理想,借此激励学生的斗志;我力争做"经师",从备课到讲课,从布置作业到考试批卷,我都非常用心。有同事认为我以二三流的生源和一流生源的学校竞争,简直是异想天开。但我深信,挖掘每个学生的潜力,调动一切积极力量,老师对学生的殷殷期盼,学生一定会感悟并体验得到,这将会激发他们潜在的成才欲望。班上有 11 人来自单亲家庭,我对他们更是格外关注。学生小亚的父母在外地各自组织家庭,他和年迈的爷爷奶奶相依为命。他性格孤僻。当他在作文里流露出"亲情都如此冷淡,在这个世界上,还能够相信谁"的悲观情绪时,我当即字斟句酌地写了几页的深情评语,让他感受到这个世界上虽然有欺骗、薄情,但是不乏阳光与真诚、善良与温情。

　　我认为教师应该根据学生最大的利益来考虑问题。为了提高小亚的综合素质,我热情鼓励他参加 3000 米长跑比赛,表演现代舞,担任主持人等各种活动;为了培养他面对困难的耐力与毅力,我带他坐火车和汽车辗转几百里,来到乡村体验农民生活,在炕头上品尝农家饭。他看到农民在艰苦的环境中仍然乐观淳朴,感动得流下了眼泪。他向我表示一定要向农民学习,勇敢地面对学习上的各种困难以及人生道路上的各种风雨。

　　听说省招办规定考生必须有父母一方的户口,方可报名,而他却拿不出任何证明。眼看到希望渺茫,丧失考学机会,着急、委屈、痛苦一齐向这个年仅 18 岁的瘦弱男孩袭来,白天在学校他硬撑着,回家便号啕大哭。我一边赶往他家里彻夜宽慰,一边向校长建议学校出面向招生办交涉,请求特殊处理……高三最紧张的时刻,我几乎每天晚上都要给他打电话,提醒他注意提高学习效率和劳逸结合,激励他不断自我挑战,勇攀高峰。在高考考场外,我对每一个学生仔细叮咛:要沉着,冷静,发挥出最高水平。对他更是寄予厚望。

　　最终,我班以 97.5% 的升学率刷新具有 45 年历史的学校新纪录。小亚以优异的成绩夺取全省高考"理科状元",被清华大学录取。

　　当一家旅行社将价值 2680 元的旅游票作为对状元母亲的奖励时,小亚主动找到经理，诚恳地对他说："把这张票赠给我的班主任老师吧！她在思想上、学习上、生活上对我都很关心。今天，我能考上'状元'是与她的关心教育分不开的。"他还特意到电视台点了我最喜欢听的《三百六十五里路》，并在市电视台根据我的业绩拍摄的专题片《绚丽的霞光》中高唱一曲《祝你平安》，以感谢老师的栽培之恩。

如今已经取得清华大学硕士学位的他在北京工作，只要有空就给我发邮件，打电话真诚地问候我，并将刻有清华校训的镀金书夹送与我。他说："愿您的一生都充满精彩美丽，学生会在远方祝福您！"

"读书、反思"是教师毕生的任务

苏霍姆林斯基在《给教师的建议》中说："教师要想从繁重的工作中解脱出来就是读书，每天不间断地读书，跟书籍结下终身的友谊。"

我从小就喜欢读书。当了教师之后，虽然工作繁重，但是一直没有放弃读书。我看书很杂，政治、历史、文学、哲学都喜欢读。读书开阔了心胸，拓展了眼界，使我的精神更加丰盈、情怀更加浪漫。近年来，我将重点放在提高自己的教育理论素养上，于是攻读了不少中外教育家的著作，诸如《优秀是教出来的》、《给教师的101条建议》、《顶好教师——建立良好的师生关系》、《现代教师的素质》、《真诚、通情、尊重——心理学家谈师生关系》、《做一个聪明的教师》、《一句话改变人生》、《教师怎样提高自己的科研能力》等，开始对自己的教育教学观念、教育教学行为及效果进行深刻反省。

古人云："独学而无友，则孤陋而寡闻。"为了寻觅同道者，人近中年的我毅然走进了教育信息化的田野，通过教育网络来提高自己。7年来，我先后在著名的教育网站"K12中小学教育教学网"、"教育在线"担任版主。当版主是非常辛苦的，经营论坛，送来迎往，解答问题，我整天忙忙碌碌。但想到由于自己的努力，使网友更加热爱教育，心里便洋溢着快乐。在繁忙的工作之余，我静下心来写了20多万字的班主任手记、教育随笔。我将这些对教育的思考、摸索与实践的真实记录贴到论坛，和同行共同交流。中央电视台"交流栏目"特邀我为"最有个性魅力的人民教师"节目嘉宾。

美国黑人女教育家玛瓦·克斯林说："优秀的教师，让差生变好，让好学生更优秀。""孩子们耗尽了我们的耐心，我们也要坚持。不要放弃任何一个学生，也不要输掉我们自己。"

我愿穷尽自己的一生,努力做这样的优秀教师!

爱的成长

段惠民

1983 年,一个站在一楼阳台上都心跳加快的恐高症患者伯森·汉姆徒手攀壁,竟然登上美国纽约四百多米高的帝国大厦,创造了吉尼斯纪录。伯森·汉姆 94 岁高龄的曾祖母,特意从遥远的葛拉斯堡罗徒步赶来参加庆祝大会,她想以这一行动为汉姆的纪录添彩。谁知这一异想天开的做法,无意间竟然又创造了一个耄耋老人徒步百公里的世界纪录。《纽约时报》一位记者好奇地问伯森·汉姆的曾祖母,当你打算徒步而来的时候,你是否因年龄关系而动摇过? 老太太精神矍铄,说:"打算一气儿跑100 公里也许需要勇气,但是走一步路是不需要勇气的。只要你走一步,接着再走一步,然后再一步,再一步,100 多公里也就走完了。"

20 多年前,伯森·汉姆和他曾祖母创造的奇迹,从报刊拷贝进我的脑海,一直影响着、激励着我这个普普通通的师专毕业生、地地道道的乡村小教师,滚动着事业、人生的雪球,一步步走来!

"师德育人"的锦旗坚定了我的志向

1987 年 6 月,我从某师专物理专业毕业。脑海里翻腾着对未来的憧憬,耳边回响着母亲"听领导的话,好好给人家教"的叮嘱。在闷热的汽车厢里熬过漫长的七八个小时,坐落在空旷田野里的中原油田汤阴学校接纳了我。犬牙凸凹的围墙、杂草丛生的操场,立刻使我的心中充满失落和惆怅! 这鬼地方,前不挨村,后不临店,买一把青菜,也要跑到十多里外的县城。没想到自己好不容易从农村出来,又回到农村,成了一名乡村教师。难道这一辈子就要在这里度过? 好在学校规模小,有一个年级只有一个班,两名学生。一位老师曾戏说:"我一扭头板书,这两个学生还趁机嬉闹,一生气,真想把他们撵出教室,可一想,他们出去了,我给谁上课?"我心里想着用不了多久,学校一解散,就可以调走。教学遇到问题,只能与化学等相近学科的老师切磋。实在不行,就记下来,等到教研室搞活动,向教研员请教,与同行探讨。好不容易等到一次机会,闹钟一响,早早起床,急赴县城,手里托着刚出锅的油条麻利地登上汽车,10 多里路程可就不由自己了,遇上堵车,往往人到了,会也就完了……唉! 自己做一个好教师、大教师的梦想早被抛到了九霄云外! 过一天少两响! 混吧!

　　新学期开学后,我接手了一个后进班,这个班由留级生和复读生组成,只有 11 名学生。因纪律混乱等原因一个多月时间已换过两任,没有老师愿意再接任班主任。面对比我小不了几岁的一群"双差"生,一点班主任工作经验都没有的我,该如何开展工作呢?哥哥背生病的学生就医、打着伞一趟趟给滞留学校的学生端小米茶、送红薯的镜头像电影一样,轮番在我的脑海里上映。我开始留意观察生活、思考工作,看到种树人三番五次、每过一段时间给弯折的小树打"绷带",就会联想到,作为教师,教育、转化后进生,不也需要种树人呵护受伤小树苗的爱心和耐心吗?多少次苦思冥想巧妙设计、多少次殚精竭虑优化策略、多少次苦口婆心教育劝说、多少次不厌其烦辅导鼓励、多少次风雨中"泥泞"在家访的路途上……这个后进班的 11 名后进生中,终于有 8 人升入了中专、技校和高中。

　　1991 年元旦,深受感动的学生和他们的父母,敲起锣,打起鼓,给了我最真诚的尊重和褒奖——赠送"师德育人"的锦旗!这面锦旗和那热烈的场面,让我骄傲和自豪!更让我重新燃起做一个好教师、大教师的梦

想。1994 年,由于油田专业化管理等因素,学校撤并,生产单位领导欣赏我善动脑筋、肯付出,邀请我转行加盟。此时,我才察觉自己从内心深处,已难以割舍师生情感,离不开这育人教书的教师职业了!

心怀理想,勇敢起飞

　　我开始做梦:假如坚持不懈努力 10 年、20 年,我一定可以成为当地名师,说不定可以成为全省,甚至全国较有名气的老师呢!可一转想自己身处乡村、只有师专学历,心中的豪气立时泄了大半!是啊!全国千百万计的同仁成名者几何?如此处境和条件,我能奋斗出什么名堂?怎样去奋斗?迷茫、困惑之际,大哥来信鼓励我:"近两年,你进步很快,再努力向前,走一步,再走一步,一定能实现你做一个大教师的理想!人家钱梦龙老师只有初中学历,不也成为享誉全国的特级教师了吗?没有外出学习的机会,你就阅读古今中外教育经典,向大思想家、大教育家学习!"胞兄一席话,拨亮我心中灯一盏!

　　为了将来的成功,我经常把家乡土特产、"用不着"的福利副食券,"送给"图书管理员,既谋得优惠的借书条件,还可以时不时"拎"回《中国教育报》《人民教育》等一捆捆、一本本破旧报刊。当我辛勤耕耘、艰难付出,多次荣获河南省优质课一等奖;论著《教学相长》由人民日报出版社出版,在《人民教育》等国家、省部级刊物发表教育教学论文 120 多篇却

连一个高于学校级别的荣誉称号都得不到时,当同事们进修学历、以取得更高文凭时,我则不哗虚声、不赶时髦,三更灯火五更鸡,半床明月半床书,认认真真地读,一丝不苟地记,翻来覆去地悟。曾记得,学校谣传撤并那几年,有人将学校录音机提回家让"孩子听"、有人"借"学校电视……我则把学校图书室的《论语》、《陶行知教育思想12讲》、《给教师的建议》、《爱弥儿》等十几本书弄"丢"了。一部部经典、名著,提升着我的素养;一位位思想家、教育家,开启着我的心智;一期期报纸、杂志,革新着我的理念。

于是,我以自己的思想和人格、聪明和智慧,从学生的现实生活和成长实际出发,灵活多样地采用人际交往、情感沟通、言传身教、榜样仿效、经典诵读、考察体悟、躬身践行等富有人文特点的方式和方法,营造出一种具体的、形象的教育情境,循循善诱、启发诱导,使学生积极参与到"活动"中来,在潜移默化的熏陶和动人心弦的共鸣中,得到心灵的润泽和滋养,唤起内在的道德需要和思想自觉,主动实现思想道德的内化,从而赋予学生健全的人格、健康的心理、坚忍不拔的意志、艰苦奋斗的精神、美好的生活情趣、高尚的人生追求……最终使学生成为一个对社会、对国家有用的人,一个幸福的人,一个快乐的人。

爱,为了学生心灵的健康成长

十几个春节,我一直张贴自书自拟的春联"门联:身为乡村小教师、心系教育大事业;门心:教就是教做人,育就是育心灵;门头:教学相长,共享人生",以抒发自己的教育理想和激情,表达自己对教育的热爱和追求。我认为,教育,就是教导学生做人,培育学生心灵。也就是说教师最重要的工作是育人,是德育,是培植一颗颗健康向上的心灵。教师要努力把握教育规律,对学生要有一颗慈母般的爱心。这样,学生才能从教师的眼前走入教师的心里,教师才会对学生充满信心,才能想为学生想、急为学生急、做为学生做,追求卓越和创新,才能充分尊重学生的人格,悉心考虑学生的个体差异,多理解、多宽容、多关心、多维护、多帮助、多服务……才能使学生感受到教师的关心、爱护、尊重、信任、期望、赏识以及尽责的美好情感,激发出积极向上的热情和力量,取得良好的教育教学效果。如此,教师也必定会从学生的眼前,走进学生的心里。

初一年级学生小奇,因一时冲动,偷了同学的钱,尝到"甜"头后越来越想偷,越来越胆大,多次故伎重演。同学们强烈要求查个水落石出。我一边"搪塞、敷衍",一边思索,如果不查或查不出,岂不助长了个别学生的错误思想和不良行为? 可是,如果查出来,必然会给这个做出了荒唐、糊涂事情的个别学生"戴"上一顶"小偷"的帽子,岂不影响这个孩子的一生? 岂不白白丧失了一个让这名同学自我反省、悔过自新、痛改前非,重新找回一颗美好心灵,同时让全班同学接受教育的大好时机吗?

老师是学生心灵健康成长的太阳! 是给学生指明生命前行方向的人! 一句话说不好、一件事办差了,都可能影响学生的前途,甚至决定一个人的命运! 我可不能草率了事呀! 深思熟虑后,我召开了"迎六一"主题班会。即将结束时,我貌似突发奇想,实则早有"预谋"地话锋一转,"同学们,在我们喜迎六一的时候,有没有同龄人,不能像你们一样享受节日的快乐呢? ……"以此引导学生给失足青少年写信,到看守所探望、采访、交流、鼓励失足少年。

当前去少管所的学生代表,介绍了高墙内的所见所闻,转述了失足少年对他人、对社会,以及对自己的亲人造成的伤害等悔恨之情,特别是全班同学了解到失足少年走上犯罪的心路历程、传看了多名失足少年的答卷之后,我想,那名一时糊涂的学生应该有所"悔悟"了。可两周即将过去,一点反应都没有,这副"药"虽然平和,也应该是对"症"的! 正在我着急的时候,接到电话:"段老师,我是您的学生某某的父亲,今晚想到您家……"孩子的父母一进门就千恩万谢,"段老师,谢谢您,谢谢救了我们的孩子!"原来,孩子早就醒悟了——认识到了自己的错误和这样发展下去的后果,他想来向我坦白,因不好意思,走到办公室门口又回去了,再来、再回去……他想让自己的好伙伴转告我,又担心一传十,十传百;想请父母出面,又担心被打骂……这个聪明的孩子呀,动起了脑筋:每天回到家,又帮父母倒茶,又干家务,还故作轻松与父母说班里发生了什么什么事,某某同学怎么怎么了……正当他父母想着"段老师真有办法,接班不久,孩子就变懂事了……"沉浸在喜悦之中时,一天,孩子又对父亲说:"爸爸,班里有一个学生如何如何拿别人的钱、书等等,现在他认识到了错误,想请自己的爸爸去向段老师说明情况,又担心挨打……就让我先问问您,如果你是他的爸爸,你会打他吗?""不会!"父亲话音未落,这个学生早跪到了地上……

后来,在父母的鼓励下,孩子来到了办公室。

就这样,又一颗心灵的阴霾被阳光驱散,思想步入了正途! 也让我再一次深刻体会到:教师爱学生,就会用心教育教学;就会发现,每天发生在身边的事情,都是值得去琢磨,去研究的现象或课题;就会主动地去阅读,去反思,去总结,去拥有教育智慧;就会想出教育学生的办法来;想出解决教育问题的最好办法来！就能把平凡的、普通的教育小事做细,做深,做精,直至做成大教育,就必然会收获爱的成长！

做班主任工作专家

丁如许

刚踏上教师岗位时,我就担任了班主任,一干17年。后来,担任过政教处副主任、副校长,现在还担任德育处主任。无论岗位怎样变化,都始终与班主任工作紧密相连。我热爱班主任工作,从事班主任工作,研究班主任工作,从中品尝了艰辛,品尝了失败,也品尝了快乐,品尝了成功。我在班主任工作的领域里辛勤探索,对班级活动、班级管理、家校协同教育等许多课题作了研究,形成了自己的见解。我取得了一定的成绩,党和政府授予我省级专家、特级教师的光荣称号。我觉得在班主任工作岗位上完全可以实现自己的人生目标和幸福追求。

有人认为班主任难以成为专家。其实,专家,就是专门的人,就是在某一领域里有实践、有研究、有创新、有建树的人。专家可以有党和政府授予的光荣称号,也可以是为同行所公认的专家。专家并不是高不可攀的,只要立志奋发,不懈追求,勇于创新,就一定能实现心中的理想。

在20多年的实践中,我逐步形成了以下有特色的工作见解。

班组活动是最有魅力的德育

"生命在于运动,德育在于活动"、"没有活动,就没有教育",班级活动是班会课的主要形式。精心设计、实施的班级活动要寓教育于活动之中。一次精心组织的班级活动,能使学生充分受益,终身难忘。在积极实施素质教育的今天,班级活动能使全班学生的综合素质得到提高,得到和谐、健康的发展。

为此,我深入进行了中学班级全程系列活动的研究。以系列活动的形式,每学期围绕一个主题开展系列活动,每学期的系列活动之间又具有层递性。这样,初中阶段6个系列活动,高中阶段6个系列活动,12个系列活动领起120个活动,向学生展现了丰富多彩的生活画面。

中学班级全程系列活动的时间主要是在班级活动课内进行的,少数在周日或假期进行。

中学班级全程系列活动,原来叫"初中班(团、队)全程系列活动",因为当时局限于初中段的研究。当时还有个提法叫"三阶六十步"。起名"三阶六十步",是得益于著名特级教师洪宗礼的研究。当时江苏省泰州中学有一批语文教学的专家、学者,我记得每次教研活动都搞得很好,座谈、交流是用得最多的形式,各抒己见,滔滔不绝。有次洪宗礼谈到他当时发表在山西《语文教学通讯》上的研究成果作文训练的三阶十六步,即将作文训练分成 *3* 个台阶,进行 *16* 个专题训练。这给了我很大启发。我感到班级活动也可以根据需要,依年级分成 *3* 个台阶,每个系列活动分成 *10* 步进行,这样便称之为"三阶六十步"。以"三阶六十步"命名,生动形象,特别是上海、北京、江苏的报刊介绍后,传播甚广。*1987* 年我应邀到北京开会时,《班主任》的主编王宝祥特意安排我在会上作了专题发言。在会上,一些专家就指出,构想和实践都很成功,但是命名不够得当,因为人为地分为三个台阶,不符合学生成长的规律,特别是不符合学生道德品质发展的规律,他们提议不如提"全程"。"全程"比较明确,比较通俗,因此就定名为"初中班级全程系列活动"。后来,又进行了高中的研究,就综合为"中学班级全程系列活动"。

除了全程系列活动外,我还开展了形式多样、内容丰富的活动。比如,"班级十佳"活动。我感到评选先进不能着眼于少数"尖子",要着眼于全班,培养更多的"尖子";评选先进也不能只着眼于学习,要着眼于各个方面,鼓励学生全面发展。因此,应该从思想道德修养、班级工作、文化学习、体育锻炼等多方面树立典型。基于这样的认识,我认真推敲了班级小十佳的提法,确定为"班级工作最出色的同学"、"学习成绩最优秀的同学"、"赶超先进最突出的同学"、"遵守纪律最自觉的同学"、"改正错误最坚决的同学"、"勤学好问最主动的同学"、"尊敬老师最真诚的同学"、"体育锻炼最积极的同学"、"作业书写最认真的同学"、"日常相处最友爱的同学"。

每个同学得到班级工作的锻炼

对班委会工作,许多老师认为,主要是管好班级。我认为班委会工作,不仅要让学生能学到管理班级的本领,更要有利于学生综合素质的提高,是学生成长的重要途径。同时,我们不能只培养少数班干部,而应该让更多的学生、全体的学生通过班委会工作得到锻炼,得到提高。为此,我作了初中段班委会全程设计。

初一(上):班主任提名的班委会选举。

初一(下)、初二(上):责任班委会、全班同学以横排为单位(打破行政组局限),轮流组成责任班委会。工作中三交:交职责,交经验,交建议。要明确班委会的工作职责。让每个班委知道他应该干什么,要鼓励班级干部的创造性。

初二(下):竞选班委,让有特长的同学,通过竞选担任班干部。由于班干部岗位较多,可以让较多的学生得到锻炼。

初三(上):竞选班长。意在让有"学生领袖"潜质的同学脱颖而出。竞选班长,班长"组阁",实行班长领导下的班委会责任制,更多地与社会生活接轨。

初三(下):在初中两年半工作的基础上,评选出最佳班委会。

我常想,学校生活是应该为学生多方面地提供学习机会的。干部工作应是学生学习的重要内容。

为了让班委会更好地开展工作,我指导班委会组建起"班级资料库","班级资料库"收有以下材料:

(1)《班级日记》(或称《班级一页》):由每个同学轮流记录。

(2)《班级日志》:由班长记录。记录班级当天活动情况,如课堂纪律、作业量等。

(3)《考勤簿》:由副班长记录。记录学生出席情况。

(4)《班级活动记录簿》:由班长负责。记录每次班会、班委会的活动情况。

(5)《光荣簿》:由副班长负责。记录班级的先进事迹、班集体和同学们的获奖情况。

(6)《各科成绩一览表》:由学习委员负责制作。

(7)《班级优秀作文选》:由学习委员或文学社社长负责编选。

(8)《作业收交情况记录簿》:由课代表、小组长分别作具体记录,学习委员负责。

(9)《黑板报记录簿》:由宣传委员负责。将每期黑板报缩样留存。

(10)《班费簿》:由生活委员负责。记录班费各项收支情况。

(11)《卫生日记录簿》:设"每天值日情况检查表"、"卫生包干区分工一览表",由劳动委员和值日生填写。

(12)《体育达标成绩统计表》:由体育委员负责。

(13)《文娱活动记载簿》:由文娱委员负责。

"教育家长"

在长期的实践中,我还认识到,重要的工作是"教育家长"。班主任要与家长建立战略伙伴关系,认识趋同,动作配合,形成合力。我的家校协同教育十法有:改变家访观,建立学生家庭档案,建立"家长接待日",设立"班级家庭联系册",和班级家长委员会一起工作,编写家校协同教育小报,开好全程家长会,评选优秀家长,请家长参加班级活动,构建学习型家庭。

如建立"家长接待日":

设立"家长接待日"系确定每周内某一个半天为"家长接待日"。届时家长可随时校访。

如编写家校协同教育小报:

我曾办了一份小报——《班级与家庭》。该报逢十出刊,8 开版面。作为班级的报纸,具有较强的针对性、指导性和可读性。实际上也成为了家长、学校的学习教材。

如评选优秀家长:

评选优秀家长,可每学年进行一次。这样,通过一段时间的考查,既可以比较准确地反映家庭教育的水平,又能激励家长互相学习,取长补短,以促进家庭教育质量的提高。

再如构建学习型家庭:

(1)营造读书环境。班主任应指导家长为孩子设一个书架,添置20—30 本有助于学生成长的"精神读物",为孩子营造读书的氛围。对"精神读物",我主张以人物传记为主,革命家、科学家、艺术家的传记是首选,这既有利于学生寻找"名家名人",又有利于学生积累写作所需的论点、论据,可谓一举多得。当然,由于城市、农村发展不一,家长的经济条件不一,这一点可积极倡导,不能勉强行事。

(2)推荐家庭读物。班主任可以向家长推荐优秀的家庭报刊。组织家长参加征文、咨询等活动。

(3)开展同读名著活动。长期以来,假期是学校教育工作的薄弱环节。在假期中,可开展父母与子女同读一本名著的活动。由于两代人的阅历、认识的不同,写读后感,写书评,有助于交流。有时学校颁发的"读书令"会遭到少数家长的非议,但读书成为了兴趣、成为了习惯后,也就成为了一种生活。

班级文化建设

随着班主任工作的深入,我感到班级文化的建设对班集体的形成,有着重要作用。班级文化是班级内部的共同的思想、作风和行为准则等的总和。班级文化建设,是指班级文化的构想、营造和创新。班级文化建设的核心是爱心,主体是学生,关键是参与。我认为班级文化建设有五个要素。这五个要素是:(1)明确的奋斗目标,(2)多角色的合作团队,(3)向上的生活环境,(4)丰富的班级活动,(5)积极的舆论氛围。

1. 教室的名言布置

在实践中,我认为教室的名言布置,可有三类:一是名人名言。这些名人名言经过岁月的锤炼,闪耀着真理的光辉。名人的成就又加重了这些名言的分量,对学生有很好的教育作用。长期以来,我收集了不少名人名言。每学期开学就供学生选择。二是教师名言。请任课教师结合教育教学的实际撰写。任课教师如能结合学科特点撰写,学生更感兴趣。这也有利于增强教师的威信,促进师生感情交流。三是学生名言。学生在生活中把他们的感受以精练的语言总结出来,既是文字的锤炼,也是思想的升华。而把他们的"名言"在教室里张贴出来,他们在惊喜之余,会更好地实践。这是学生自我教育的积极有效的形式。

2."精神接力"的班级日记

班级日记由同学们依学号顺序轮流执笔。通过多年的实践,形成了这样的特点:在内容上,力求做到"四结合四为主",即记实(具体情况)与记虚(思想认识)相结合,以记实为主;记当天与记以往相结合,以记当天为主;记集体与记个人相结合,以记集体为主;记重大题材与记普通题材相结合,以记重大题材为主。在格式上,形成了三块模式:第一部分,是抄针对性的格言(也可"每日一言"),这是让学生"脑中要有格言录、胸中要有英雄谱",通过与高尚的人交谈,加强心灵陶冶。第二部分,是文章的主体,即做到"四结合四为主"。通过对班级的观察、分析,要求学生关心集体,提高学生观察、分析、认识、解决问题的能力。第三部分则是对前次日记记录情况的简要评价。如观察是否全面、分析是否中肯、记录是否及时等。班级日记选用精美的日记本。翻开日记本,扉页上有着学生用稚嫩的笔法写的座右铭。班级日记的第一篇,常由我来写。因为我感到,在这"班级接力长跑"中,班主任是领跑人。

121

现在我虽不担任班主任工作，但作为德育主任，仍然从事班主任工作研究，仍然和班主任在一起，和学生在一起。我感到活力无限，我愿意尽我的努力为学生的成长贡献力量，为中国班主任学的发展贡献力量！

我的专业成长历程

秦　望

初为人师遭遇危机

1995 年大学毕业，按地区定向分配体制，我回到了初中的母校，内蒙古一所农村初中。这所学校生源不佳，当时老师有时长年不发工资，大都寄情于打牌取乐，当年大学时的一位才华横溢的师兄在此已沦为牌鬼。对于一个满怀激情踏上教育之旅的年轻人，迎头泼来的却是一盆冷水。我埋头于自己的教学，但落寞却折磨得自己日日夜夜不得安生。当时想到了考研，可苦于没有经费，甚至连一本可读之书也难于找到。

正当此时，县一中急需一名历史老师，政治系毕业的我有幸来到了县一中。内心充满了焦虑与渴望，我满怀热望上路了，并且带一个班的班主任。令我意想不到的危机发生了，由于对年轻班主任的不信任，学生纷纷转班，其他班级人数多者达七八十人，而我的九班最后只剩四十多人。一记闷棍打在我的头上，令我晕头转向。

怎么办？怨天尤人吗？埋怨环境能解决自己眼前的危机吗？从小在农村艰难环境中磨炼出来的坚强的意志品质在此时发挥了作用。我迎难而上，暗暗下定决心，一定要经营好这个班。那时的我没有一点儿班级管理方面的知识和能力，凭着一股热情，凭着草根的质朴与学生同甘共苦，自然地交往。开学军训时同学生一起在骄阳下曝晒，真诚地为每个学生和教官做好服务，休息时跟学生畅所欲言。年轻的心总是相通的。这个小小集体的每一位成员都憋足了一口气，训练格外认真。比赛那天，我班学生戴着黄灿灿的军帽和雪白的手套，步伐整齐雄劲，口号嘹亮震耳，征服了每一位评委，他们一致给我班打了最高分。拿了军训比赛第一名，使大家精神为之一振。

良好的开端是成功的一半。大学时做系卫生部长的工作经历或多或少使我积累了一些"管理经验"。班里学生大都来自农村，他们有着勤劳质朴的品质，但也有很多不良习惯。我从"量化管理"入手，在细节上规约集体习惯，身先示范拖地、擦黑板、摆放桌椅；培养惜时、守纪、按时完成作业、总结归类以及同伴探讨互助的良好学习习惯。结果,这个班无论是成绩还是量化成绩均居年级第一。三年后全县的文理状元均出自这个班。我也初尝被认可的成功的喜悦,用辛勤与汗水度过了教师生涯中的第一个危机。

此后的日子,"与青春同行",一路充满阳光和欢声笑语。那时的课业远没有现在这样紧张。元旦,近处的学生都回家了,我邀请没有回家的学生到我自己简陋的家中一起包饺子,男孩子踊跃跳下地窖掏萝卜,女孩子则动手和面、剁馅,大家一块儿说着,笑着,吃着奇形怪状自己动手包出来的"作品",心里充溢着甜蜜,师生的心贴得更近了。高三的一个五一,天气还有些许寒意,兴致盎然的同学们蹬着板车,驮着工具上山野炊,尽管由于山上气压低,在山沟里包的饺子煮成了片汤,但笑声依然激荡在山谷。吃完饭爬到山顶,男女同学分成两列对歌,歌声远播云霄,不知什么时候下起了小雨……着急的家长开着卡车前来接应。多年后读到李镇西老师的《与青春同行》,深有同感,仿佛那就是我的经历。

但日常生活的乏味也在困扰着我,老师们的业余生活除了喝酒就是打牌,我也陷入酒局,工作之余或是呼朋唤友,或是回到乡村老家参加劳动。加之身边也缺少读书氛围,感觉内心一天天空虚起来,刚毕业的创业冲动转为平淡。这时,爱人下岗,由于地方财政困难,我的工资也不能按时足量发放,经济生活陷入困境。

在一个偶然的机会在报上看到山东一所大型私立学校招聘教师的广告,怀着试试的心态投递简历前去应聘,结果被录用了。

在私立学校辗转突围

2000 年 8 月,我辞别亲人,坐上火车,几经周折,只身来到江北水城气势恢弘的新学校,背着行囊穿过"人"字型大门时,我知道一种全新的生活开始了。然而,生活有时并非如我们想象的那样美好。工作人员带着我来到宿舍,第一眼看到的便是墙上的海报:"由于学校今年招生数量较大,为解决学生住宿问题,请各位老师在三天之内搬出公寓,自己到外面租房。"人生地不熟,我一时懵了。既来之,则安之,先住下再说。来自全国各地的优秀教师在此相聚。先期来校的王老师向我们介绍了学校的情况,由于是刚成立两年的私立学校,生源基本上是国办校淘汰的,教学难度可想而知。又一次危机与我相遇,我别无选择,只有迎接挑战。

中途接手高二一个文科班。向原班主任和任课老师了解情况,他们

123

反映这个班比较乱。根据以往的经验，我试图用"班规"来约束他们，以便使集体走上正轨。我在班会上热情地发表了演说，跟他们商量，讨论班规，向学生征集意见，并询问同学们需要哪些帮助。结果反馈上来的东西让我大吃一惊。一个同学写道："我助你尽快离开此地！"还有一个同学写道："我缺钱，你能帮我吗？"我的第一反应——这根本不是正常的学生。原来所谓成功的教育方法在这里全部失效，一切要从头再来。

先小心翼翼地收起"班规"，开始找每一个学生沟通，先让学生在情感上接受我，这可是个细致活儿。从了解的情况看，基本可以分为以下几类：第一，学习生活习惯不好。第二，家庭离异。第三，父母做生意，没时间管孩子。总之，都是来自问题家庭的问题学生。他们抗拒外界的一切管理，而内心却充满无限孤独与无助。曾经带过的班尽管也有一些问题学生，但成不了气候，这可是整个班都是问题学生，而且学校家长成绩催得紧。工作开展异常艰难，可谓度日如年。

我每天紧紧张张接送孩子上学放学、做饭，然后快速奔跑到四楼教室。学生说："老师，刚见你从大门口进来，转眼就到教室了。"老师们大都不坐班，我成为办公室的常客。可能是这种生活的激情鼓舞了他们吧，至今留给他们很多美好的回忆。一个教师对学生的影响有时是无声的。

重回国办学校再燃激情

2004 年由于"名校办民校"之风愈演愈烈，私立高中纷纷倒闭，经营尚好的我校招生也遇到困难。在这个大背景下，我来到了河南。

这次重回公办学校，我是带着新教育的理想而来的。因为在此之前我读到了朱永新的《新教育之梦》，朱老师用充满诗意的语言、澎湃的激情阐释的 10 个教育理想重新点燃了我心中对理想教育追求的圣火。

2004—2007 年，我带着对新教育的无限憧憬开始了新的旅程。在应试教育大行其道的高中，悄悄开始了自己的实验。

共读。在已有的成功学教育实验基础上，我又向前迈进一大步，集体同读《没有任何借口》、《杰出青少年的七个习惯》、《读者》、名人传记、历史文化大散文。

写满真、善、美的《读者》成为我班的班刊，半数以上同学能够及时购买，而且经常相互谈论上面的文章。这些都潜移默化地影响着学生的人格。我还把这种共读与自己的历史教学结合起来，结合教学进度，推荐学生阅读相关的名人传记、历史文化大散文，组织了"课前五分钟历史演讲活动",给学生锻炼口才提供了一个平台。另外,我还组织学生参观校史馆,学习校史,共度中秋节。这些有特色的活动,使班级管理与历史教学紧密结合起来,丰富的教学内容也燃起了学生的热情。

这期间,我个人的阅读视野也愈来愈开阔,从朱永新走进李镇西,从李镇西老师的著作中我读出了自己。我把搜集到的李镇西老师的著作进行了细读,沉迷于李镇西老师的精神世界。李镇西老师与学生的亲情及对中国教育的责任与使命感深深影响了我。我经常用李镇西老师的这句话来激励自己:"我们可不可以在为学生打造高考敲门砖时,也给他们一些精神的东西?我们在教会学生适应社会的同时能不能也给他们心田里播下改造社会的理想的种子?不要说'这没用',更不要说这是'虚幻的梦想',如果没有理想的教育,中华民族就没有了明天!"

2005 年 1 月我以"历史教师"为网名在"教育在线"上注册,我发在文科论坛上的第一个主题帖是《让学生和历史相亲相爱》,其中"新历史教育之梦"六大行动居然得到了朱永新老师的回帖:"我们非常需要这样的探索。您可以申请一个子课题,与王雄等一起商量。"我欣喜若狂,大约先后给王雄老师写了五六封信,探讨新历史教育的问题,王老师思想之深刻、知识之广博令我无地自容。现在回想起来自己当时充满了幼稚的国家主义、民族主义情绪。在一次激烈的论战后,我为自己的无知脸红,于是遁迹书林。

我逐渐形成了自己的读书习惯,早晨与学生一起上早自习读教育学,晚睡前读历史学,工作期间抽间隙读杂志。一年购书花费 6000 元,主要用于历史学方面和教育学方面。拿破仑·希尔等国内外成功学作者的书大量涉猎;《教师博览》、《师道》、《班主任之友》、《教育参考》、《世界知识》等成为我必订的杂志,校图书馆收发室老师说我是学校个人订阅杂志最多的老师。

一段沉寂之后,2006 年我又在"教育在线"班主任论坛上开了一个主题帖——《行走在高三的路上》,至 2007 年共写了 35 万字,完整地记录了我和我的班级共同成长的历程,得到网友的好评。要想写得精彩就得做得精彩,写作同时促进了我深入思考班级工作,平时精心设计每一次班会,策划每一次活动,记录和每一个学生的谈话……至今回头看看,都抑制不住内心的激动,那真是一笔宝贵的财富。

2007 年高考我所带的班因成为全市本科上线人数最多的普通班而受到了市委表彰。

"教育在线"论坛的交往与我的教育科研工作相辅相成,在我的诚心邀请下,李镇西、张万祥、陈晓华、万玮等名师走进我校作报告,我也获得了与名师亲密接触的机会,亲聆教诲,如沐春风。自己也经常走出去,在本市讲课,外出参观考查学习,使自己的生命永远保持一种鲜活的状态。

回眸自己这十余年走过的路,初为人师的前五年凭的是年轻人的激情,在与学生自然交往中一路前行;私立学校的四年面临全新挑战,开始探索班主任之道,在打碎自我中突围;重回公立学校的四年,特别是进入"教育在线"以来,进入了专业成长的快车道。

从倦怠走向幸福

黎志新

从倦怠走向幸福这句话,非常准确地将我 12 年的从教生涯的心理状态表达了出来。实在找不出更好的字眼来形容自己的每一天,搜遍大脑中拥有的所有词汇,还是觉得"成长"二字是最恰当的。于是,在"成长"中,"倦怠"渐行渐远,直至从我的生命中消失,"幸福"渐走渐近,直至充盈我的整个心灵……

我的从教经历

我 1995 年参加工作,我常常把自己 12 年的从教生涯一分为二:

前 8 年,我如老黄牛一般埋头干活,每册书、每篇文章的边边角角都写满了批注,每本教参上都留下了我备课的印记,但是苦过累过之后,结下的果酸酸涩涩,我倦容满面、心力交瘁地备着课教着书。

后 4 年,我"恍然醒悟",从课本中抬起头来上网看看风景,把教参挪开,留出位置放几本杂书,这样的"不务正业"却喜获丰收,果实硕大且甜蜜,我还没感觉那么苦那么累! 我的眼睛不再盯住学生的"缺点"了,而是专瞧他们的"长处";我的注意力也不专注于恶劣的教育环境了,而是着眼于"不求改变环境,但求改变自己"的心态上。

于是,阳光明媚的日子越来越多,乌云满天的时候越来越少;和朋友开怀大笑的时候越来越多,满面愁容发牢骚的时候越来越少了。

生活就是这样,改变了看问题的角度,心态也随之改变;改变了心态,生活也随之改变。

7 年的班主任经历,我也将之一分为二。

前 3 年,我早起五更去宿舍叫学生起床,夜归凌晨在宿舍区巡查;帮体育考生熬营养汤,守护生病住院的学生;大扫除时抡起扫帚和学生一起挥汗如雨,布置学习园地时拿起剪刀画笔和学生一起辛勤劳作;大事小事亲力亲为,任劳任怨;但是,猴孩子们三天一小事五天一大事,我补了东墙补西墙。我疲于奔命,怨言满腹,心中常常被一股挥之不去堵塞于胸的"委屈感"折磨着,苦不堪言。

女儿的降生让我有了一段名正言顺的休整期,我不用再去做班主任,我不必再去受那份苦。女儿的一颦一笑一言一语,甚至她的号啕大哭、她的撒娇耍赖,我都觉得可爱,她的成长唤醒了我潜藏于心底的母性情怀,也直接影响了我的从教心态。在那一段时间,我看哪个学生都像是孩子!我怀着感激的情绪看着女儿的成长,我怀着感激的心情面对学生的成长,"委屈感"消失了,抑郁症没有了!

很庆幸,这个时候,我又当班主任了! 而这个时候,"我的老茧化为尘埃。我在人群中昂首阔步,不会有人认出我来,因为我不再是过去的自己,我已拥有新的生命。"(《世界上最伟大的推销员》)当我重新做班主任的时候,几乎是以一副全新的面孔出现的:阳光、快乐、豁达、自信!

所以,在第二阶段的4年班主任生涯中,我生命之树上长出了片片绿叶!"女儿是我心尖上的宝,学生是我手心上的宝!"我常常如是说。是女儿的出生让我变得更温和,更有爱心,是学生为我的生命之树增添了更多的绿意! 他们让我的生命之树日渐茂盛。

朋友们都说我变化太快了,变得都让人认不出来了。这种"突变"的确让人吃惊,但静下心来回想自己变化的过程,我又觉得一切都在情理之中。

彻底改变我的一本书——《享受教育》

2003年12月某天,我用生命记下这个日子,这一天,我拿到了一本书,它的名字叫"享受教育"。当时,我愣愣地看着封面这4个字,久久地不愿意翻开书页。因为,我实在无法相信又苦又累的"教育生活"是可以用来"享受"的! 那几年,正好是我工作最苦最累"回报"最少的几年。我年年待在高三"前线",为了把书教好把班带好,我把女儿放在母亲家,她离我有230公里,我每个月去看她一次。先生到异地挂职,我一个人吃住在学校,天天守着学生,真正做到了"以校为家"。理智告诉我这就是"奉献",这就是"蜡烛精神",但情感却告诉我:"这种奉献让我不快乐。"所以,我每天带着郁闷和委屈的情绪工作,每天带着倦容和愁容出现在办公室和教室。

在这样的心理状态下,我怎么会相信"教育"可以"享受"呢?我带着疑惑的情绪走进这本书,但一读就停不下来,反复读了好几遍!它,真正地让我心潮涌动,触动了我灵魂深处最柔弱的地方。我太累了,我疲倦的身心太需要休息了,我感觉自己是枕在那温暖的文字上休憩。于是,我把这种真实的感受写成了一篇读后感——《在大师的膝盖上休息》。一发而不可收拾,一写就是4000字!这是我大学毕业之后写得最长的一篇文章,我把它发到网上去,只求倾吐之快,而且不敢用真实姓名。

从此,为了写得精彩,我必须读书寻找灵感;我必须活得精彩,寻找教育生活中的亮点。我努力地挖掘学生们身上的优点,努力地捕捉备课时的灵感,努力地反思课堂中的失败之处,努力地总结自己每个月的得失。从此,我没有精力去考虑"奉献"的问题,也没有时间去思考"我为什么工作10年都评不上优秀"的问题,更没有心思去琢磨学校领导对我的看法,我把所有的精力都投入到读书和写作之中!

结果,哪需要10年呢!才过了半年,我就有文章发表;才过了两年,我就外出讲课;2005年,山东教育社总编陶继新先生写了一篇《生命挚爱的自然流泻》的文章专门介绍了我的教育教学随笔;2007年3月,德育特级教师张万祥先生在《教师报》以题目为"积累教育智慧的人"的文章报道了我的成长故事。

回过头看着自己歪歪斜斜的脚印,我感慨万千:自我救赎之路只有一条——改变心态,享受教育;享受教育,读书、思考、写作!

面对生活,改变心态,提升感受幸福的能力

几年前,我也和大多数老师一样,在办公室里闲着无事就发牢骚,而且我发现,办公室的"牢骚话"有点像传染病,它会迅速蔓延,而且"毒性"很强,会影响好长一段时间。那些年,我的心灵被很多灰色语言充塞着,我感觉不到阳光,感觉不到温暖:语文教育被人指责为"误尽苍生",寄宿制学校的军事化管理被人谴责为"监狱",整个教育被批评为"改革开放以来最失败的地方"。是的,举目望去,满目疮痍。

但是,自从我领悟到"享受教育"的内涵之后,我没有时间去考虑"改变恶劣的教育环境"这样的大问题了,也没有精力去批判教育的不公平了,我把时间和精力放在了"建设"上。

我把"享受教育"理解为"把教书的呐喊当做欢歌,把育人的耕耘当做舞会,把科研的探索当做旅游,把奋斗的甘苦当做咖啡"。

这几句话是我从语文特级教师赵谦翔的书里摘抄来的,它的精神内涵已经深入我的心灵。

常言说得好:"思想决定行动,行动决定习惯,习惯决定性格,性格决定命运。"

我深刻地领会到了这几句话的内涵。

1. 当我"把教育的呐喊当做欢歌"之后,我为提高自己的"演唱"技法
   而努力读书

这些年,为了提高自己台上 *40* 分钟的质量,我读了大量的语文教育的专著:《听窦桂梅老师讲课》、《听李镇西老师讲课》、《为了自由呼吸的教育》、《语文的魅力》、《非常语文课堂》、《魏书生与民主教育》,等等。此外,我长期研读陶老师的教育人物通讯,乐此不疲。我追随着陶老师的脚步走进一所所名校,认识了一个又一个享受教育的如我一样平凡但不普通的老师:那个自称是"蠢人"、"狂人"和"废人",对老师和孩子充满爱的李校长;那个立志让"生命因享受教育而精彩",追求"诗意栖息",创设新型校园文化的张校长;那个"让人人都成为幸福的成功者",善于用慧眼去捕捉师生闪光点的刘校长;那个不断地给学生注入强心剂,发誓要用一生的储备激活每一次教学的沈老师;那个带领学生奔向诗词的百花园,在花间吮吸营养采撷花香的苏老师……读书笔记我一写就是 *10* 万字!

2006 年,我来广东带第一届毕业班,高考成绩出来后,我所任教的班级语文成绩有 *3* 人上了 *800* 分,有十几人上了 *700* 分。当时很多同事说"她运气真好",其实,只有我自己知道,这远不是"运气"这个词能概括的,我是站在名师的肩膀上欣赏到了更美的风景!

后来,我觉得仅仅读书还不够,人们常说"读万卷书不如行万里路"。从 *2004* 年开始,每年我都自费外出听课学习。*2004* 年,自费去杭州听全国课堂优质课比赛;*2005* 年,我报名参加北京师范大学中小学心理健康培训班;*2006* 年去山东泰安参加中国教育报举办的"全国十大读书人物"报告会;*2007* 年去山东龙口参加华东师范大学出版社举办的"大夏教育论坛"报告会。一路行走,一路收获,远方的风景不仅美丽了我的眼睛,更美丽了我的心灵。在向全国名师学习的过程中,我测量出了自己与他们的距离;在与大师级人物的近距离接触中,我聆听到了许多做人成事的道理。

2. 当我"把育人的耕耘当做舞会"之后，我为提升自己的"舞技"主动地去追求育人的智慧

2004 年，我担任一个毕业班的班主任，那个班有 121 个人，男生 80 人。按照我"觉醒"前的带班风格，我一定是少吃少睡严防死守的。但是，我很庆幸，我是觉醒之后才担任这个班的班主任的。那年，我正好读到张先生的一本书《班主任工作创新艺术 100 招》，受益匪浅，很多东西可以直接借用。我体会到了事半功倍的效果，还为此写下了自己的感悟文章《让班主任工作变成一首美丽的诗》。此外，我还读了李镇西老师的名著《爱心与教育》、《从批判到建设》、《走进心灵》、《风中芦苇在思索》，万玮老师的《班主任兵法》等书。这些书直接颠覆了我最初的管理理念，为我的班级管理提供了鲜活的东西。那个班那一年的高考又是喜获丰收！

在读书的过程中，我觉得自己欠缺的东西还很多。我又拜全国德育特级教师张万祥先生为师，向他学习管理班级的智慧。2006 年 6 月，为表"高山景行"之思，我远赴天津拜访张老师。至今，我一直师从于他，常常从他那儿得到灵感和智慧，更重要的是得到鼓励和鞭策，我常常感慨："得大道恩师而学之，此生大幸！"

3. 当我把"科研的探索当做旅游"之后，每一次与笔接触都是一次心灵的出行

在这种心态下，我尽情地享受着文字带来的快感。以前写总结写文章，都是行政命令下的"要我写"，转变心态之后是"我要写"，心灵的倾吐直接带来的是文字的厚重与实在，写出来的文字真实而动人。即使读者和作者都是自己也无所谓，何况还会有编辑慧眼识珠，把它们变成报纸杂志上的铅字呢！

不以为苦，反以为乐，只因为我把这些探索当做"旅游"！

在蹒跚中前行

严娟娟

当班主任这几年，似乎没有成就，平平淡淡。后来又想，虽然没有突出的成绩，但自己这几年确实在缓慢成长着，写出自己的成长感悟，也算是一次自我反思。

心痛的回忆

那一年，我第一次当班主任。那时的我，踌躇满志，情绪激昂，信心百

倍。心里萌生着一个又一个的设想。心想,凭着自己的一腔热情及爱心,一定会把班主任工作做好。但是,实际工作远非想象的那样顺利。我的学生过于活泼好动,几乎超过一半的男生欠缺自制力。面对这么多极其活跃的学生,我彻底乱了阵脚。特别是初一时,由于缺乏经验,我顾此失彼,疲于周旋,工作激情也一天天在消退。自己不知道该怎么来做,头脑中完全没有主意,就那样一天天被学生拖着走,身心疲惫。今天学生打碎了玻璃,明天学生撞碎了黑板。那时,最怕看到的人是政教主任,最怕的场景是校长推门进办公室。时常会有领导找我说:你们班的某某又出事了! 一度我看见校长来我们办公室就心里犯嘀咕:该不会是谁又惹祸了吧? 3 年下来,感觉自己就像一个败兵,留在心里的只有无尽的遗憾,遗憾中夹杂着一丝愧疚。

那 3 年的班主任经历,是我心中的一个痛点。正因为是一个痛点,就需要我静下心来进行深刻剖析,好让自己心中明朗起来。

1. 我给学生的不是无私的爱

如果现在你去问我那届的学生:你们班主任好吗? 学生肯定会说:好。我想,这也许是学生考虑问题比较单纯、表面,也许是学生很宽容,习惯于包容老师的失误。那 3 年当中我自己也觉得我是爱学生的,有的学生退步了,我会及时鼓励他迎头赶上;有的学生犯错了,我会苦口婆心地做思想工作。我会时不时地用我自己的方式提醒学生:你应该再努力一些,你应该再细心一些,你应该再静心一些,别泄气,你有能力赶上其他同学。但是,我给学生的是全身心的爱吗? 我的回答不是那么有底气。我觉得我给予学生的爱是一种仅浮于表层的,是一种出于职责上的,一种缺乏穿透力的,一种居高临下的,一种没有深入学生心底的不足以引起学生心灵共鸣的爱。直接点说就是,我给予学生的爱不是发自心底的全身心的无私的爱。所以,尽管我觉得自己尽职尽责,但是与学生有距离,学生没有把我纳入他们的朋友之列。

2. 工作中严谨不足

记得有一天的下午,第四节课前,学校广播通知全体老师开会,有的学生以为老师开会了,他们就可以放学。我班两名同学背着书包就要回家,等我看见时,他们已经快要走出校门。我赶紧在楼上喊他们回来,但他们也许是没有听见,也许是根本就不想回来,大摇大摆地径直出了校门,回家去了。当时,我喊这两个学生的整个过程,班里好多男生站在楼道栏杆旁都看到了。我心里也很生气,这两个学生也太无组织纪律性了,明天一定处理他们。但是 10 分钟过后，等到我要去开会时，其中的一个同学背着书包回来了。他进了我的办公室说："老师，刚才我以为放学了，而且我的头有点疼，所以就背着书包先走了。后来看到好像并没有放学，我就回来跟您说一声。"我想，既然他能回来跟我解释，说明他意识到自己的错误了，姑且不管他的头疼是真是假。我也就没再过多批评他，于是我说："你既然头疼，就先回家休息吧，但是，以后要注意。"我让他先回家了。而另外一个男同学虽然没有返回，但在我吃晚饭时，他打来了电话说："老师，下午我以为老师开会，我们就可以放学了，我没有去问您一声就回家了，我知道我这样做不对，老师，我错了。"于是我在电话里对他说了很多关于以后要注意之类的话。本来我是准备第二天在班上处理这件事的，但是考虑到他俩都认识到了错误，所以，第二天在班上我没有提起这件事，这就是我的失误之处，也是我埋下隐患的地方。那天下午，那两名同学背着书包出校门的情景，班里很多同学都看见了，也看见了我没有喊回他们。但是后来那两个同学先后承认错误之事，同学们却一概不知，这样，无形中就给同学们形成了这样的观念：他们随随便便就回家了，老师也没有把他们怎么样，我们以后也可以这样做。这就导致了后来类似事件的重演，让我没想到的是，后来类似事件涉及的人数增加了四倍，我不得不花成倍的精力来严肃处理了。

3. 在关键时刻没有抓住机会对学生进行集体观念的培养

记得在初一刚开始不久，学校组织了一次年级足球赛，我班的实力不如其他班，虽然同学们踢得很顽强，一心想为班级争得荣誉，但终因实力不强，还是输了。回到教室，很多同学都哭了。这应该是一次很好的教育契机，可以趁此加强班级的凝聚力，使学生心往一处想，劲往一处使。这次没有赢，但是只要我们大家时时事事都为班级着想，我们一定会是一个很出色的班级。遗憾的是，我当时没有趁此机会大做文章，只是安慰同学们：坚强一点，胜败乃兵家常事，要能赢得起也能输得起。草草了事，放走了一次强化集体观念、集体荣誉感的机会，放弃了一次拉近同学间距离的机会。

初一第二学期，我们班的班会录像被送去参赛，结果获得一等奖。一天，教导主任对我说："让你们班学生去电教室看看自己的班会录像吧，毕竟你们准备了很长时间，而且还获得第一名呀。"因为当时是期末考试的复习阶段，我就说：算了吧，以后有时间再看。而这"以后"竟被我变成了"无期"。比赛获奖也没有郑重其事地在班上一起和同学们祝贺，只是让班长把奖状贴在了墙上,奖状就在悄无声息中被贴了上去,或许很多同学一直就没有看见,根本不知道获奖这件事。这样,又失去了一次极好的增强集体观念的机会。

每年的元旦文艺汇演,总会有同学准备节目,我们班有几个女生很积极,每次都很精心。但是,记忆中,我在班上似乎并没有特意表扬过她们几个为了集体的荣誉,经常利用自己的休息时间认真排练,她们为集体荣誉付出的这种精神值得大家学习。这就让别的同学觉得,"排练节目就是她们几个人的事,与我们无关。她们演出的好与坏只是她们几个人的事"。记得当时那几个女生有些怨气,因为她们很少得到班级其他同学语言上的鼓励与支持。在热情与冷漠之间,作为班主任,我没有把其他同学的冷漠转化为热情。

那三年中,时不时会觉得有些同学的集体观念太缺乏,甚至有些成绩较好的同学对集体的事也非常冷漠,只顾自己闷头学习。这真不能责怪同学们了,只是因为我让一次次本可以好好让学生们感悟集体观念、接受集体荣誉感熏陶的机会悄悄溜走了。

4. 对学生缺乏远大志向的引导

当时,班里的男生活泼好动,但大部分智商很高,所以学习起来就不显得那么吃力,也因此使他们较满足现状,有些不思进取。在男生中,有两个从小学开始就是老师、同学们看好的智商很高的学生。理科老师都说他俩不错,很聪明,做题灵活,思路开阔。就是这两个大家公认的智商很高的佼佼者,竟然在数学、物理、化学三科全国奥赛中没有拿到任何奖,这出乎了所有人的料想,这对他们对我来说都是一次遗憾。

回顾他俩这3年的学习情况,因为聪明,他们学习起来毫不费力,轻而易举也可以名列班级前列。所以他们身上多了一些自满,多了一些不求上进,多了一些浮躁。上课爱说话,自习更是坐不住,而且经常有一些小的违纪现象。为此,我找他们谈过很多次,提醒他们学习上应多一些脚踏实地,人外有人,山外有山,要向更好的同学挑战,充分发挥自己的潜能。但是,始终没有真正地触动他们,收效甚微。由于上课不专心,就注定了他们所掌握的知识的残缺,几乎每次考试都会出现小小的失误,也就注定了在奥赛中会败下阵来。奥赛的失利对他们来说也是敲了一次警钟,只是这个警钟来得有点偏晚了。

远大志向就如同黑夜中前方的一盏明灯,给学生指引航道,给学生前行的希望与动力。由于心中缺乏一种神圣志向的召唤,因而学生缺乏学习激情,缺乏坚忍不拔的毅力,缺乏极强的自制力,也就注定不会有质的飞跃。这不能不说是我的又一个遗憾与失误。

5. 孤军奋战于对后进生的教育中

回想我在对后进生进行教育时,自己也显得很尽职,苦口婆心,道理讲了很多,但很少给学生创造自我教育的机会。学生一直是在被动地接受教育,学生的感觉是老师让我这样做,而不是他主动意识到我应该这样做。对后进生有效教育的另一条,即利用集体舆论的力量,这点,我也忽视了。在我的教育中,我很少利用班级的力量来改变某一个同学,很少让学生来感化学生,我丢掉了这股可以利用的强大的力量。在教育学生中,要充分利用集体的凝聚力,不让任何一个同学脱离集体,要让大家都有一种较强的集体荣誉感。应该创造这样的氛围:一个同学掉队,大家来关心;一个同学出错误,大家来帮助,让维护集体荣誉成为大家的本能,使他们有一种要为集体争光的意识,从而让集体在每个人心中的分量加重,让每个人都因为这个集体而加强自我约束力,让自己做到更好。回望自己那几年在对后进生教育中孤军奋战的辛苦身影,只能摇头叹息了。

这一届学生我从初一带到初三,3 年来,自己一直是在摸索中前行。很多工作原本可以做得更好,但还是留下了无尽的甚至是痛心的遗憾。或许成长需要付出代价,这次带班经历,收获了无尽的失败,但同时收获了宝贵的教训。这些教训,成了我的财富,让我在以后的路上走得更用心,更认真,更稳当。

卧薪尝胆读书中

送走了那届学生,无奈与迷茫中又被安排担任下届班主任。当时不想接这个职务,因为自己的自信心已经被那届失败的班主任工作击垮,但当时不接是不可能的。暑期,我开始静静地读书,而就是暑期读到的几本书,点燃了我近乎死寂的心。

开始,我从网上得到了李镇西老师的《爱心与教育》这本书的电子版,读后很震撼,原来当班主任可以这样幸福,可以那样有成就感,我怎么就没有感觉到? 李老师的这本书,让我明白一个老师应该给学生什么样的爱,让我明白真正发自内心的对学生的爱可以使他们彻头彻尾地改变。后来,我又读了朱永新老师的《享受教育》、苏霍姆林斯基《给教师的建议》等教育书籍。此后,以前很少买教育书籍的我开始疯狂买书,本地书店买不到的,就从网上购买。可以说,我的进步是从读书开始的。张老师的《班主任工作创新艺术100招》让我明白,班主任工作是一门艺术,不能仅凭着一腔热情蛮干、苦干,是需要运用智慧出效果的工作。读完张老师的这本书,感叹他的教育智慧,感叹他班级管理中的那么多好方法,自己得到很多启发。后来我在班级管理中的一些做法,都效仿了张老师的方法。读了这些教育书籍,心底那种快要消失的激情又复活了。

这些书籍,给了我自信,给了我向自己挑战的渴望与勇气,给了我坚定走下去的决心与魄力。书中的教育理念、教育智慧、教育的愉悦与幸福,犹如一股清泉,注入我近乎干涸的心田,滋润着我的心扉,让我精神百倍,神清气爽,脚步不由得轻快起来。

我开始真真切切地感觉到当一个老师的幸福了。一次次被学生感动着,一次次被幸福包围着,也是第一次,真正喜欢上班主任这个职务。

从带这届学生开始,我坚持在网上写教育随笔。每个学期发一个主题帖,分别是"班级记事"、"新的旅程"、"一起走过"、"让我的爱伴着你"等。这些随笔,记录了几年来我跟学生一起走过的路程,也记录着我的成长痕迹。在写教育随笔的过程中,自己不断反思,在反思中一步步提高。写教育随笔是一个老师尤其是一个班主任不可不做的一件事,我在坚持做着。

有了写作与反思,我边走边悟,积累自己的行走足迹。某一天,当我再回头看时,我走过的路上,也许已悄悄布满了星星点点让我欣慰的亮点。虽然我依然是一个普普通通的班主任,但是我一直在努力。我坚信,有了努力就会有提升,而我也觉得自己已经在慢慢成长,尽管步子还很慢。今天的我已经比以前的我有了进步,明天的我一定会比今天的我更出色!

五味俱全的心灵盛宴

徐海红

那年,剪着一头稚气的学生发,身穿一袭淡绿色的背带裙,对未来满脑子锦绣蓝图的我挥别了繁华的大都市,又回到了闭塞的,依然在贫困的囚笼里叹息的家乡,并任教于天津市东南边陲最偏远的一所中学。听到这个学校的名字,就知道它意味着什么,那是偏僻和落伍的代名词啊!坑洼不平的操场,破败不堪的篮球架,以及四排污黑斑驳的教室……我燃烧的激情犹如遭遇了寒流的突袭,陡然降到冰点以下,我真不知道这个破旧的校园能否禁得住心园旖旎的我寻梦的脚步。

傍晚和一位女教师合住的宿舍犹如鸽子笼一般狭小,经过一个闷热的暑假,外墙壁上的苔痕毛茸茸的,床铺下常有两只硕大的老鼠肆无忌惮地乱窜,房顶上张牙舞爪的两道裂痕仿佛两条游蛇,暗黑的房梁都清晰可见,我真怕它趁我熟睡的时候会丢下蝎子、壁虎之类的东西……我不禁透心凉。说实话,当年,不是我选择了教师,而是教师选择了我。高中时代的我曾对地质学院情有独钟,因为年少轻狂的心总以为驾一叶扁舟,凌千顷碧波,背一个行囊,觅远古芳踪是浪漫而又洒脱的事!然而高考时与那位刻板冷漠极不懂考生心理的监考老师的一场大吵,让我发挥失常,永远失去了我憧憬已久的天堂。今天,乃至今世,它只能悄然在我心中一角灿烂着,而再也不可能成为我生命中的一道风景,而教师却阴差阳错地成了我的命中注定,似乎有千年之约的缘分。

然而,天性纯良的我对任何事情都会用"心灵"去做,都会不遗余力地去切切守候。回首10年的班主任生涯,"百感交集"这个词语总会迅疾而执拗地跳入我的脑海,有欢笑有眼泪,有在迷雾中寻不到方向的茫然,也有冲出泥沼蓦然发现路标的惊喜,它们都如晶莹的贝壳,在我过尽千帆的记忆的河畔灿灿地闪耀,汇成了一个只属于我和我的学生们的星空。而这个星空,融入了我所有的激情与梦想。

我忘不了第一次到学校报到时分工的情景,当校长似笑非笑地任命我为七年级班主任时,会议室里响起的不是掌声,而是哄然一笑,以及几位教师向我投来的那种我至今都不愿去揣摩的眼神,因为它如利刃深深地刺痛了我的自尊,那是对一位年轻人"初生牛犊不怕虎"的嘲笑,还是准备看笑话的幸灾乐祸?我都无从知道。后来,一位老教师告诉我,"西中"的班主任可不好当,家长大多仅初中毕业,对教育几乎一无所知,再加上沿袭几年管理混乱的惯例,孩子野性十足,不服管教。和我年龄相仿的几位老师都因为走了关系而推脱了这个费力不讨好的活,所以校长才把这块烫手的山芋丢给了我。更让我气愤的是,分好班的第二天,一个头发光光,因盗窃三次进派出所,已经分到别的班的小强也来我这儿报到,我心里明镜似的,是他的班主任在校长面前把我大大"夸耀"了一番后硬把他塞给我的。

果不其然,开学不到一个月,勉强老实了几天的小强"疮疤未好就忘了痛",又开始犯浑,先是打伤了言辞过激批评他的外语老师,又把管教他的纪律班长打得鼻青脸肿……一次接一次的闯祸,像一颗颗不定时的炸弹,轰得我晕头转向,连招架之功都没有。我苦口婆心地劝说过,没有用;我狂狮般地怒吼过,不顶事;我三番五次找过家长,家长不是棍棒交加,就是轻描淡写了事……我们之间的关系紧张到剑拔弩张的程度。几乎每一个黎明,我都要祈祷但愿今天他们不再惹事,我甚至偷偷地不止一次地求老天让他们辍学。总而言之,只有他们远离我的视线,我愿付出任何代价!可是老天爷好像故意捉弄我,我越是盼着他们离开,他们越是得意洋洋地在学校呆得稳稳当当的,这让我心力交瘁!再加上那一年学校的各项评优,我班都似有意又似无意地成了被人遗忘的角落,我万念俱灰,犹如一个落水者想拼命抓住一根稻草都是奢望。

就这样,我磕磕绊绊地把这个班带到了这学年的结束。虽然下半年,由于我的严防死守以及以威势压人的手段,使小强这几个孩子多少有些收敛,但对我而言,犹如经历了一次生命的蜕变,是一次由彩蝶到毛毛虫的蜕变。我爱孩子,也有极强的责任感,我不止一次地为贫困的孩子交过学费,我把自己穿不下的衣服洗得干干净净的送给班上的那个家境困窘的女孩,可小强那几个孩子为什么不买我的账?在班主任必备的资源里我到底缺少什么呀!

第二年,我担任了九年级的语文老师,离开了这个付出了太多心血和泪水,让我困惑让我卑微的集体。按理说,我应该有一种如释重负的轻松感,但不知为什么,我就是没有。因为好胜心极强的我根本不能原谅自己把这个集体带得如此糟糕,它如一个沉沉的铅块,让我每次想起都感觉压抑得不行。半年后,当我得知小强因打架致他人体残再次入狱时,我痛悔不已,为什么一个花季少年在我的手里竟然让生命之花过早地凋零?为什么一个自诩为人类灵魂工程师的我却没有能力为这朵"花"除去青虫,剪去残瓣,我到底配用"教师"这个称呼吗?我愧天地,愧良心,更愧对小强,他是我心中永远无法疗治的痛。

又过了两年,我又被迫登上了这个"想说爱你不容易"的岗位。我的学校格外偏远,连一个书报亭都找不到,学校里除了几张报纸连一本有价值的教育书籍都没有,好不容易订了份教育杂志,一年才见了两期,其他的均杳如黄鹤。聆听不到大师们的慧语,仰视不到教育的高标,我的心有些失重,几度迷茫。这时一位我极尊重的长者这样告诉我,学生本身就是让教师的生命之河奔流不息、浪花飞旋的源头活水啊!一句话顿时如醍醐灌顶,是啊!弱水三千,只取一瓢足矣。只要抓住了学生,就抓住了教育最根本的支点啊。于是我放下架子,怀着一颗真诚的童心走进学生的心灵世界,忘了是谁说过这样的话:每一个孩子其实都是天上掉下来的天使。他们为什么会掉下来呢,是因为他们的翅膀断了。他们从来到这个世界上,就一直在寻找为他们缝补翅膀的人。如果成人的世界不嘲笑他们的青涩、荒唐、鲁莽,能够给他们一种鼓励、一种包容、一种耐心,那么他们就会在没有忘记天空的时候,缝上翅膀重新成为天使。于是,或在日记中,或利用课余,我与学生进行着心灵的对白,倾听他们成长的心音。越接触,我就越有一种挖掘出宝藏般的惊喜,我发现孩子们需要的是心贴心的真诚,是给他们一份耐心等待的宽容,是如大禹治水般机智的疏导,是像庖丁解牛般游刃有余的智慧的启迪啊。

我忘不了,那些勤工俭学的日子,为了给贫困的学校积累一点点资金,我们连续几年都要组织学生到农家稻田里插秧,时间大体是 6 月份。"足浸烂泥塘,背灼炎天光",再加上一去就是一整天,孩子们常常是上午兴高采烈,过了晌午就懒得下田了。主人不是开口央求,就是谩骂连声催债似的逼他们下田。要是在以往,我早就跟着主人软硬兼施地往田地里轰学生了。但是那天,看到孩子们脏兮兮的小脸,沾满污泥的脚板,我的心陡然一疼。虽然都是农村孩子,但对农活一般还是生手,也实在是难为他们了,于是我诚恳地对主人说:"您不要催了,让孩子们歇歇吧,我来替他们插秧。"当其他班主任在树阴下对孩子们不断地斥责时,我让我的学生们在岸上休息,自己先卷起了裤管下了水。习惯了我河东狮吼的孩子们愣住了,有几个也默不做声地跟在了我的后面。为了赶走疲惫,我给孩子们唱歌,讲故事,说笑话,孩子们的笑声在稻田里回荡。一个平时特别淘气的孩子说:"老师,您有腰疼病,上岸去歇着吧,我们几个一会儿就搞定了。"其他孩子也七嘴八舌地劝我上岸,我的心中顿时暖意汹涌,发现我们的学生太好了,他们不需要班主任做出什么惊天动地的大事,只要能真正理解他们,爱护他们,他们就会那么信赖、那么愉快地和你走下去,这是一种多么神奇的教育力量!然而,有时,我们的教师太过于高谈阔论,太过于师道尊严,对孩子做得不够多,不够好。

破除了坚冰,我和学生共同培植起来的感情之树在彼此心田里发芽,长叶。但我知道光凭我的松土、施肥、剪枝,或许能让它长大,但永远长不出铁干虬枝。只有让它自我磨砺,接受暴雨的考验,接受风雷的洗礼,自己汲取天地间的葱灵之气,这才是教育者追求的最佳境界。遗憾的是,有了这个美好的理念,我却找不到践行的途径。正在我踌躇满志却又如水中的浮萍一样找不到根基的时候,我有幸聆听到了大师的真言:在天津,我听了模范班主任魏书生诙谐而智慧的演讲;在蓟县,我听了教育家东缨老师点石成金的教育理论;在学校,我又有了一次与在教育界享有盛名的张万祥老师面对面交流这样千载难逢的机会……"春风已度玉门关",就如在苍凉的黄沙古道中听到了清脆悠远的驼铃,也如在细雨霏霏的江南蓦然看到了杏花嫣红,我的眼前灿然一亮,他们那美妙如天籁之声的智慧之音让我心中的两棵小苗傲然成树:其一是给学生主动成长的机会,其二是教师必须丰富自身的文化底蕴,为成长壮行。于是我在班上实行了班长轮值负责制,学生人人都有机会当班长,每位班长执政时都要进行7项展示:班长誓言、才艺展示、履行班主任职责、班长述职、班长与学生挑战面对面。另外,我们"组阁"成立了"班级荣辱厅"、"心灵驿站"、"人生加油站"、"班级论坛"、"这个班会我主持"等让学生充分展示的平台……班级气氛其乐融融,每个学生都以主人翁的姿态成了班级建设中的一块砖、一片瓦,他们在强烈的班级舆论中长善救失,扬荣抑耻。充当幕后策划的我乐得个逍遥自在,过去面面俱到无孔不入的责任"少了","清闲"下来的我开始阅读教育著作,撰写教育随笔。虽然写作功底尚浅,但我清楚,只要用心灵去写作,那一个个令人感动的教育瞬间一定会定格为人生履历上最有价值的一道风景,甚至会造就一个顶天立地的教师。

我的成长故事中浸润着苦涩的泪水,然而这份脱胎换骨的成长给了我坚强,给了我执著,给了我不屈的信念,让我从此把教师职业当成了今生的永恒。我感谢这份酸甜苦辣咸俱全的心灵盛宴!

成长是一件必需的事情

张俊华

初为人师:用激情站稳讲台,用真爱赢得学生

大学毕业的我们如同一株株被培育好的幼苗,种植在不同的校园。"十年树木,百年树人",在"树"别人的同时,我们也在"树"着自己。

我是一株瘦弱的树苗,我深知自己还不够粗壮伟岸,但我以青春的激情投入到工作中。清晨,我很早到班,与学生一起美化环境。课间,教室里总少不了我的身影。夜晚,又与学生在月光下谈心、在灯光下交流。我喜欢和学生们在一起,虽然我所带的班被称为年级最差的班,我所教的学生被认为是年级最后进的学生,但我愿意用自己的心去感染他们的心,用自己的情去感化他们的情。

为了增强班级凝聚力，我借"纪念长征胜利 60 周年"之际，组织了全班的"环城长征"活动。为了鼓舞学生的学习热情，我精心策划了系列主题班会，为每个学生写下心灵寄语，还煞费苦心地将全班同学的名字连缀在一起，编了一首有寄托的嵌名诗。为了重塑学生的自信，我和他们一起参加学校活动：大合唱，我们一起选歌、排练；艺术节，我为他们精心编舞，与他们同台演出。为了强化他们的责任意识，培养自我管理能力，在常务班委以外，班级还实行值日班长制，全班同学轮流负责班务，记录班级日志。为了促进形成团结友爱、健康向上的班风，班里又建立了"批评与自我批评"、"表扬与自我表扬"平台，提倡同学间打开天窗说亮话，不将矛盾带回家，做个堂堂正正、光明磊落的人，做个能够欣赏自己更能欣赏别人的人——在新年联欢会上，当我将为学生写的长诗《我把最年轻的自己永远留在了你们的记忆里》朗诵给学生时，我哭了，学生们也都泣不成声。

高三下学期，因工作关系我突然要离开了，这时，我才知道自己在学生们心中已是那么重。

春日的阳光撒满教室，依旧是那些同学、那个课堂，但三尺讲台已不再有您轻盈的身姿，不再有您悦耳的读书声，岁月带走了与您相处的美好时光，可带不走的是您给我们的鼓励、给我们的信心和我们对您的思念。您那颗真诚的心将永远伴我们度过以后的岁月，无论我在何处，回忆金色时光，我的不变朋友与老师是您——

我真没想到，对您的离开我会有这么大反应——原以为回家后情绪能平静些，可谁知比在学校还要激动，日记没写完就开始给您写信。于是明白，情感在不知不觉中潜滋暗长——

您说自己是棵并不粗壮的树，但我们在这棵大树的保护下得到了所需要的东西——知识、爱心还有不怕困难、力争上游的精神，这些将使我终生受益——

读着全班同学发自肺腑的真言，读着他们抄给我的 Beyond 乐队《一辈子陪我走》的歌词，看着他们每个人生动可爱的照片，还有全体住校生亲手制作的一百朵精美的塑料玫瑰花，我早已泪流满面。这是我吗？我有这么圣洁这么伟大吗？作为一个初出茅庐的"小"老师，我还是一个比学生大不了几岁的"大"孩子，我不具备高超的教学艺术，也不可能有成熟的教育、教学思想，更不具有丰富的管理经验，年轻气盛的我也时有处事不冷静,方法不得当,与学生冲突起来甚至被学生气哭的时候,如此稚嫩的我凭什么拥有这么多学生的信任与真情,何以能对他们产生如此的影响?

如果一定要找理由,我想我只能归结到"激情"两个字。是青春的激情让我不仅无比地热爱工作,也将这种积极向上的心态传递给了那些被认为顽固不化的学生。这种激情不仅点燃了学生的心智,也点亮了我的青春。

如果一定要找理由,我想我只能归结到"真爱"两个字。对工作真心热爱,对学生真诚关爱,让并不完美的我赢得了学生的爱与宽容。

是激情让我扎根校园,站稳了讲台;是真爱让我换来了真情,赢得了学生。

丰富提升:在学习中充实,在反思中成长

送走一批学生,迎来另一批学生,对教学的探究越深入,越发现自己才疏学浅;对教育的思考越深入,越觉得自己鄙陋无知。我强烈感到大学所学已满足不了实际工作需求,我需要充电,需要丰富,需要提升。

我开始阅读古今中外的教育经典,期望从大家的典籍中寻找教育的无穷智慧,寻觅教育的至高境界。于是,孔子、苏霍姆林斯基、约翰·洛克、魏书生、李镇西等教育名人的著作摆上了床头书桌,我被他们生动的教育思想、鲜活的教育艺术深深感染着……

幸运的是,1999—2001年我被学校推荐参加了北京师范大学教育系"在职研究生课程班"的学习。2005—2007年,又参加了区骨干教师研修班的学习,其间先后赴东北师范大学、华东师范大学聆听教育最前沿的知名专家、教授的教诲。这两次学习可以说是我教师生涯中很重要也很及时的加油。

书籍的潜移默化,名家的耳濡目染,不仅丰富着我对教育的认知,削减着我在探索中的困惑迷惘,也提升着我的教育、教学眼界和思想境界,心灵的变革也在无形中进行着。

我开始思考什么是真正的教育,什么是真实的教育。我开始明白教育不是追时尚、赶时髦,更不能急于求成,急功近利。科学正确的教育是育人,违背科学的、错误的教育是毁人。拥有正确教育思想的教育者诲人不倦,受错误教育思想支配的教育行为毁人于无形。

我认识到学生到学校不仅仅是求知识,更是为了求发展——能力与素质的发展,求完善——道德与人格的完善,真切地感悟了"教育就是当你忘了在学校学到的知识后剩下的"这句话的深刻内涵。

我认识到一个优秀教师不仅能教人以知识,还要能给人以精神;不仅能授人以智慧,还要能助人以发展。我感到了教育的复杂性与艰巨性。

我开始反思自己:我是一个什么样的老师? 我的育人思想是什么? 教学理念是什么? 教育风格是什么?

于是,自主互动、开放有序、生动活泼的教学风格日渐鲜明;情感育人、亮点激人、文化塑人、自主管理的管理风格日渐成型;"把学生培养成一个健康的人"的育人目标日渐清晰坚定。

教育心理学家波斯纳博士提出教师成长公式:经验 + 反思 = 成长。而今,我真切地感到:经验 + 反思 + 学习 = 更快地成长。

走近成熟:享受工作才能享受人生,做人成熟才能教育成熟

"职业倦怠"是现代人广泛使用的一个词语,每当我就要产生这样的感觉时,是学生给我那快要干枯的水井里又注入新鲜的泉水。当 2005 届高三(5)班学生在他们的毕业联欢会上满怀深情地念着授予我的颁奖辞"老师,您用您的学识与人格如春风化雨般滋润我们的心灵,启迪我们的心智,促使我们健康成长……"然后把"德才兼备奖"授予我时;当事隔几年后,1998 届未考上大学的一名学生又突然在电话里兴奋地告诉我,"老师,您当年给我们讲的人生哲理我用在了竞聘演讲中,成功被聘用了"时;当已是电视台摄像的一名学生,在教师节那天充满敬意与感激地向我深深一鞠躬时;当曾因调皮捣蛋而闻名全校的一名学生 7 年后身着英武的少尉军装专程来到学校站在我面前,庄重地向我敬军礼时……我的心感动着,不是被自己,而是被自己所从事的职业深深感动着,心中那随着年龄增长而快要熄灭的激情之火又一次次被学生点燃。

是一届届的学生使我坚信教育是一项神圣的事业,尽管目前中国教育的种种问题有目共睹,但教育本身没有错,有错的是人。退一步说,不管教育有多少问题,每个人都离不开教育,国家、民族离不开教育。正因为有问题,才需要有思想、有作为的教育工作者去变革、去创新,才需要有责任心、有使命感的教师通过努力最大限度地消减存在的问题对学生的不良影响。

低头赶路为风景,不知风景在途中;道道风景心生羡,孰料自身亦风景。感谢我的学生,是他们让我知道自己的价值与快乐所在,是他们让我懂得应该珍惜教师这份工作,珍惜教师这一身份。我们为什么要工作?从根本上说,不是为别人,而是为了让自己活得更好,是物质上的"好",更是精神上的"好"。一个人只有懂得珍惜工作,才能享受工作,只有会享受工作,才真正能享受人生。从工作中寻找做人的价值感、成就感是进取;从工作中体会人生的幸福感、快乐感是成长。

工作中的成长也是人生的成长,做人的成熟也决定着教育上的成熟。做人成熟不是学会圆滑世故,不是学会迎合世俗,而是不偏激绝对,不盲从迷失;而是既能坚守自己的人生取向、价值追求,又拥有丰富的人生智慧,能恰到好处地处理各种事务。很难想象,一个不成熟的人会有成熟的教育思想和教育行为。所以,经历成长,走向成熟,是一个教育工作者必需的事情。我们选择的职业决定了我们必须让自己的生命之树挺拔伟岸,枝繁叶茂。对我们来说,成长是一种责任。

为了学生的成长

袁美云

一

高某来自河南,初三在我区的普通中学就读一年。在初中阶段,他各科学习成绩均名列前茅,在上海就读的一年中曾获得化学竞赛市一等奖,时政竞赛市二等奖,并且他阅读了大量的古今中外的书籍,有一定的思想深度,比同龄同学成熟。刚进上中,与他交流后,我发现他口头表达的语速较慢,常出现一字一顿表达的情况,表达时的语速与他的年龄、与他的思想深度不相符合。

当了解到这一情况后,我及时地与他进行了沟通,明确地告诉他,一字一顿的表达带来的语速慢对他今后人际交往中的沟通是不利的,甚至可能会给今后的生活、学习、工作带来负面影响。不良的表达习惯必须尽快纠正,越往后就越难纠正。而高某本人也意识到改掉这一毛病的迫切性和重要性。在此基础上,我帮助他分析造成语速慢的原因——是否因为思想较同龄同学成熟,并且有较多内涵想要表达,担心同学无法理解,因而一字一顿表达,以便使同学听明白?高某认真思考了我的分析之后,也认为确实是自己想用最短的语句,把自己的思想表达清楚,而造成了语速极慢的现象,久而久之,竟养成了一种习惯。

找出主观原因后,我告诉他,其实语速慢并不一定能更好地把意思表达明确,在说话时不应过分考虑听者是否能彻底理解所要表达的信息,否则会有所顾忌,拘泥于小的语言点上而反倒使完整的句子割裂,这样便会造成语速慢。我建议他不妨放开所有顾虑随心而说,按照自己的本意直接表述,就能保证较快语速。至于听者是否能完全理解,可以采取分段解释的方法,这样就可以保证语速快的同时提高信息含量,让人理解,从主观方面消除顾虑从而提高语速。在此基础上,辅之以一些措施,并有意识地增加自己表达的机会,比如课堂上举手发言,挑战自己。当小有成绩时,暗示自己、肯定自己,证明以前表达时的语速慢是完全可以改变的,并以此提高改变语速的自信心。

通过一阶段的学习,高某已认识到语速过于缓慢对沟通的不利,也采取了一些措施来提高语速,不仅从心理观念上,而且从实际行动上努力地去调整,取得了一定成效,比开学之时语速有了明显提高。

高某的努力无疑是有成效的,从开学初的一字一顿、缓慢的表达语速,到现在大部分的时间表达时速度均衡,趋于正常语速,这是一个可喜的进步。辅导他的过程中,让我感到每一阶段的辅导必须对症下药,侧重点各有不同,只有这样才能行之有效,如在最初阶段,希望他能排除只有表达慢才能表达清楚的不当想法,从主观上提高语速;当他已开始用正常语速表达想法,取得一点进步时,进入第二阶段,对他提出进一步要求,期望他能经常地自我提醒,贵在坚持;第三阶段,当自身已非常努力,有意识地改进,并已经取得一点成效时,希望他恳求周围同学、老师、父母等时时提醒、督促、评价与反馈,保持并发展成果。通过这样几个步骤,循序渐进地辅导与他自身的努力,最终取得的效果较为满意,相信这样的习惯改变,定会使他受益终身!

二

张某来自四川,是我校招收的第一个四川同学。他是一个文雅内向的学生,初中阶段曾获得过全国物理竞赛一等奖,学习成绩也始终在年级中名列前茅。刚到上中,他明显感到上中的学习环境、教学进度、学生素质都与四川有很大的不同,加上远离父母,使他一下子变得烦躁不安,无法沉静下来融入上中的生活与学习。另外,摸底考试不尽如人意的成绩更是雪上加霜,使他有巨大的落差感,而以后的一次次考试,一次次难堪的成绩使他备受打击,一次次的失望,甚至曾一度产生厌学情绪。

开学初,当我了解到张某的情况后,就及时地与他进行了沟通,也明确地与他谈及进入高一阶段,又离开了家乡、亲人,来到上中就读,确实会遇到很多困难。这是一个新的起点,要努力学会过三关:生活关、学习关、心理关。

从父母包办料理生活中的一切,到独自照顾、安排生活中的一切,对一个16岁的男孩子来说不容易,但又必须过这一关。只有越快适应上中的生活,学习、工作就越少了后顾之忧,越能跟上上中的学习、工作节奏。同时,与张某分析了四川与上海两地的学习情况,四川的学习环境、教学进度、学生素质等都与上中有很大的差距,更何况他所进入的是上中的数学竞赛班,更是强手如林,况且高中的学习内容比初中多,难度也加大了,因而不能始终拿初中的学习状况与高中相比,要重新定位,否则常会失落。不能正确看待,心情的沮丧导致没有正确的心态对待学习,形成恶性循环,因而只有正确分析,正确定位,才能正确看待一切,调整好情绪,过好学习关与心理关,并希望他通过一定的计划与措施来正确分析自己和调整情绪。一阶段实施下来,他通过记日记、与同学交流、与家人沟通等方法,已能适时地排遣郁闷情绪,较正确地看待自己,学习状态也趋于稳定。在这种情况下,我及时地肯定了他的实施是有效的,相信他持之以恒地坚持下去,每一阶段及时分析自己的发展状况,确立适时的小目标与大目标,近期目标与长远目标,不仅要巩固实施的成果,而且会使学习产生更大的动力,能取得更大的进步。

通过一学年的努力,张某已基本能及时调整好自己的情绪,并能确立适当的学习目标。张某从开学初的焦躁与郁闷,到不断地确定切合实际的目标,有了前进的方向,并不断地取得进步,也很好地控制了情绪。学生的学习情况与情绪有密切的联系,良好的情绪能促进学习进步,而合适的学习目标有助于形成良好的情绪,因而看待一个学生的学习,不能单纯地只看学习,而要全面分析,是否有良好的情绪,订立的学习目标是否切合实际等一系列情况,也唯有帮助学生订立切合实际的学习目标,调整好情绪,才能使学生的学习有长足的进步!

三

王某来自浙江,是一个知识面广、开朗外向、思维活跃的学生。初中阶段他的学习基础良好。初到上中,陌生的学习环境和同学,非但没有让他有拘束感,相反让他感到一切都那么新鲜,他的活跃因子促使他无法静下心来学习,结果导致学习成绩不是特别如意,处于班级中下游。而江浙一带的教学质量与上海相差无几,甚至好过上海,按理他可以在班级中处于比较上游的位置。在这种情况下,静心学习、提高学习效率是王某的当

145

务之急。

　　我找到王某,与他一起聊天,分析自己的不足,向他指出:来到上中学习,这是一个新的起点。过去的成绩只代表过去,一切从头开始,要重新定位,重新树立新的目标,并学会在没有家长的督促下努力学习,必须培养自控能力,重新扬起风帆,开始新的征程,而唯有明确的学习目标才能促使自己静心学习,提高效率,提高成绩。并希望他能根据新的学习目标制订学习时间表,并照此实施,当然要有灵活度,并学会不断反思、适时调整。

　　在我的建议下,王某通过确立一些学习目标,制订学习时刻表,并辅之以其他措施,已逐步学会静下心来专注于学习,学习效率有了明显提高,第一学期期末取得如意的成绩,进步较大。王某的努力小有成效,从开学初常受周围环境的影响,外界的一点响动都会影响该生,完全不能静下心来学习,到不断地确定切合实际的小目标,有了前进的方向,并不断地取得进步。但小有成绩后,该生有点沾沾自喜,停滞不前,没有确立进一步的中长期目标,缺乏进一步静下心来学习的动力,因而成效不能巩固。看待一个学生的学习,不能单纯地只看学习成绩,看表象,更应全面分析现象背后的原因,是否静下心来钻研,是否订立了学习目标。而且当小目标不断地被实现时,是否树立中长期目标,使学习有持续的动力,进而进一步排除一切外界干扰。而唯有订立适时的近期和长远目标、小目标和大目标,才能脚踏实地,得到真正的超越。

学会调节,学会生活

王　莺

　　学习是一个长期的过程,我们提倡"寓教于乐"的教育方式,但这并不等于说学习一定是轻松的,相反,从本质上说,学习的确是个"苦差事",需要我们投入大量的时间与精力,付出许多汗水与泪水。作为教师,应该让学生真正认识到学习的意义,引导他们建立起正确的学习观,不畏惧学习道路中的困难与艰险,不逃避辛苦与劳累。同时,也要教会他们调节放松的能力,使生活能够充满丰富的色彩,而不会单调枯燥。

　　郭某是6班的班长,为人谦逊内敛,成熟稳重,知识面广,责任心强,深得老师、同学的信任和爱戴。暑假里的家访和开学后的接触,使我对这个学生有了进一步的认识,他不仅品学兼优,而且有着超乎同龄人的成熟和思想,对国家社会有着强烈的责任感,为人敏感细腻,处事力求完美。

但可能也正是因为这样的个性特质，使得他容易背上思想包袱，给自己施加较大压力，从而影响发挥，甚至导致失败。

例如学期初的踢跳比赛，他本身有着不错的实力，但由于上场时内心过于紧张而导致发挥极度不佳，最终名落孙山。此事虽小，但已反映出郭某在经历关键时刻时的确存在着一定问题，也使他进一步认识到良好心态对事情成败的重要影响。在高二这一学年里，我和他相约以"提高在关键时刻对时局的把握能力"为目标，以不同时期的各类事件为契机，努力克服临场时的紧张焦虑情绪，从容面对各种重要场面和突发事件，有效提升个人的心理素质和应对能力，为明天的成功打下基础。

在确定了方案目标后，第一阶段，我们首先一起回顾了过去一年中对"关键时刻"把握得得当或不当的例子，找出背后的影响因素，发现其中既有主观判断、心理素质、环境氛围等带来的影响，也有来自于突发事件、客观条件的限制。对于后者我们往往难以控制，因此姑且不作评价，而前者的诸多因素则可以成为我们本案的切入点。在作了以上一些理论分析后，我们决定从实际出发，结合当前局势，找出几件具体的事例来锻炼自己"在关键时刻对时局的把握能力"。经过一番分析，我们锁定了两个目标，即期末考试的整体把握与学农期间的班级管理，以此作为第一阶段的操作对象。

在接下来的实施过程中，郭某以充分的准备、乐观的心态、自信的判断积极应对着关键时刻的考验，并以期末考试年级第一的优异成绩和学农期间出色有序的班级管理圆满完成了第一阶段的预定目标。郭某并没有满足于前期取得的成绩，他将这些成绩看做充分准备的结果，因此在第二阶段，他更多关注于一些突发事件和难以把握的事件，力图对这类关键时刻也能作出正确的处理。例如，由于郭某参与的心理课题研究颇具创意，学校邀请他参加市创新大赛，虽然事发突然、没有把握且当时学业十分紧张，但他稍加考虑后还是欣然应允了，及时把握了这一时机；高二学期结束面临选科，文理兼优的他陷入了困境，原本打算选文从政为国效力的他又难舍这些年对数理化积累的深厚基础和感情，在老师和家长的建议分析下，他权衡利弊，最后毅然作出了本科阶段学理打基础，研究生阶段从文展报复的全面规划，为人生的第一次抉择作出了重要决定。

经过为期一年的有意培养和积极锻炼，郭某"在关键时刻对时局的把握能力"有了明显的提高，为人处世更加沉着果断，井然有序。但正如他所认识的，对此能力的培养是没有止境的，在今后的人生道路上，他将面对更多更重要的关键时刻,希望他都能合理有效地把握。

在人的一生中,大事小事会经历很多,而每一件事的背后都有它的"关键时刻",对这些"关键时刻"把握得当与否往往关系到最终的是非成败。因此"提高在关键时刻对时局的把握能力"可以说是每个对未来有所抱负的人从学生时代就应该有意识培养的重要能力,郭某能较他人更早地意识到这一问题进而解决这一问题,体现了以他为代表的上中资优生的超前意识和卓越品质。

宋某是7班的一名普通同学,她为人热情,性格开朗,学习上对自己有着较高的要求,在原来就读的初中里一直是班中乃至全校的佼佼者,但来到上中这个强手如云的学校后,原有的那份优越感在一次次考试的失利后渐渐消退,取而代之的是日益强烈的焦虑压力。在这样的心态下,考试时越想考好就越紧张,结果往往导致难以正常发挥,成绩始终徘徊在班级中游水平。了解了她的情况后,我和她进行了一次深谈,经分析后达成共识,觉得导致目前学习上裹足不前的主要原因来自过大的心理压力,如能有效缓解,必有一定突破。同时,我也给她举了几个历届学长和她相似的成功案例,使她增强了信心。于是我们决定以"学会用正确方式和心态缓解压力"为目标,通过努力调整心态、缓解内在压力来改善学习效果,更大程度地挖掘学习潜能。

目标确定后,宋某立即予以了积极配合,一周后她便把初步拟订的十几条有关减压调整的具体措施拿给我看。看了她的计划后,虽然感受到了她的认真和决心,但也看出她字里行间依稀透露的对如何确实有效地实现自己预定目标的茫然和无措。为了避免由于急于求成而导致最终的事倍功半,我建议她在第一阶段先不要急于搜罗、尝试各种减压的方法,而是根据自己的情况,找出导致自身压力的来源。在对压力的来源进行了一定的分析总结后,第二阶段便可以开始尝试用心理调解、文学熏陶、音乐舒缓、宠物交流等具体的方式来缓解自己不同时期、不同原因造成的紧张和压力。特别是针对考试时由于焦虑紧张而导致发挥失常的顽疾,考前的充分准备和心理调整,以及考后针对成败的小结显得尤为重要。通过一个学期的锻炼和磨合,宋某在心态调整方面有了很大的提高,考试成绩也稳中有升。到了第二个学期,在前一阶段学习的基础上,我向她提出是否可以进一步发展,从根本入手,不只在压力出现后寻找减压的方法,而是在思想上树立正确的学习态度,明确学习的真正目的,把学习和考试看做积累知识、培养能力、锻炼技巧的过程,从而从根本上消除来自于学习的过大压力和焦虑。这次交流之后,我发现她学得更加自信,更加主动了,课堂上她和老师的交流越来越多,课余也能有效安排学习计划,并在之后的期中考试中取得了显著的进步。最后,我向她提出能否将自己一年来在调整心态、缓解压力方面积累的经验教训介绍给其他同学时,她非常乐意地接受了,还精心制作了 PPT 演示,和全班同学共享她的收获和成功。

很多优秀学生在原来的学校都是尖子,然而一旦到了另一个强手如云的环境就会落后,因此产生了巨大的心理压力。针对这种情况,作为班主任老师,有责任帮助他们重树信心、明确目标,顺利地度过这个过渡时期。让他们知道来到上中的每个同学都是出类拔萃的,因此上中的学习生活也必然是紧张忙碌而充满竞争的。如何在这种背景下开展学习和生活,在遭遇失败或面对挫折时采取积极有效且适合自己的方法是很重要的。有效舒缓压力、放松心情,以积极乐观的状态面对学习,这的确是每个学生都应该认真考虑的重要问题。

在心中搭建一片绿荫

陈 丹

"绿色奥运"是北京 2008 年奥运会的三大理念之一,也是北京城市建设的一项宏伟规划。所谓绿色,就是环境保护问题,也是回归大自然的问题。2008 年奥运会将在绿色的北京举行,北京将成为为奥运会提供一座空气清新、环境优美、生态良好的现代世界一流大城市。为了让绿色的理念深入人心,为了使我们每一个人都能为保护北京的环境尽一份微薄之力,我在本学期召开了一次名为"在心中搭建一片绿阴——建设绿色校园"的主题班会,希望同学们能够从建设身边的绿色做起,共同创建一个美丽和谐的校园。

班会开始前,我作了充分的准备工作。为了让同学们充分感受到绿色带给我们的清新感受,我精心地布置了黑板。我在黑板的中央写上"在心中搭建一片绿阴——建设绿色校园"的美术字体,并在黑板右上角画绿叶衬托点缀。

班会开始,我微笑地看着大家,问道:"看到绿色,你们会联想到什么?是和平、生命,还是在三伏天里我们用来解暑的冰淇淋——绿色心情?"看到大家思索的表情,我展示了一组关于绿色包装、绿色家居、绿色食品、绿色通道、绿色装修的图片。这强烈地激发了大家的积极性,同学们纷纷举手,异常踊跃地说出自己对绿色的理解。然后,我对大家说:"绿色已经渗透到我们生命中的各个角落,包括即将在北京举行的奥运会。说到奥运,我想让大家跟我一起看这样一幅图片,大家能告诉我图片中的人是谁吗?"同学们齐声说道:"国际奥委会前任主席萨马兰奇。"我接着说道:"现在,请大家跟我一起回忆一个瞬间。七年前的7月13日,年近垂暮的萨马兰奇,在莫斯科广场上,宣布了奥委会的一项投票结果。那一刻,全中国一片欢腾,全世界的华人,为之欢欣鼓舞。现在,就让我们一起来模拟一下那个激动人心的瞬间。"听完我说的话,同学们个个跃跃欲试。于是我邀请了其中一名同学扮演萨马兰奇,宣读选票,全班齐声欢呼。在热烈的掌声中,我庄严地告诉同学们,"从那一刻起,北京就为奥运忙碌了,为奥运沸腾了,绿色奥运的口号也在北京喊得越来越响。"我自然地引出"绿色奥运"的概念,并宣布进入下一个奥运知识答题环节。

经过一番激烈的抢答之后,我向大家展示了一组校园的美丽图片,并且对大家说,"我一直认为,附中是我见过的最美丽的校园。那么,作为附中的主人,究竟怎样才能把我们漂亮的校园建设成为一个名副其实的绿色校园呢?"我提供了六个关于如何建设绿色校园方面的方案,分配给各个小组讨论。它们分别是:以改善不文明行为为主题写标语,以保护绿地为主题写宣传语,以保护墙壁为主题写宣传语,以快乐学习为主题写标语,以塑造绿色心情为主题写标语,以建设和谐校园人际关系为主题写宣传语。讨论过后,各个小组代表宣读每组讨论的成果。

讨论结束了,大家的作品精彩纷呈。第一组同学写的"和谐人际关系篇"这样说道:"合则力强,分则力弱。友好相处,共同进取。校园是我家,友爱靠大家。以人为本,创建和谐校园。"第二组同学的"保护墙壁篇"写道:"墙是一张喜迎宾客的笑脸,墙是中国千年历史的积淀,墙是民族精神的象征。爱它,就一句话,保护墙壁。"第三组同学的"消除不文明行为篇"写道:"遵守交通规则,出门守国法,进家守家规。"第四组同学的"保护芳草地篇"这样写道:"芳草鲜美,野花缤纷,踏之何忍?抬脚间,青草长满天边,落脚间,瞬时灰飞烟灭。"第五组同学的"快乐学习篇"写道:"让我们乐观地面对困难,让我们微笑地面对挑战,奋力拼搏过难关,让我们从艰苦的学习中找到快乐。"第六组同学的"塑造绿色心情篇"写道:"微笑吧,因为生命如此精彩,以绿色心情看遍一切美丽风景。"最后,我给他们评出最佳文采奖、最佳哲理奖、最佳幽默奖、最佳合作奖、最具实践奖、最具创意奖。看着大家喜悦的脸庞,我说:"一位哲人曾经说过:'境由心造,美由心生。'其实,绿色也是一样。那么,就让我们根据今天所思考的,所获得的,一起努力,让绿色常驻在我们生命中的每一天。"

本次班会是一次同学们作为建设绿色校园小主人的实际体验。班会气氛热烈,大家积极参与,在短短的40分钟里度过了快乐轻松的时光。同学们都在竞猜和讨论中表现出了很好的创造力和良好的合作精神。班会结束以后,我询问了同学们的感受。刘某说:"我感觉这次班会挺好的。整个班会的气氛轻松,大家能够一起交流,齐心协作。"岳某说:"给我印象最深的部分是老师对绿色校园的总结,配着恰到好处的钢琴音乐和背景图片,非常温情感动。"路某说道:"挺喜欢这场班会的。中间的颁奖环节配上了很大气的音乐,感觉很像奥斯卡的颁奖晚会。很逼真。"陈某说:"整体的感觉都是以绿色贯穿始终,挺好的。最后的小组交流后分享讨论成果,气氛非常热烈,我很喜欢。"牛某也说道:"我也很喜欢最后那部分小组讨论,大家都齐心协力,绞尽脑汁,尽量想出押韵的句子来,最大限度地激发了大家的创造力。"于某说:"我从这堂班会课中获得了对绿色奥运知识的了解,引发了我对绿色校园的思考。"吴某说:"班会体现了很强的知识性。我学到了很多知识。"

"绿色奥运"这个主题体现了中国三千年来哲学思想的精髓,即环境与人类生存之间的和谐统一,其建设内容以重视自然生态环境为根本,体现出较高的可持续发展的环保理念。马克思曾说过:"人直接地是自然存在物",是"有生命的自然存在物","人靠自然界生活",这与胡锦涛主席提出的构建社会主义和谐社会是一脉相承的。作为一名有责任感的公民,我们应该努力创造人与自然和谐共生的宜居环境。不仅如此,我们还应该促进人与社会的和谐,促进人的全面发展和文明素质的提高。

在"绿色奥运"的大主题下,建设绿色校园,意味着我们应该创建一个美丽和谐的校园。实现和谐,是古往今来人类孜孜以求的美好理想和愿望。而调动一切积极因素构建和谐文明的校园环境也将是一个永恒的主题。"景美则心旷,心旷则神怡,神怡则智清,智清则学佳。"一个净化了的环境,会使人的心灵美化,并激起一种奋发向上的自尊自爱的意识。此外,千姿百态、意蕴丰赡的校园文化和良好的师生关系、健康的心态是打造绿色人文环境的根本。

在这场班会中,六个小组分别从环境和人文的六个主题出发,开动脑筋,齐心协作,写出了颇具文采和实践性的标语。这些题目引发了大家对于绿色校园深层次多角度的思考,对正其言行起到了非常好的作用。我们应紧遵附中校训,在绿色和谐的教育氛围中愉快地学习,在绿色和谐的兴趣乐园中陶冶情操,在绿色和谐的人际关系中健康地成长。"千里之行,始于足下",让你我携起手来,在心中搭建一片绿阴,共同努力创建一个绿色的校园吧!

平凡的重量

朱雅芳

我是一位在普通班主任岗位上守卫了 18 年的普通教师,在一次会议上,我曾经这样介绍自己,"虽然我很平凡,但我可骄傲地告诉大家,我在一笔一画书写这微不足道的平凡二字时,却蕴涵了特有的重量。"

平凡的老师,不平凡的幸福

师范毕业,传闻被保送读浙师大或者统配在市区的优秀毕业生,却背着行囊来到一座寺庙。校长介绍,这就是我工作所在地。我从骄傲的天空坠落到现实的面前:低矮的房屋处处漏雨,滴答滴答的雨声仿佛是课堂的打击乐曲,操场是校门口老樟树底下那块空地。全村男女老少祈树拜神之声,往往和孩子们的琅琅书声和成二重唱。茅厕用三两块木板支撑,踏上去,令人胆战心惊,总怀疑它那吱吱哑哑的喘息会瞬间消失,单薄的身子不胜重负。最令人心惊的是我那 8 平方米的闺房,好不容易扯上一层防水塑料布,代替了诸如锅碗瓢盆接雨器,却成为老鼠的乐园。夜间除了聆听樟树间凄冷的风声,便与老鼠们欢快的嬉闹声相伴。一时间,失落沮丧将我紧紧包围,惶恐迷茫将无助的我塞入自卑的底层。

窗外,雨淅淅沥沥地落着;屋内,塑料薄膜上的雨滴答滴答,此起彼落。乡村的晚上,寂静得令人害怕。猛然间,窗前响起了几声猫叫。细听,仿佛又不是猫,隐约还有脚步声,我心惊胆寒。手拿菜刀,颤抖着声音喊:"是谁? 再不说话,我喊人了!"

"老师,是我。"打开房门,是建、平,还有龙。衣服已经湿透,头发上还滴着水珠。

"你们,你们干什么?"我惊讶至极。

"我们帮您赶老鼠!"

"妈妈已经答应我养一只小猫了。舅舅说这两天就能送来,到时候,老师您的房间里就不会有老鼠了! 这两天,我们先当一下小猫。喵! 喵!"

"老师,我们学得像不像?"

面对这一脸率真的孩子,我不知道说什么好,只是把他们紧紧搂在怀里。那一刻,我觉得心里漾起了阳光。

不知从什么时候起,讲台上每天都会出现一束野花,带着一股清香,沁人心脾。我不由自主地闻闻,再闻闻。那天早上,走进教室,发现讲台上有一些豌豆花,询问:"是谁摘下这豌豆花?这可不行,摘了花,就结不了豌豆了。父母种菜很辛苦,你们可不能这么做啊。"英子怯怯地站了起来,低下脑袋说:"我听城里的表妹说,她老师特别喜欢茉莉花,白色的,很香。我以为这就是茉莉花,我告诉表妹,我的朱老师也是城里的,也喜欢茉莉花,我就帮您采来了。"我的眼睛湿润了,纯真质朴的孩子啊,你们让我知道其实做一个平凡的乡村教师,生活也别有滋味。

渐渐地,我开始融入乡村孩子的生活中。校园里,响起了我的笑声、歌声、琴声。当孩子们围着我,欣赏我演奏小提琴时,在他们眼里,我看到了从未见过的神圣,仿佛我是世界一流的音乐大师。课堂上,幽默风趣、声情并茂、抑扬顿挫的我让孩子们眼发亮,脸发红,手高举,口妙语,仿佛我就是点石成金的智者。课外,他们教我钓青蛙,采野莓,摘野菜,做各种菜肴……最有趣的是,我骑自行车从来不用脚踩,后面总有一群粉丝推着,我上哪儿,就推到哪儿。

我找回了自信,不再以自己是一个平凡的乡村教师而沮丧,我开始领悟到一种特有的平凡——蕴涵幸福的平凡。活力四溢的校园中,我朝看晨曦,伴着书香;夜抚清风,闻着学生的余韵;白天,与孩子相伴,享受学习的幸福;傍晚,和孩子相约,闻着泥土的清香。在乡村的寺庙学校中,我尽情享受蕴藏着平凡的幸福。

平凡的老师,不平凡的宝藏

在乡村,落后封闭的环境,无书可读的现状,专业引领的缺乏,决定了圆梦之路的艰难。外出培训的机会很少,不经意,就会在封闭的环境中迷失方向。然而,我却深信,身边每一个平凡的老师,尽管他们不是特级教师,但是他们都存着一汪教育教学鲜活的泉水,都藏着不平凡的宝藏。

普通话很不标准的民办张老师,家里有很多农田,下班铃一响,他便扛着锄头来到地里,然而,我从他的课堂上得知,作为一位语文老师,最好能兼任常识课(科学课),因为这样,你在语文课堂上会更加得心应手。从教35年的许老师,是孩子们最为尊敬的老师之一,再调皮的孩子到她班里,也都变得服服帖帖,认认真真。她告诉我,做好班主任很简单,就是做活一个字——"黏"。让孩子们一天到晚黏着你,舍不得离开你;你一

153

天到晚黏着孩子们,一直牵挂着他们;调皮的孩子犯错误,你就像牛皮糖一样黏着他,直到他通过自己的行为替伙伴做一些事情,以此惩戒自己为止,还要让他明白,以后犯同样的错误,会招致更强烈的黏,他必须付出更多时间应对黏功。对于优秀孩子,老师就让他们黏上钻劲,黏上创性⋯⋯

杨老师,好像一辈子都没有见她被评为什么优秀教师,或者得过什么奖章,然而,她的学生学习习惯、生活习惯特别令人羡慕。向她取经,她总是局促不安:"你看我一个乡下老师,哪有什么经验啊。倒是你这个小女孩,才真的令我佩服呢!"我并没有因此罢休,暗中学习。发现劳动时,她总是带头干得最欢,旁边的孩子围着她边做边兴奋地说着什么;写作业时,杨老师从不埋头做其他事情,总是和孩子们一起认真完成作业,最后孩子们批改老师的作业,老师批改孩子们的作业,从书写姿势点评到书写字迹,到分数的评比,孩子们常常会为自己的分数高过老师而欢呼;她还将自己孩子小时候穿过的衣服送给班里的孩子,把自己煮的茶叶蛋分给孩子们品尝,带着孩子们满操场剪马兰头,作为晚餐的菜肴⋯⋯这一切,用现在的话来说,应该称之为班队活动课程吧,然而,在杨老师的眼里,没有什么课程不课程,一切都很自然,只是为了让学生们觉得好玩、开心,仅此而已。还有比我年长一些的张老师,对我推心置腹:"姑娘,我看你单纯,不善言辞,在开会时发言都面红耳赤,声音发颤,但是你有自己擅长的方面,从你擅长的开始吧!"

是的,我深知自己,离开了学生,就成了一位性格内向、不善言辞的老师。我会因为要在大会小会上发言而紧张得不能入睡;我会在发言过程中将准备了一夜的稿子说得语无伦次,从而自怨自艾;我羡慕侃侃而谈的老师,羡慕他们的自然大方。然而,我不能生活在羡慕里。我也有我的擅长,一语惊醒梦中人:常常让学生用放大镜寻找优点的老师,竟然忘记自己也应找寻优点。

我爱学习,比别人多了一双发现的眼睛;我勤于记录,不放过对自己有启发的点滴;我善于将别人的优点转化成适合自己的特点;我做事情耐心认真,有时还加上幽默巧妙作为点心⋯⋯

我深爱课堂。课堂上,我用心去成长,用心去享受,我将自己当做学生,揣摩学生的需求,破除把语文教学和语文课堂教学等同的观念,充分利用教材,从纵向向横向进行拓伸,从课内向课外延伸,使学生视野开阔,上下五千年,纵横千万里,课堂成了任我和学生驰骋之地。

我更爱学生。我用心去接纳他们,理解他们,欣赏他们。我用自己亲手摘的野花编成花环,奖励给那些为伙伴伸出援助之手的孩子;我教他们唱我喜爱的歌《想唱就唱》,哼着调子,在教室里养蝌蚪,观察它们怎么变成青蛙;孩子们教我种菜,将学校围墙边的地开垦出来,种上各种蔬菜,还有桃树、李树,期待着它们开花结果,我们把这一切都记录下来,比赛着,看谁记录了别人没有发现的新鲜事……

乡里要举行课堂教学比赛,我鼓足勇气报名参赛了——和学生平等地交流,融洽的氛围,小提琴恰到好处的配乐渲染,孩子们理解文本后的表演,使我的课堂受到了大家的肯定,引发了一些讨论,也引起了县教研员的注意。

班队活动课程展示,我踊跃参加了——课堂和生活完美的结合,给班队活动课带来了冲击,教研员提议让我到县城给全县老师上一节观摩课。

紧接着,我接触到了对语文教学很有思考的教研室主任章师亚和一大批最优秀的语文教师。身边藏宝人愈多,我挖掘的宝藏也越丰富,我越丰富,外出学习的机会也愈多。我幸运地聆听到了窦桂梅、魏书生、周一贯等老师的报告,观摩了特级老师的语文课,看到了一位位平凡教师可能到达的高度和境界,也坚定了自己发展的信念。

平凡的老师,串起平凡的碎片

岁月让我不再年轻,而思考让我不再幼稚。审视背负了 *18* 年的班主任行囊,装载无数朴实无华的碎片,不璀璨,但也闪烁;不炫目,但也晶莹。串起这些平凡的碎片,回味无穷的乐趣,继续精雕细琢,打磨其中光泽,好好珍藏,直到我老得走不动时,躺在摇椅上,细数碎片,回味曾经的梦想。

1. 一次拥抱,按顺序进行

曾听一位家长对班主任说了孩子小小的心愿:希望老师走过她的位置时,能抚摸一下她的头,能多看她一眼。因为她羡慕调皮大王,经常被老师抚摸;她羡慕特爱表现的同学,老师经常对他微笑。的确,班主任工作繁多,精力有限,往往为了树立先进,使学生有学习的榜样,精心地辅导关心优秀学生,有时甚至护着他们;为了使全体学生共同进步,倾注大量时间和精力在后进生身上,循循善诱、耐心教育,力图使每一片树叶都翠绿。而对班级中那一部分默默无闻,不轻易显山露水的孩子,班主任往往会忽视,很少给他们提供展示聪明才智的机会。他们就像高原上的水看似烧开却永远也没烧开。事实上,他们也需要成功的体验,需要别人的认可,渴望老师的关爱。作为班主任,如何才能不忘记其中的每一个呢?

每天,我都会在点名册上按一定的顺序,确定一名学生作为我今天拥抱的对象。或许为他举起手发言而热烈拥抱,或许为他弯腰拾起垃圾而轻揽入怀,或悄悄地告诉他很优秀,只是还需要一份认真,或者用幽默的话语调侃几句,或询问他们的生活,夸夸他们的变化,说说自己的愿望,或许没有任何理由,只是轻轻地说,我很喜欢你,欣赏你,想像妈妈那样拥抱你……随着拥抱次数的增加,我和学生之间的心更贴近了。慢慢地,我收获到了学生热情的拥抱,还有那位家长对老师无比尊敬的拥抱。

张开你的双手,别忘记给任何一个学生送上轻轻的拥抱,因为你将收获的是所有学生的信任和尊敬。

2. 素材库,老班智囊箱

2003 年,在春暖花开的季节里,我走进了"教育在线"。在那里,我接触到无数和我一样的普通老师,看着他们谈笑风生,读着他们的精彩人生,体验着他们的幸福,第一次有如斯感动:原来,教育可以如此美好。当我邂逅了仰慕已久的特级教师张万祥,并幸运地成为了他的弟子时,第一次有如斯激动:原来,教育可以如此幸福。最美妙的是,网络的资源似乎没有止境。尤其是恩师,不顾疲惫,为年轻班主任的成长呕心沥血,他几乎天天都在论坛上发帖,将自己搜集的资料与大家共享。我大受启发,何不建立自己的老班素材库?

于是,我通过搜集、摘抄、剪贴、网上储存,逐渐整理了四个素材库:德育故事库,学生案例库,活动素材库,管理方法库。

(1)德育故事库

恩师张万祥先生编著的《新课标德育资料库》是我视为至宝的作品之一。我常常拿着这本书,在办公室告诉同事,你当班主任,这本书不能缺,并约定,凡向我借阅此书的老师,都要付"利息":至少要以两本好书交换。我常常捧着这本书,在班里读得泣不成声,和学生一起接受真善美的洗礼。我还向同行透露秘密:在电脑上输入关键词"张万祥"以及"德育故事",那份精彩会令你惊讶。其次,我还经常发动学生广泛搜集此类故事,然后加工整理成具有特色的校本教材,用爱心和智慧唤醒学生心中固有的真善美。

(2)学生案例库

首先,王老师的《今天怎样做教师——100 个案例》是不可多得的案例经典;《零距离接触——优秀班主任工作案例解读》、《21 世纪班主任工作案例》给班主任解开疑惑。其次,我从报刊上摘录了他人的教育事件,特别是处理事件所引发的一些反思和讨论。再次,深入学生,善于观察,善于交流,细心记录发生在学生身上的事实,并加以梳理、剖析、研究和提炼,珍藏那些让我感动、感悟的精彩片段。

(3)活动素材库

活动是实现教育目标的最佳手段,让学生参与一项活动远比几次泛泛说教更有效。许多活动,我们做过了,便似过往云烟,不留痕迹。其实,如果我们将活动过程、活动后的反思——记录,留下的将是一笔丰厚的财富。其他老师的做法也给我极大的启发和借鉴。《班主任之友》、《小学德育》等许多刊物中也都有介绍班级活动的文章。将这些资料荟萃在一起,结合本班实际,适时适当有序地进行这些班级活动,能使班级更具活力,更具魅力。

(4)管理方法库

后进生教育方法集、调皮学生应对策略、早恋学生解决方法、班干部的培养、班主任兵法、班级管理细则……各种班级管理方法按类别搜集成册,集成一个管理方法宝库。在平时管理中,不知不觉就运用上了其中的策略,使得班级管理如鱼得水。宝库中甚至能找到企业管理的经典案例,有时也会给我一定的启发。如英特尔的"一对一面谈"、通用电器的"手写便条"、海尔的"日日清"、谷歌的"最人文的环境"等。厚积薄发,积水成渊。优秀的班主任,必定是一个善于积累和储备的老师。

我是幸福的,*18* 年的带班日子,很辛劳,但总在感受那不经意间就四处弥漫的幸福。我是快乐的,岁月无情,将我带入中年的行列,然而纯真的孩子,使我和以往一样激情四溢,青春焕发。我是平凡的,然而 *18* 年的带班生活,让我领悟到一种特有的平凡——有重量的平凡。这是一种细致入微的平凡,一种挑战自我、超越自我的平凡,一种蕴藏着幸福的平凡,一种不平凡的平凡。

谁都渴望成为英雄豪杰、伟人巨匠、名师名家,但是真正能处于人类文明金字塔尖的人物只是少数。我们或许永远成不了"名家",但是我们在书写平凡的人生时,可以把"平凡"二字写得更有重量。

做一个有梦想的班主任

焦美玲

让每个孩子怀有梦想,让每个集体成为传奇! ——这是我一直的梦想!

教育起程,其乐融融

第一次做班主任时,我 *21* 岁。接手的是一个初二年级成绩最差的班级,全班60个学生,男生占了三分之二,全班的孩子普遍比较贪玩。除了学习委员在年级里遥遥领先,其他孩子的成绩都远远落在后面。排在全年级倒数位置的孩子更是有一大把。带过初中的老师都知道,初二的班级本来就是最难带的,稍有不慎,就会两极分化,也最容易变成乱班。

同年级的老班主任们谆谆告诫我刚接班时一定要严,要先给那些调皮的孩子一个下马威,但是我没有这样做。

我认真地作了一番换位思考:十三四岁正是争强好胜的年龄,孩子们在学习方面长期落在后面,必然会觉得压抑,甚至会自暴自弃。现在最需要做的就是让他们有快乐骄傲的资本,重新建立起自信心。因而,我要给让孩子们拥有一个最令人羡慕的班级,有最丰富多彩的校园生活,让每个孩子永远怀有美丽的梦想,让他们以拥有我这样一位班主任为荣。

于是,节假日我带领学生骑车郊游、听雨看雪,市郊的山山水水留下了我们的身影,甚至我还做通了学校领导的工作,带学生们去看黄河、游龙门、走访少林寺……为了培养孩子们的多种兴趣,展示孩子们的才艺,我组织学生开"生日晚会"、"国庆烛光晚会"、"五四青春庆典",带学生去游泳、踢球、办报纸,指导他们一起集邮、收集古币,和他们一起钓鱼、养花……

丰富多彩的活动,让全班每个孩子有了自信的笑容,让同年级的孩子们羡慕不已。与此同时,各种来自老师的评价也传入了我的耳朵,大多数老师说我太年轻,还关心地劝说我不要太贪玩,还有个别老师对我的做法颇有微词。我却正陶醉在孩子们的幸福中,于是"只要我的孩子们快乐就好"这句话成了口头禅,挂在了我的嘴边,帮助我抵御着外来的各种干扰。

孩子们是懂事的,努力用他们的方式温暖着我,无论校内外,他们对听到的对我的所有"批评"进行着"反击",用心地维护着他们年轻的班主任的形象。越来越多的孩子们开始用功读书,因为怕辜负了"姐姐"老师的关心。

放学后,我开始给落后的孩子义务补习各门功课……为了激发全体学生的读书热情,我拿出了自己全部的班主任津贴,设立了"求知"奖,还常常拿出工资为学生购买书籍……

两年里,所有的孩子们都在不断进步。虽然当年我们最终没有成为第一,但是每个孩子的心中都保存着初中生活最美好的记忆。走向工作岗位、走向全国各地的学生依然以当年的生活为荣,年年春节都要聚会,讲述大家熟悉而眷恋的过往,讲述他们讲给别人时总被怀疑的"传奇"。

这样的带班方法,让我不断地感受着一届届学生的"宠爱"。

我知道使用"宠爱"这个词是多么不合适,但除此之外,我实在找不到别的词能形容学生给我的感情。每天星月交辉时，那群高高大大的男生护送下班的我回家；暑假旅游结婚归来，一出站台我就看见那群连续三天清晨来守望我的大孩子；当我外出学习，几十个孩子为我年仅一岁的女儿过生日；已经升入高中的学生，每周风雨无阻地归来向我汇报他们的学习；参加工作的学生，第一次拿到工资，立刻拨通我的电话；留学海外的学生，回到家，他们第一声问候传来……太多太多这样的时刻伴随着我的教育历程，使我由衷地热爱上了教师这个清贫的职业，因为我有太富足的精神世界。

每每回首，这几乎成了我从教的精神源泉。无论再遇到怎样的烦恼怎样的诱惑，我将依然坚守三尺讲台。

跌入困惑，苦苦追梦

青春的日子就这样伴随着一届届学生从少年走向青年，被五彩的幸福璎珞编织成一幅光彩照人的画卷，这样单纯而明净的幸福生活大约持续了 12 年。

2003 年以后痛苦骤然降临。

随着高考热的逐年升温，教育的竞争愈演愈烈，成绩逐渐成为教育的"主宰"，分数决定着一切。丰富多彩的校园生活渐渐只留下了读书学习一件事。硬性的管理逐渐取代耐心的说服教育，整齐划一的要求不断消磨着学生的个性。师生关系变得很奇怪，很多温柔的老师在学生面前必须以凶巴巴的面孔出现。教育和谐美丽的场景越来越少见。

眼见得孩子们的眼圈越来越黑，近视的学生越来越多，厌学的孩子越来越多，我茫然着，也心疼着。我更加努力地减少学生课后的语文作业，努力营造着课堂上愉悦的氛围，努力坚持做一个善解人意的温和的班主任。但是我发现这样的努力几乎是杯水车薪，既无助于改变学生要把所有时间放在学习上的现状，也无法使学生改变厌学倾向。我越努力，越感到力不从心，我越来越不知道教育的意义是什么。

困惑积聚，忧心如焚。到 2005 年的时候，我的身体健康受到严重影响，全身疼痛，严重失眠。我病倒了，曾经美丽的教育几乎成了折磨着我的梦魇。

休假过程，身体离开了讲台，但心里依然深深眷恋着校园。我开始拼命读书，希望能从中寻找到一个答案。从于漪、魏书生、钱梦龙、李镇西、朱永新，到苏霍姆林斯基、佐藤学，从孔子、庄子、苏轼到林语堂、南怀瑾，乃至历史、心理咨询、美学著作、哲学、伦理学，我喜欢的不喜欢的，读过的没有读过的，凡能找到，不管懂不懂，只管一并吞了下去。

最初的阅读带给我的是更深的痛苦,我发现读得越多,越感觉到理想与现实的冲突尖锐,甚至于到了无法调和的地步。

直到重读鲁迅:"太伟大的变动,我们会无力表现的,不过这也无需悲观,我们即使不能表现他的全盘,我们也可以表现它的一角,巨大的建筑,总是一木一石叠起来的,我们何妨做做这一木一石呢?"这样的告诫,使我豁然开朗:伟大如鲁迅,还只能做一木一石的工作。我为什么不能安心改变我的三尺讲台、我的班级呢?

除了阅读,还有两个重要的因素,不能不提及。

一是万里寻梦。在休假的时候,我第一次有了完全属于自己的时间。除了读书,我还有机会去走访名山大川,走进很多类型的课堂,接触到了完全不同的思想。杭州郭初阳老师广博的阅读,"另类"的课堂;成都的李镇西、魏智渊老师、夏昆老师、陈玉军老师对教育的思考、人文精神的渗透;常州的程代军老师为理想而不惜与原学校对簿公堂的执著与勇气;泉州外国语学校的全志刚老师的坚守……这给了我很多信心。再有北京的邓涛、开平的刘晓曦老师等人面对生活的态度对我亦有很多启示。

二是师友的支持。两年最消沉的生活,却也是感受家人与朋友们关怀支持最多的日子。这里仅说两位极有代表性的。

第一位是张万祥老师。最早认识张老师是在网上读到老师的《班主任工作创新艺术100招》,从中学了不少东西。2004年我有幸成为张老师当时的13名弟子之一。老师的热情教导与严格要求更让我受益良多。可之后不久,我就因为身体的原因暂时离开工作岗位,又因为思虑阻塞,心情抑郁,老师布置的任务也无法完成,乃至深感愧对老师,不敢再和老师联系。但老师却依旧牵挂,多方打听询问,关怀备至。尤其是我出游在外时,老师总是鼓励:这样的经历会是一笔财富,只要肯努力,相信你一定会书写出属于你的辉煌。他还不断地寄来各种书籍,督促我学习提高。这样的无私帮助与真诚鼓励,常让我想退却时就心生愧意,于是又重新振作,继续追寻。

第二位是我的学生孙巍。他是留美的博士,学生物遗传学。2006年春节孙巍回国的时候,我还没从困扰中走出。他听说我的身体状况不好,很担心,坚持要见见我,看看"病情"。这样就有了一次关于"墨汁和大海关系"的谈话。他说:个人的努力也许就是一滴墨汁滴入了江河湖海,墨迹消失得无影无踪是正常的,但这并不是说这墨汁不存在,或者没有任何作用,总有些水被浸染了一下,尽管它的颜色浅淡到看不见,但是影响依然产生了。还说我的善良、爱心是寻求到现实与理想间那条道路的必要保证,等等。这次谈话和以后重读鲁迅给我的影响几乎同样重要。

毛虫破茧,走向新生

如毛虫破茧方能成蝶一般,艰难的追寻终于结出了香甜的果实。两年多的读书、游历、交往生活,让我开阔了眼界,变换了思维的角度,开始以一种崭新的面貌投入到工作中,由最初的不自觉享受教育向自觉的理想教育迈进。

2006年暑期,我认真分析了自己的出游动机:寻路是一,逃避是二。于是我谢绝了南方学校的挽留,回到家乡,重返讲台,开始用全新的思想带班。

如《教育——为了人的幸福》一书所说,教育首先是一个双向的活动,在教育者教导学生日益提高、完善自己的同时,日益走向真、善、美的最高境界。这个提高的过程本身就是无比美丽的,身处其间,本身就是一件快乐、幸福的事。其次,教育应该为人未来的幸福生活作出必要的准备,即幸福需要教育,教育也同时需要幸福。在工作中,我悉心体味着教育教学中每一个细节的美丽,把每一点发现、每一点进步而带来的快乐、幸福感受通过语言、文字传递给学生,让他们分享我的快乐、幸福,进而发现他们自己的快乐、幸福,有信心追寻并拥有最美丽与幸福的校园生活。

在给学生新年的祝福信里,我这样写道:

每天注视着你们离开,我常常想,有缘和你们这样一群优秀的孩子相识相知,并且在你们需要的时候,能用我的人生阅历、读书经验帮助你们,使你们走得更远、飞得更高,这是一种幸福。

孩子们,你们是我的理想,是我工作的意义。我相信以你们的聪慧头脑和渐渐博大的胸怀,一定会书写出最美的中学时代,一定会展示出最光明的教育前景。

两年多的阅读、游历使我强化了教育应致力于培养合格的现代公民的认识。而"现代公民,首先只能来自这样一种成熟的公民意识——清楚地知道自己应有的基本权利与应尽的义务,并以社会正义为原则,关心并热心参与公共事务及改造社会"。

我深深地懂得,作为一个优秀的人,应该具有一种大爱的能力。于是我引导学生关注社会生活中的一切美好。尊重他们的人格,同情他们的不幸,乃至激发起他们的责任感、使命感是班主任教育工作中非常重要的一项。作为班主任兼语文老师,在这方面有着得天独厚的条件,因此现实生活与文学作品一起进入我们的班会课堂,成为我们探讨的对象。农民工问题、艾滋病问题、慈善事业都是我们的讨论范围。当比尔·盖茨与艾滋病患者握手时,我们探讨大爱何时要无声,何时要大声;当农民企业家"救助贫困学生万里行"活动走进我们的校园时,我们细心体味讲台上接受捐助者的心理;当一只小鸭打破了异国的宁静时,我们反思自己作为共和国"公民"的义务……

有人说,态度决定一切。这句话说得太对了。现在我每天都生活在由衷的快乐与幸福之中。带着微笑看孩子踏进教室,微笑着目送孩子们离去,这是人间美丽的图景!

我知道到达理想的教育境界,路途还很遥远;我知道那美丽的自由王国,是彼岸的花朵;我更知道只要在路上,前方就是希望!

未曾预约的精彩

陶 茹

很幸运,我能从事教育这项爱的事业,并且成为了班主任。这是份挑战性的工作,但我很喜欢,它带给我太多的意想不到……

爱学生,才能懂学生

班主任工作是情的感染,是心的交流。苏联教育家苏霍姆林斯基说:"孩子的心不应是真理的仓库。我竭力要防止的最大恶习就是冷漠,缺乏热情。儿时的内心冷若冰霜,来日必成凡夫俗子。"教育不能没有爱,没有爱就没有教育,爱是教育的灵魂。教师只有热爱学生,才能正确对待、宽容学生所犯的错误,才能耐心地去雕塑每一名学生。

班主任工作之苦,每一位做过班主任的老师都深有体会,不少人得出的感受是"苦海无边";班主任工作之累,每一位做过班主任的老师都能说出个"一二三四"。每位班主任,即使再苦再累,脑子里想着的是学生,心里装着的还是学生。人非草木,孰能无情,当学生能真切地体会到平凡而伟大的师爱时,春风化雨的教育就滋润成长的心田了。学生感冒时的一句问候、放学途中的一句叮咛、生病时的一次探望、考试之后的一次鼓励……必将在学生心底荡起阵阵涟漪。随时将我们的关心和惦记传达给学生吧! 让师者亦师亦友,让教育如诗如歌。

我曾中途接班,担任一个"问题班级"的班主任工作。班里有一个学生以好打架出名,我第一个就认识了他,并从解决他的打架事件开始走进班级。事情很简单,这名学生由于不满意另一同学的所作所为,对其大打出手、以拳相向。这名学生既然是班里的头号"种子选手",我必须竭尽所能让他在情感上接受我,喜欢我,尊重我,爱戴我,从而听从我的教导,在我的影响下发生改变。我首先微笑着和他进行了一次谈话,我拉把椅子,请他坐下来,以平等、友善的态度,用自己的真情实感和亲和语言让他感觉到我是真心实意为他好,同时表明我对他的欣赏、信任与期望。在以后的时间里,我找机会安排他为班里做一些事情。由于他做得出色,我大加赞赏。他因为每天要参加学校运动队的训练,家住得又远,所以我会经常嘱咐他早睡觉、多喝水;在他身体不舒服或情绪低落时,我会及时给予一些关爱和鼓励。细微处见精神。我们从心理上逐步拉近了距离,他不仅再没打过架,而且已具有良好的行为习惯,并全心投入到学习和学校活动中,成为我工作上的得力助手。

让学生拥有犯错的机会,让他们的成长变得精彩。经历错误,感知错误,体验错误也是一种学习、一种进步,一笔人生成长不可或缺的财富。经历错误才能汲取成长的营养,才能学会经受挫折并最终走向成功。英国著名的科学家戴维曾说:"感谢上帝不是一个灵巧的工匠,我那些最宝贵的经历都是失败后得来的。"在学生的生命里,也许老师就是那个引导他命运的工匠,工匠们总是想把自己的作品做得十全十美。但是,还记得那"断臂的维纳斯"吗?因为有遗憾,所以才美。

善于总结和反思

铁棒与钥匙的对话:

铁棒费了九牛二虎之力也撬不开锁,而钥匙却轻轻一转把锁开了。
铁棒问:"这是为什么啊?"钥匙回答说:"因为我懂锁的心。"

在班主任工作过程中,我每每会碰到困惑,有时甚至有种无助的感觉。每个阶段似乎都不是一帆风顺的,都伴随着困难、苦恼和反思。我也曾像铁棒一样去"撬锁"而不得其法,但是,慢慢地,我也学会了总结、反思自己的所见所行,找到"钥匙",并进而找出成功与失败的原因。我总结出成功的经验与失败的教训,使自己以后能少走弯路,提高效率,对后续的工作产生促进作用。上学期临近期末,又要撰写评语了。觉得肚里没什么词,便请来几位学生,帮我先拟个草稿,也好让我看看他们眼中的同伴是什么样的。学生们的积极性很高,讨论得也很热烈,结果也很让我吃惊。

"你很聪明、活泼、善良,虽然有点粗心,但做事积极,待人热情。你知道吗？老师同学都把你当成好朋友,希望你也成为老师的朋友,上课不要太随便,有什么问题举手提出,这是尊重老师、尊重同学的表现。你会更出色的!"这条评语是写给一个平时爱插嘴的学生的,在老师眼里或许难以发现他的许多优点,但学生帮我找到了,同时帮我委婉地提出了批评和意见。写得多好!

　　一个个精彩的评语让我反思,评语所折射出的应是教师的学生发展观。虽然提出全面发展观已经不是一年两年了,教师对学生的评语也有"全面"的意思,但是在这"全面"之中位居重中之重的仍然是学习,似乎学习搞好了,其他方面就都好了。与老师相比,我们的学生在互相评价时可能会是另一种情形。尽管他们也知道学习的重要性,但在同辈群体的眼中,更多关注的可能是他有什么吸引人的地方,有哪些让人叹服的绝活,等等。新课程所倡导的学生评价,要求通过多种评价工具,采用多种评价方法,综合多元评价内容。我们提倡教师要具备新课程理念,但在真正实施过程中可能会存在两张皮,比如在写评语时,"你是个勤奋好学、爱动脑筋的同学,学习成绩不错……希望今后继续努力学习,争取取得更好的成绩",这类评语恐怕还时时会写。

　　传统的、标准化测验的评价方式有可能把具有个体差异的学生都培养成统一规格的人。但同为世人眼中的杰出艺术家,贝多芬和拉斐尔究竟谁更智慧? 一样是备受瞩目的名人,比尔·盖茨和克林顿谁更睿智? 作为年轻一代的偶像,姚明和郎朗又是谁更聪明? 作为各自领域的佼佼者,他们之间有可比性吗? 人的智能是多元的。教育的作用之一就在于给学生提供建设性意见,帮助他们发现自己的强项和弱项,预测并挖掘每个人的潜能。

　　多元评价是发现每个孩子长处和优点的最好方式。我从学生的共性与个性、兴趣与情感等因素分析,寻觅教育、评价学生的新出路,试着用"最合脚的鞋"来适应学生的学习经验,既关注学生的学习成绩,又着眼于发掘并彰显学生的个性特长和优秀品质。通过学生试着写评语,我反思到:我们的工作要真的从各方面来关注学生,因材施教,对不同的学生提出不同的要求,不能只为了班级的分数排名而限制学生的个性发展,这对学生今后的发展很重要。

　　通过反思,我对学生的评价改变了原来只重学业评价的做法,而变为注重其日常在校、在家、在社会上的综合表现。评价内容包括关爱社会的情怀、乐于助人的品质、关心集体的精神、勇担重任的胆识、热情开朗的性格、乐观向上的心态、诚实守信的品行、海纳百川的胸怀、勤奋好学的态度、才思敏捷的头脑、儒雅绅士的举止、刚毅强健的体魄、端庄贤淑的仪表、坦诚自信的心灵、不言回报的爱心、承担过错的勇气、机敏幽默的口才、博览群书的智慧、睿智灵活的思维、能歌善舞的才艺、温和谦逊的语言、永不放弃的信念等。

在评价方式上，我遵循教师评、家长评、社会评、学生自评与互评的立体评价原则，以学生获得的荣誉证书、社会评价、为学校和班级所作出的贡献，以及在学校、班级、共青团、少先队中承担的各项工作为依据，采用及时表扬、私下肯定、致电家长、掌声鼓励、动作示意、委以重任、评语总结、公开展示等策略，帮助学生感悟成长，记录点滴进步。

花儿的开放，需要鼓励和更多的爱心。虽然花开有早有迟，但每一朵花都是美丽的。花开的声音是悦耳的、会心的、从容的，会给我们惊喜，给我们力量。花开的声音，是世界上最自然、最纯洁、最动听的天籁。作为班主任，我在用心聆听，我在用心等待，等待蝴蝶经历蜕变后而得到的美丽，等待冰凌在阳光下一滴一滴地融化！

多年来我形成了这样一个习惯：每天晚上睡觉前再苦再累眼睛都睁不动了，我都会像放电影一样，在头脑中回顾今天的班主任工作情况：哪些方面做得满意？哪些方面有些欠妥？今后要注意什么？当回忆起因我的处理方法合适而让学生心悦诚服时，我就会不由自主地会心一笑，有时很晚了还常会情不自禁地动笔写下心得。在刚担任班主任那一阵，我写下的多半是苦恼与问题。随着工作时间的增长，我不断反思，还向有经验的班主任请教，慢慢感觉处理起问题变得得心应手了。美国心理学家波斯纳提出了教师成长的公式：成长＝经验＋反思。也正是不断总结与反思帮助我一步步地实现自我提高与突破。

从初任时的忐忑与彷徨，到现在的自信与稳重，班主任工作带给我很多困惑与不安，但也带来更多意料之外的欢喜与激动，就像生命中一份未曾预约的精彩，我也将继续享受这种精彩。

一位学术边缘人的研究之路

王立华

"你已做了 *10* 年教师并做了 *10* 年研究了！"此时，我说话的对象是我自己。这种无形的提醒，推我不断地反刍那些带有审美意蕴的研究生活：步履蹒跚地走了 *10* 年，我的研究定位到底在哪里？我的研究行为是否科学？我的研究结果是否可信？这些发问让我带着一种怀疑审视自己的研究经历,而这些思索也让"我"和"自己"结成了新的自我认识的联盟。

问路:为了我自己而研究

刚参加工作时,我的研究目的自然地定位于让我以称职的素养开展工作。在研究中,我不断地寻找提升我的素养的实践策略。比如,我和学生通过签合同来提高师生的成长质量。在《关于说普通话的合同》中,签约的甲方为全班同学,代表是班长;乙方则是我。合同内容共四条:一是师生在任何场合下都要说普通话。二是本合同从签订日起生效,并永远有效。三是如果违约,被发现了,要找 10 个听众,违约者用普通话读一篇优美的散文。四是我要负责搜集有关材料,对全班学生进行普通话培训,并必须保证授课 15 节以上。这份合同,定位在师生共同成长提高,真正操作时,却只用来监督我了。

研究使我的素养在短时间内快速地提高,我的教育教学效益得到了有效的保证。因为我的工作业绩比较突出,在我参加工作的第三年,教育局在我所在的学校召开了一次现场会,推广了我的一些做法。这让我自得了很长时间。

但是这种肤浅的自得,很快就灰飞烟灭了。

老师,初中时您让我们通过一个星期修改一篇文章来提高写作水平,现在的老师可不这样了。他天天让我们写几句,但就是不倡导我们修改……

2001 年的一个周末,已毕业的几个学生来看我,我正忙于修改学生的练笔手稿。学生们边翻阅我已提过修改建议的作文边向我抱怨。其实,听毕业的学生有类似的抱怨,我早习以为常。我在初中通过实验让学生养成的语文学习体系,到高中后几乎都得被新老师打破。

"……小诚,既然大家都在通过批注《西游记》来提高语文素养,你为什么不这样做呢?亲近经典,这可是提高语文素养的一个重要途径呀!老师相信你能做到的……"这是我写在两篇练笔手稿上的话,我正按照自己的实验要求给刚入初中的学生们提学习建议。

听着学生的抱怨,读着我写的学习建议,我怔住了,因为我也正在像已毕业的学生说的那样——"现在的老师可不这样了",我正在要求学生改变、放弃小学时已经具备的语文学习习惯。这正如学生们到高中后为了适应老师的要求而放弃初中具备的习惯一样。

我把学生当做研究对象之一,从理论上假设通过实验可以在他们身上预期出现哪些效果。可是,实验过程中的自变量、因变量等这些变量因素是不可能完全有效控制的,这将影响实验的成效甚至导致实验失败。我的实验带有一定的风险性,而风险的责任客观上是由学生来承担的。当发现了自己具有某一教学个性的潜质时,我便给自己确定了一个关于教学个性形成的实验课题。实验开始后,我几乎在每一节课上都根据实验的要求练习,追求我的教学个性的早日形成。那时,学生成了我的陪练,好像学生来学校就是为了帮助我铸就课堂教学个性的。

在内省中,我痛心不已,这种定位于提高我的职业素养的研究,狭隘至极。内省对我这样一个初做研究的年轻教师太重要了,因为这是一种最好的"问路"方式。"悟以往之不谏,知来者之可追",正是这样的教训、隐痛,促使我不断地内省,也变成了我研究的内在动力,更成了我的一种研究自救与自赎。

铺路:为了工作而研究

作为一名基层教师,备课、上课、改作业……那都是体现我的生命价值的教育存在,有没有能更好地表达我的教育存在的方式呢?我在不断地寻找,我也找到了。把我手头的日常工作都当做研究课题去对待,那就是一种高层次的教育存在。

想到了,我自然时时处处地践行,就连学生和我打招呼这一细节我都研究一番。学生和我打招呼的方式有"老师好!""老师您好!""王老师好!""王老师您好!""老王头好!"等几种。同样是一个班级的学生向我打招呼,为什么学生在不同时期的问候语不一样?我认为这是因为师生关系的内涵有差别。"老师好!"是一个没有感情色彩的问候,这表明我与这名同学的关系不融洽,这名同学可能不认可我;"老师您好!"称呼里隐含着敬畏,说明这名同学有些怕我,他会防着我,我很难看清这名同学的真实个性;而冲我扮鬼脸打招呼的学生则很信任我,和我的关系是非常融洽的。

当然了,我的研究有时也是为了解决一些工作中的大难题。比如,为了解决我在班级和不在班级时班级建设呈现两个状态的僵局,我选择了"自主化班级管理"的研究课题。"自主化班级管理"是一种在自主教育理论指导下进行的班主任自主管理班级、学生自主发展的以培养学生的创新型人格为价值取向的教育管理实践。在几年的实验中,形成了具体的操作流程:"分解目标,构建体系;纵横建制,职能并举;双线管理,网络健全;团队带头,组织引导;专项承包,责任具体;合作竞争,自我加压;自我分析,追求卓越;形成制度,操作规范。"

工作研究的扎实推进,繁杂的研究内容拓宽了我的研究视域,使我的研究步履从容了不少,为日后的研究层次的升格铺平了道路。但是,我的工作研究的随感式痕迹明显,遇上什么问题就研究什么问题。这样的研究,只是用一些结论来撞击教育同人的心灵而已,听起来是这么回事,但终究不能看成做学术结论。

择路:为了学生而研究

那一届中考,有三名同学进入全区前四名。学校的语文中考前6名全是我的学生,第7名有四人并列,两人是我的学生,成绩过100分的(满分120分)全是我的学生。但是,当我跟踪、分析学生到高中以后的语文学习情况时,我却遗憾地发现他们的学习成绩并不是非常突出。对此,我很难过,因为我怀疑给学生的初中语文教育没有文化影响力,只是很肤浅地让学生记住了考试会考到的基础知识,学会了考试的技巧。另外,成绩发布后,我联系学生想进行一次庆祝会,但学生来的不齐,不来的学生中,绝大多数语文成绩并不优异。

后来带新班,我就开始研究并实践学生的个性化发展。这反映了我的研究中心的转向,也体现了我的新研究路径。

我国中小学班级授课制的目标长期定位于"形成班集体"。这在一定程度上忽视了学生的个性化成长需要,压抑了学生的个性。于是我开始了具体操作:通过研究学生的当前实际情况,帮助每个学生制订个性发展计划;帮助学生明确富有特色的发展方向、发展领域;通过开设个性化的班级课程,支持每个学生在自己喜欢的领域获得更快更好的发展。

那么,作为学生个性发展计划的第一步,到底应如何帮助学生制订各种类型、各种时间段的个性发展计划呢?我的尝试是把每一个学生当课题来研究。比如,我带的班级学生有40名,我便结合每个学生的个性特点、学习水平、思维品质等具体情况,征得学生的同意后,为每个学生确立了一个符合该学生实际的科研课题,共设立了40个课题。而且,我还把学生也纳入研究体系,让学生和我一起研究他们的成长。比如,为学生小迁设立的研究课题是"如何做一个自信的优秀生"。尽管小迁的综合素养很高,却不自信,不能自如地展示自己的优良素养。因此,在3年的成长中,她研究怎么做,我也帮助她研究。那3年,小迁的学习成绩绝大多数时候居于全年级第一名,多次获得各类竞赛大奖,尤其是,越来越能自信地在公共场合展示自己。

如何在语文教学中落实这一价值追求呢?我以为,无论语文教学怎么推进,满足学生语文学习的个性化需要是最基本的出发点。这样,在语文教学中,就应该追求让学生学习属于自己的语文。比如,在我对学生的语文教学中,就出现了这样的实践:班级有53名成员,53个人有53种练字纸、53种日记稿纸、53个语文学习习惯养成重点。

为了鼓励学生个性化地发展,我追求对班级建设中的任何一项事务都赋了个性化内涵。比如,为每个学生设计个性化的挂历。学生小双的挂历是这样设计的:封面以小双的名字做底色,加上小双的照片和"小双,2008"字样,"十佳学子"、"学习委员"、"三好学生"等字样分布到12个月的页面上做底色,每一个页面上再配上小双的照片和她信奉的话语、获奖描述等成长的最佳体现。

上路:为了研究而研究

为了自己、工作和学生而研究,我确定的研究内容似乎都是现实中需要解决的问题,使我永远处于解决自我和教育现实的紧张关系中,更使我和现实教育处于对立中。那么,这种外在的、静止的研究于研究本身还有多少价值呢? 我什么时候为了研究而研究呢? 研究者的使命不是为了发泄,也不是为了指责,而应是向自己和分享者展示一些带有普遍性、经得住推敲的操作模式与理论图景。我的研究必须摆脱行政思维、道德评判与我的太个性化的意识形态,要对教育现实有理解之后的超然,要对正面的和负面的问题与现象一视同仁,要用关怀的目光看待教育现实世界。立足于此的研究才是真正的为研究而研究。

有了这样的认识,我也就准备开始新的研究了。

我认为:"班主任"是一个典型的中国化岗位,任何一个国家的学生教育管理岗位都没有国内的"班主任"承担的责任大,完成的工作量大,作出的贡献大。因此,对它的理论研究,一个非常有意义的陈述领域就是寻找推进我国中小学班主任工作的当代要求。

首先,我开始思辨中小学班主任工作的存在现状与发展去向,最终形成了《班主任工作的现存不足与变革思路》、《我国中小学班主任工作的历史考察与当代发展》这两篇文章,我对中小学班主任工作的变革思路作了这样的推演,"教育目标:以实现学生的个性化发展为本的新定位;教育价值观:运用系统观点,重新认定班主任工作的作用;理论建构:以学科建设的标准加强班主任工作的基础理论研究;实践范式:以专业化、信息化要求推进班主任工作;实践主体:中小学班主任应走专业化发展的成长路径;管理制度:督促班主任形成工作个性;评价指标:追求对班主任日常工作的多元肯定"。

随后,《班主任专业化:工作范式的转型》《实践教育学:我国中小学班主任工作理论研究的立场选择》《实践对接:班主任工作的理论应用的范式转型》《中小学班主任的教育哲学追求》等研究总结相继成文,这些文章发表后有两篇还被中国人民大学复印报刊资料全文转载。而且,这些文章也引起了广泛关注,印证了为研究而研究的效益。

历经10年的蹒跚尝试后,我终于走上了正规的研究道路。

10年来,我的研究不断地发生转向。一次次的转向,就是一场场一旦进入就很难停步的跋涉。我是在潜心寻访,也是在静静对话,更是在慢慢提升。这让我的内心深处变得澄澈、敞亮起来。

共同成长,展现生命的精彩
——班级管理教育略谈

刘朝阳

每一个美妙的生命,都如美丽的花朵呈现着她最绚丽的面庞,如青葱的秀木伸展着她最俊俏的身段,而花瓣下的叶脉中,树枝下的根须里,一个个生命的循环正在周而复始地进行着。就生理学而言,没有八大生理系统的良好运行,就没有我们身边那么多鲜活而宝贵的生命。一个个学生的鲜活的生命构建成了我们的班级,那么我们的班级不也就是一个生命体吗?那么如何构建这个有生命的班集体,让我的学生和我的生命都能在其中绚丽绽放呢?

同生命的生理运行机制一样,一个班级要想有蓬勃的生机,必须要有良好的运行系统,否则谈何有生命的班级?所以首要的命题是研究班级的系统构成,建立让班级高效运行起来的各部分系统。在具体的管理过程中,就有了以下寻求适合学生、班级生命成长的管理案例。

班级生命系统的构建

前期准备——熟悉个体生命。接手一个新的班级,通过走访原班主任、学生家长以及同学了解学生的个性特征,再通过自己的观察、询问、聊天、记录、统计、比较、分析,尽量得出对学生相对客观的评价,这是构建班级生命系统的第一步。它是对每一个生命体的尊重,可以为以后的班级工作作好铺垫。

寻找支点——支撑班级生命。经过为期一个月左右的了解、熟悉,结合学生自己的意愿,让他们寻求既适合他们的个性特征又适合当前班级

从 细 节 入 手

发展的工作,使班级内所有人认识到自己是集体中的一员,并成为为集体负责任的一部分,有权利义务为班级发挥出自己的光和热。当学生的工作得到其他同学的认可时,这个学生也就做好了自己的工作;所有的学生汇聚到一起,班集体就有了生命的运行特征。

梳理组织——形成班级运行系统。在日常班级管理过程中,与学生一起工作并反思,如生命成长过程中需要不断吸入新鲜氧气,在原有传统的班级组织的基础上,渐进长成班级的生命系统,能自动积极地为班级生命的成长而运行不止。

我们的班级生命,形成了以下七大运行系统:

(1)基层小组系统,管理人员——组长。在传统有大组的结构下,绝大部分学生都是不愿意动,不会主动交作业的,需要组长甚至是课代表一个一个收,不仅效率低下,还有可能影响各方面情绪,影响到班级的和谐。于是,我采取组长少移动、收发方便的原则,将班级 52 人分为六到七人一组,这样分成八组,基本上是三排一组,由学生自己选定组长,这样就有了八个组长。组长的任务不只局限于收作业,还负责本小组的卫生、黑板报、大扫除等任务,这样就提高了班级日常事务的办事效率。组内成员的减少,使小组更有凝聚力,兼之组长是自己选出来的,学生参与完成各项任务的主动性相对提高。

(2)学科反馈系统,管理人员——课代表。分设语文、数学、英语、物理、化学、生物、综合课代表(处理其他所有科目的事物,避免挂空头衔,没有实质性任务的现象出现),负责作业上交和任课教师与学生间的交流反馈。依据班级实际情况,课代表分别在早读和下午第一节下课,分两次收交作业。这样做的好处是:既让完成作业慢的同学有其他时间可以弥补,又可以避免学生因来不及而抄袭作业的现象发生,不再在收作业的时间上一刀切,尊重学生的个体差异,给予完成任务的充足空间。

(3)团组织系统,管理人员——团支部成员,含团书记、组织委员、宣传委员。团支书主持大局,负责召开团支部大会、制订各项工作计划,其他成员协助主持、宣传、表扬、评定等团支部工作。组织委员负责社会活动以及校内的义工活动,宣传委员负责团组织事务和活动信息的传播,同时指导八个小组的黑板报工作。团组织活动的开展是为了参与班集体的建设,自我的成长,自己创意想法的展现而展开,而不再像以前那样组织起班级里的最强力量为了获得某些奖项而活动。团组织活动不再是少数人的"精英活动",而是更广泛的参与,使得很多同学富有创意的想法、深刻的思想、为人所不知的才华都能在各种活动中一一体现,比如我们的黑板报就不再是应付学校检查的说教面孔,而是洋溢着学生生命的青春气息。

(4)班干部系统,管理人员——班长、副班长、学习委员两人、纪律委员。此部分相对传统稳定,主要负责班级内部学习、纪律、自修等秩序的稳定,了解班级同学的情况,更好地进行班级管理。

(5)活动中心系统,管理人员——活动中心委员会,含体育委员、生活委员(两人)、文娱委员。负责管理日常体育运动、娱乐活动、体育比赛、运动会等等。班长、团支书负责协调,视活动性质决定负责人。

(6)班级办公系统,管理人员——应时而生,有始有终。由于班级每天需求若干纯净水,为保障班级供水顺畅,成立班级供水中心,安排一强壮有力、人缘又好的男生做供水中心主任,由其安排男同学打水。随着饮料瓶、废旧报纸的出现,班级设立环保员,助手一人,负责回收物品的整理来促进班级财政的增长。学校为班级订了报刊从而设立了报纸管理人员,不是简单收集,而是负责剪贴、整理,张贴在班级内供同学观看与引用。班主任充分利用自己学习的机会以及了解外部社会的机会,为学生挑选适合学生成长的资料,由此产生了资料保管员。为学生创建一个思想交流、自我教育的平台,班级晚自修前有演讲,由此产生了演讲稿的收集者。为了培养学生看到其他同学的优点,每天一人仔细观察全班的同学,寻找同学身上的闪光点,在晚自修结束前予以表彰,由此又产生了闪光点的收集者。高中生活是由一天天的积累而完成的,需要为这段历史作记录,于是产生了保管"从我的视角看班级的一天"班级日志保管员等等,不一而足。一花一世界,一草一生灵。对生命而言,每一丝每一缕,都是生命的印迹,作为有生命的班级,点点滴滴,都可以折射七彩光芒,所以,班中无小事,尽可能地让学生参与,感知自我的存在与成长,他就会对班级充满感情。

(7)寝室生活系统,管理人员——寝室长。班级绝大部分学生都住校,男生四个寝室长、女生三个寝室长。这是完整意义上的一个房间内生活的小团体,他们决定了寝室的状况、文化。选好寝室长,力求建立良好的寝室文化。

班级的主要系统形成,许多的工作视班级发展情况而定。一切都是变动的,这其中需要班主任的准确把握、适时调整。

对于学生,仅有学生愿意为班级做事、愿意为同学服务的一颗心不够,要保证这颗心能够持久,很重要的一条是学生自己在班级成长的过程中,他的胸怀是不是宽广、他的归属感是否强烈。辅助的措施是奖励与肯定工作,比如学期末的优秀评比,各主要部门都需要有代表,在现实的条件下给予其应有的鼓励与奖励。再如利用好班会的时间进行小阶段的自我述职、总结表彰。这样,不仅仅调动了学生的积极性,通过引导,可充分发挥出他们的创造性。班主任对于班级的情况不能就此不管,更多的还是要观察,发现问题,解决问题。

如果班级组织各系统中的相关工作人员的思想、情绪发生变化,就会引起系统的不良反应。要抱着一切都在变化的心态,怎样更好地运行班级的系统,仍需要不断地思考。

学生个体生命的关注

在班级系统之外,更重要的是一个个生命的成长,在成长过程中,每个学生个体都不可避免地会遇到阻碍与困难,班主任需要引导他们,让他们更好地成长。在引导和帮助的过程中,一定要给学生以尊重,因为生命的尊严无价。

1. 小群体教育案例

教育工作者多数时候不能指望给学生讲明白自己所了解的道理,不去思考学生的生活体验、学生的接受程度,希望一次两次就解决发生在学生身上的问题是不可能的。对于成长中的学生来讲,人生更多的是体验,它不同于知识,可以从书本上了解、学习,而道理可能是空洞的,要使道理能产生效果,需要渐进的过程深入到学生内心的生命体验。

以下是针对具有共同特征的一个小群体进行引导的案例。

高二分班以后,经过一个月的准备,我基本上掌握了班上四个同学的情况以及其相近的特征表现。这四个同学从在教室表现来看,都具有以下基本特征:好动,晚自修交头接耳、东张西望、上厕所,抄袭作业等。周六回家以后,没有学习计划,甚至通宵上网、看电视,等等。通过一个月的观察,在某个晚自修他们又坐不牢的时候,把他们一起请到办公室,给每个人倒一杯水,坐下来长谈。我先问了事先准备好的许多要他们思考并回答的问题,采取问答的方式让他们了解自己这一个月的情况,包括他们的得与失。等他们回答完以后,给他们讲了老师的看法。他们沉默了,接下来我将统计出来他们的小动作数据给他们看,找到没有进步的根源所在。他们几个都沉默了。然后,转移一下话题,暂时放下他们的错误,使氛围轻松一些。和他们一起分析个人学习的意义,每个人的家庭背景,当前的社会背景,自己将来的生活状况,自己将来所必须承担的责任。从心

173

理上讲,一个人对失去什么的关注要超过得到什么。应用这一原理,又从现存的所作所为说开去,想象一下,这样下去,自己在高中毕业后将失去什么。经过一番细致的谈话之后,他们都作出了决定:好好学习。我听到他们这样决定,会心地笑了。

天下没有那么好解决的事,接下来要做的还是仔细地观察他们的举动。观察以后,我发现他们基本上坚持了三天到一个星期,直到最后一个学生也坐不住了。我把这几个同学又叫到一起,再找他们谈话。让他们清楚一个不能成功的源头问题:缺少一个计划。他们回去以后,每个人都制订了一个中期、短期计划,依计划而行。观察下来,基本上坚持了半个月,又开始松懈下来。请过来再谈,道理虽然知道,但还是缺少成功的喜悦,因为感受到自己进步太小。"不积跬步,无以至千里。"这句话读过百遍,但是只有说服自己的心,加上勇气,才能行动起来! 再一次从心灵上认识自己。我感觉到,任课老师此时可以发挥出更大的作用。于是,在各科老师的帮助下,课堂上多提醒,谈谈心,他们感受到老师的关爱,所有这些形成了合力,力促他们的改变。平常,还是需要提醒他们。就是如此的反反复复。他们在过程中认识到自己的问题,渐渐地痛下决心,一个月下来,两个月下来,半个学期过去了,一个学期过去了,几个人都取得了很大的进步,进步最大的一个竟然从四十名跑到班级前五名。

反思:当学生作出了努力以后,班主任一定要有跟进措施。但是,事情一开始就全部到位还是等待一个阶段的出现? 是不是还有更好的解决办法?

2. 一次学生恋爱事件的解决案例

学生到了高中这个花季年龄,感情的萌动是必然的,如何处理? 感情千变万化,感情问题有时很难,有时也没有想象中那样困难。

某女生,距离高考尚不足一个月的时候,我感觉她吃不了学习上的苦,对学习没有很大的兴趣,成绩只要保持现状即可。虽然平常也对她进行教育、引导,但感觉一直没有成效。

星期一晚自修第二节课,在教室里看不到她。等了半个小时,她回来了,叫出来问一问情况,说是去上厕所了。但是时间算起来有半个小时,问她怎么这么长时间呢,她说是拉肚子。让她去校医那里看,她说不用了,药已经吃了。过了两天,同样的事情又发生了。问原因,又是同样的说法。出于敏感,我决定调查清楚。一天晚自修看到她不在教室,我决定出去找找看,很快就在操场靠近马路的地方,远远地看到两个人在那里慢慢地走。原来她在和一个高个子男同学手牵着手边走边聊。

等两人分开后,我直接往男孩子的方向走去,他正往男生寝室走。我叫住这个男孩子,打量了一下,问了句:"小伙子,怎么不在教室里自修?"他回答我:"有些不舒服,向老师请过假了。"从校服上看是高三的学生。考虑到问得很清楚可能招致对方戒备,我也就没有再问下去。

有了初步的了解,我回头找到班里这个女同学,我告诉她,要认真地听,不要打断我。于是,我就给她讲故事,之前为了这件事我专门查找了各地电视台报道的中学生恋爱事件。我一边讲一边注意观察她的神情,她有些惊疑不定,也许会在想:老师为什么讲这个,难道他知道了,什么时候看到的,不可能知道的呀。讲完后,她的表情倒没有那么局促了,反而直截了当地对我说:"老师,您是不是怀疑我早恋?"我笑了,不直接回答她,反问道:"你说呢?"她说肯定是,但是,我还是笑,没有回答她。看着她瞪着圆溜溜的急欲表示清白的眼睛,我语气平缓地慢慢说:"高高的个子,没有戴眼镜,穿着高三的校服,操场上,手牵着手。"说到这里,我停顿了一下,表情严肃起来,"还用说吗?"她这时红着脸,给我讲了一些基本情况。我才知道,他们是在校园歌手比赛时认识的,他的成绩不是很好,等等。

可以进行第一步的教育了,我说:"第一,距离高考还有一个月时间,他应该怎么做?你该怎样做?第二,在老师看来他是惧怕高考,逃避之下才来找你。老师希望你冷冻一下现在的感情,对他好,也对你好。第三,等高考结束了,再来看看情况怎么样。"她请求我不要告诉她的父母,而我也认为现在还远没有到要告诉她父母的时候,如果告诉了可能使问题更加复杂化了,说不定会起反面的效果。通过交流,我们做了一个约定:她要冷冻自己的感情,等高考结束了再说。

接下来,我在本班她感觉很优秀的男孩子中作了调查:喜欢什么样的女孩子,并在班会课上进行了一次"女孩子喜欢什么样的男孩子,男孩子喜欢什么样的女孩子"的大讨论,达成了有关正确对待异性交往的共识。

最后,他们两个感情的发展,确如我所估计的那样,不了了之了,事情得以较好的解决。而班会课的大讨论使得班里的男女同学有更多纯真的交往。友情深厚了,不仅对班级的发展有好处,也可以使学生对异性有更多正确的认识,而不会因为距离的遥远、认识不清而产生不必要的想法。

反思:此类事情都是变化多端的,情感是非常敏感的,处理一定要温和,最好能够春风化雨。言语或行动太粗暴了可能会使得问题向相反的方向发展。问题是如果学生不合作怎么办呢?在目前社会大背景下,情爱充斥我们的眼球,影响着学生心灵,一味地封杀、扼制已不是万能法宝。

我们如何更为有效地进行爱情教育？

小 结

以上三个案例，是由班级的建设再到小集体的教育引导，最后落到最普遍、最个性化的个人组成。有关教育的事，一定要粗细相容，事情的大小都在变化之中，需要不断增强自己的辨别能力，通过一个小小的细节去估计学生背后的事情。采取行动的时候，一定要注意方法，因为学生毕竟有自己在这个时代的处世为人的方法，我们可以引导，让其自由发展。

在变化万千的教育过程中，我们必须把我们的生命体验放置其中，尊重学生的生命个体，让学生在具有生命活力的班级中绽放生机，让班级生命因为学生的鲜活而日益焕发精彩。而我也是其中一瓣红、一叶绿，在教育中与学生一起实践着、认知着、成长着，共同实现生命的美丽。

在悔悟中寻求教育人生的突破

郑学志

这一段时间老是在午夜里醒来，一醒来就老想自己过去工作中种种失败的细节。我痛悔那些失败，尤其是近年来，媒体不断给我制造各种"乱七八糟"的称呼时，这种感觉就更加厉害。它常常在深夜时突然将我从梦中惊醒，让我难过，逼我领悟，催我寻求新的突破。

但时间是条单行道，教育的错误如同医院的配方一样，每一次失误都不可能重新来过。尽管教师可以在不断总结经验中成熟，但对具体的某一个学生来说，教师的成长需要他们个人作出牺牲，这本身就不是公平的。这使我对那些失败的教育对象一直心存愧疚。

如此说来，其实我一直在后悔——

1. 在认真负责中忽略过学生的民主权利，第一次当班主任就遭遇了学生"暴动"

刚参加工作那一学期，校长给我安排了一个班主任职务。我怕做不好，他说："你爸爸很会做班主任，有其父必有其子，你爸爸还在地区班级工作现场会上发过言，我不相信你就不行。"

当就当呗，老爸告诉我，当班主任不容易啊，开始接班的时候必须严格管理，不然后边乱了，你再来治理就很困难。我虚心地向一些老班主任学习，他们告诉我：学生不能够惹，要严厉。他们还给我举了好多的例子：某班主任学生迟到，罚操场上跑20圈，结果班上服服帖帖。某班主任学生不听话，喊出来下蹲运动，一次就100个，罚到学生站都站不起来，谁还敢乱来？某某班主任确实有威信，台上一站，下面鸦雀无声……听得多了，我简单地得出一个经验，做班主任就是要严，严就能够控制局面，严就能够出效益，出成果。所以，刚当班主任时，上课睡懒觉罚挑垃圾 20 担的班规就出台了。

他们还告诉我，做班主任要跟紧学生。于是我天天从起床、早自习、一日三餐、早操、课间操、就寝等，全面跟起。经常是上课预备铃一响，我就站在了教室前面；熄灯铃刚过，我就到了学生寝室外。

我很累，天天如此。终于，在我身体被拖垮的时候，有一天早上，我到教室里去检查自习，发现黑板上写着两行粗黑大字：

我们不要法西斯班主任！　　我们要换班主任！

我一时气懵了。

我还发现班上还有几个男生不在。那几个男生，头天晚上我在班上严厉批评过他们，因为他们躲在漆黑的过道里趁机揩女同学的油。今天他们又到哪去了呢？我正在思考，教务处曾老师来了，他告诉我，有几个学生在学校告状，要换班主任。哦，就是他们几个鼓动的好事情啊！

顿时，愤怒、委屈、悲伤的情感一下全涌上来。我没有想到自己这么尽职尽责，换来的却是这样的结局。身体不好都舍不得花时间去看，家就在学校旁边，父母得病都没有陪伴一下。自己全身心地付出，换来的竟然是学生赶我下台？

既然学生这么不识好歹，走就走吧。于是，我站在台上，做自己"最后"一次的即兴发言：

我没有想到，今天你们要赶我下去了。但是，在学校没有宣布之前，我给同学们讲最后一次话。

我知道，你们要赶我走的理由是很充分的。因为我过于严厉的处罚，让你们感到无法忍受。但是，我仍然要说，昨天处理的那几个男生，无论是我下台，还是做班主任，我都要那么严肃地处理他们。因为我爱你们，我希望我教出来的学生，男孩子是有风度有气节负责任的男子汉，女同学是有品位有气质有思想的好女孩。但是他们在过道里的作为，不是从爱出发的，而从简单的刺激出发，即使我处理过分了，我也不后悔。因为如果真爱一个人，你会尊重他的人格的。这就是我处理的原则。我错与对，请你们日后仔细考虑。

今天，你们要换班主任，我理解你们。同时也感谢你们，你们让我明白，做一个班主任不容易。做你们班主任这么几个月里，我从没有在晚上11点半之前睡过觉，因为我怕个别同学讲小话，妨碍了别的同学睡觉，更怕有人到你们寝室偷东西。只要我们班有一个同学没有睡好，我就不能够安心。但是，我没有想到，我的爱，是这么严厉，以至于给你们带来了这么大的伤害，让你觉得束缚了你们的手脚。你们要换松一点的班主任，我能够接受。

你们在黑板上说，不要法西斯班主任！这确实是对我真诚的批评，我感到难过，因为这是我平时应该想到的，但是我没有想到——我难过的是我的失职，而不是你们的评价。

坦白地说，做你们班主任这一段时间内，是我人生过得最累的一段时光。我不愿意这么做，但是我知道，在刚进校的时候，不严格要求，等你们养成了涣散的毛病，再想纠正过来，就已经迟了。到时候采取更专制的做法、花费更大的代价去扭转，我们会感到划不来。

良好的习惯在养成之初，谁不会忍痛失去一些东西呢？我也失去了很多，包括健康。老实告诉你们，每个晚上我的胃痛都痛得我浑身是汗。但是我忍着，拖着，想等我们班稳定之后再去医院。这是我对自己也采取的法西斯专政办法，你们今天给我指出来，才发现，我在伤害自己的同时，伤害了你们。那么，好吧，我接受同学们的意见，到学校里去说一声，给你们换一个班主任，也给我自己放一个假。

最后，我真诚地向平时我严厉处罚过的同学说一句真心话，这句话我在内心中隐藏很久：对你们的处理，我感到难过，但是不后悔。请你们理解。其实，在处理你们的时候，我自己也跟着难过。小红在操场上跑着跑着哭的时候，我也想哭，只是我当时没有哭出来，回到房子里之后，我难过了几个小时。老师处理你们，老师也难过。今天在这里，最后对那些我曾经处理过的学生，说一声，委屈你们了，你不能够理解，请你们接受，因为那已经是过去的事情了。在此，我只能够说一声："抱歉……"

话还没说完，我已经是泪水盈眶，下面早已经哭成了一片。我点名批评过的、被罚跑16圈的那个女生跑上来拉着我的衣服："郑老师，我们不能够没有你。他们要换，我们不换！"

我强忍着泪水，跑了出来。背后，一个叫香儿的女学生，带着几个男生，哭着、喊着在后面追我："郑老师，我们错了，原谅我们吧！"

他们并没有错,错的是我,我太严厉了。我头也不回地走了。

第一节课,我没有像平时那样去教室里。教务处曾老师来喊我:"郑老师,你快去教室里去劝一下,今天早上你班上的学生没有一个人去吃早餐,全都坐在教室里哭。他们说,郑老师不要他们了,他们也不想吃饭了。要苦大家一起苦。"我再也控制不住自己的泪水,哭了起来。

等我赶到教室里,计算机王老师眼圈红红地说:"你快来劝一下你的学生,我就只说了他们几句,说他们不要冤枉一个好班主任,这样一个认真负责的班主任哪里去找? 他们就又哭了起来。那几个男生站在后面,死也不肯坐到位置上去,说要你原谅他们后才去。"

我一看,教室里坐着我的孩子们,个个眼睛红肿,有几个女生还趴在桌子上抽泣。那几个肇事者,昨天挨批评的那几个男生,今天早上去学校要求换班主任的那几个男生,齐刷刷地立正站在教室后边,头深深地垂着……

那次事件已经过去了 15 年。在 15 年中,我深深理解到:在教育过程中,班主任必须对学生严格管理,严格要求。但严不是严厉、严酷,而且在严的同时还要发扬民主,要一手抓严格管理,一手抓倾听学生呼声。不能够一手硬一手软,没有民主的严格管理,造成的只是学生个性压抑,甚至会造成学生的逆反心理,导致师生关系僵化,最后就会引发学生"暴动"。教训太深刻了!

2. 在学习借鉴中忽略了个性发展,个性教育觉醒得太晚

在我工作的前 10 年,我总是努力在学,总是在学,总是在照搬别人,魏书生、任小艾、钱梦龙、于漪……都让我膜拜着,模仿着。这种局面一直延续到我最初工作的那所职业中专倒闭前。

学校倒闭的原因很简单,普高继续升温,学校在抢生源的大政上失误,结果失去了生存发展机会。在倒闭前,老师面临着各种分流途径,心里充满了恐慌。在恐慌中我突然发现,我教育人生中最宝贵的那几年,都扔在了这个即将倒闭的学校里,没有成绩,没有特色——这样工作十年之后,谁又认识我? 又有哪个学校会要我们? 我开始后悔,后悔出来教书的前十年,我一直只是在学习,而忽略了教育个性的形成。

我得改变,我不能变得像众多分流教师一样,听凭教育局随便安排一个学校就去。我得做一个有特色的老师,我要让那些名优学校排队来抢我。于是,在学校领导不支持的情况下,在同事不看好的情况下,我搞起了教育教学改革——一个人的教育教学改革。

一个人搞改革,没有同事可以商量,没有领导可以指导,甚至连一些

最基本的教改经费也没有。这种局面在我学生的一篇作文《我这三年》中有真实的反映。在申威同学的文章中，有这样的记载："我们的课堂上，郑老师还在拼命地讲着作文革命，神情有些悲壮，眼神有点儿苍凉，语言却极富有鼓动性。一副天塌下来了，他仍要上完课的一丝不苟的精神，那种勤奋，让人有些同情。这就是我们的老师啊，尽管他们不知道自己明天的命运会在哪里，却依然像春蚕一样呕沥着自己的学问和才情！我们虽不幸处在这样的一所学校，却又何尝不是有幸地碰到了这样勤勉的老师啊！"他骄傲地说："这一年，我们班上有 20 多名同学的作文开始在一些专门教作文的杂志上发表。"

学校彻底倒闭的时候，凭借我在教学教改中积累的丰富经验，凭借着自己扎实的基本功和个性化的教学特色，我以全县数十名语文同行中第一的成绩被选拔进县城高中。

此后，我的教育教学影响，在一般教师看来成了一段传奇。

2001 年，我的课堂作文教案结集出版。此后又出版了 10 来本著作。2002 年，省教科所把三年一次的基础教育教学改革成果一等奖给了我，据县教研室阳老师说，这也是当年全省唯一的一个一等奖。

3. 在浮名虚利中曾经迷失过教育前进的方向

人怕出名猪怕壮。出名不是好事情，一旦出名就会有很多看起来是机会，实际上是害你的东西扰乱你的视线和神经。2002 年春天，县委组织部找到我，要求我改行，要我做公务员。

"公务员不是凡进必考吗？我年龄都 32 岁了！"

来找我的领导爽朗地一笑："那是对一般干部而定的，对领导就不同。"

那我考虑考虑。

2003 年底，组织部又来找我："你直接从普通教师转到副局级领导岗位上去，怎么样？"

于是在 2004 年 1 月，我没有经过公务员考试，直接办理了正式调动手续，到一个正局级单位做了一名副职。

学而优则仕，想不到教而优也可以做"官"。这样的浮名虚利吸引了我，但是，搞了两年行政之后，我发现自己的兴趣根本不在做官。于是几个月后，我到一个私立学校当了一名普通教师，做了一个高一班主任。我喜欢做班主任，我觉得教书不当班主任，就好像做菜不放油盐味精，一点味都没有。不做班主任的教师，那不是一个完全的教育工作者。半年之后，我班主任工作心得《班主任工作招招鲜》出版，六个月后再版。

由于两地分居，我和妻子之间只能够用网络联系。但是没有想到，这一年我和妻子交流的书信经整理后，以"班主任工作新视角"为书名公开出版。

陶渊明在《归去来兮辞》里说："实迷途其未远，觉今是而昨非。"不需要外界如何评论，我只寻求心灵的宁静。虽然我后悔因为浮名虚利去做了几年糊涂的"父母官"，但是我醒来得还早，重回校园之后，我感到自己皮肤都白了很多，我又变得年轻了。

用生命激情为青春导航

陈 胜

8 年前，我在这个美丽的城市读书，然后毕业去了四川北部的一所农村中学。8 年后，我又回到了这个中国新兴的科技城——绵阳市。8 年过去，带过 6 个班级，明白了如何做教师，懂得了应该用生命的激情去为学生的青春导航。

第一次带班——见子打子，充当消防队员

1999 年 9 月，我从绵阳师专毕业，应聘到四川北部某中学，教初中政治并做(1)班的班主任。该班 40 余名学生，我接手时该班已进入初二。还记得当时的初中部沈主任拍着我的肩膀告诉我：这个班级的同学纪律意识不太好，与其他三个班有些差距，你人年轻，有干劲，好好努力吧！

凭着一股初生牛犊的虎虎生气，我在与学生见面第一天时就"波澜壮阔"地口出狂言：我要让我们这个班成为年级最好的班级，我们绝对不比其他班级差。愿意与陈老师共同努力，实现我们一班全面振兴的同学请站起来。42 个孩子齐刷刷地站起来了，一双双眼睛里放射着炯炯有神的光芒，小小的身躯里涌动着激昂的鲜血。

"改变就从今天开始，遵守纪律，我们第一；作业质量，我们第一；清洁卫生，我们第一，大家能不能做到？"我面对一颗颗上进的心，发出来自心底的呐喊。

"能！"几十个孩子的声音仿佛让教室都摇晃起来。接下来的时间是班委和同学逐个上台演讲，反思过去，正视现在，规划未来。那天的班会是新学期第一次班会，也是我和学生的第一次见面会，但共同的信念却让我们立即凝聚并心心相印。

前两周，这些孩子表现得非常好，这让所有任课老师都感到诧异，老师们感觉这些孩子突然懂事了。可是，好景不长，各种不良行为、习惯如

同隔年的草根,在第三周时又开始疯狂地滋长。何某开始睡懒觉,小玉开始欺负低年级的同学,小森开始拖欠作业……我无法原谅学生出现的错误,对任何大小违纪行为都"格杀勿论",师生关系开始出现裂痕,于是,一场漫长的"拉锯战"开始了。

1999年10月底,我去参加自学考试,出发前到班上去安排常规管理。就在我布置好一切并告诉学生我将离开三天时,学生们按捺不住压抑的兴奋,发出强烈的"耶……"并爆发出热烈的掌声。看着他们欢快的表情,我却仿佛跌入了冰窖。难道我艰辛的付出没有一丁点儿的回报?我是如此不放心他们,他们却把我的离去当做天大的喜讯。

"那你还回不回来呢?"明明突然一本正经地问我。

"哗……",全班爆发出了更强大的哄笑声,我的激情、我对于教育的梦想、连同我复兴这个班级的追求,以及我作为一名班主任老师的自尊,在这一瞬间被打击得遍体鳞伤。

我觉得泪水盈满了我的眼眶,因为我感到双眼发胀,然后视线模糊。

"我们是一个普通的班级,我们很多同学暂时落后了,但我没有放弃你们中的任何一个。开学至今,有哪一天早自习,我没来督促你们认真学习?有哪一个夜晚,我没到你们寝室来督促大家早点睡好?……这,就是你们对老师的回报?!"我颤抖的声音回荡在教室里,几十个孩子变得出奇的安静。

带着"受伤"的心,我离开了教室,认真去准备我的本科自考去了。接下来的两年中,我基本上在与学生的斗智斗勇中度过。很多时候觉得自己就像一名消防队员,当班级管理中出现"险情"时,我总是一马当先冲锋在前,去应对突发的违纪事件。可是,不良事件总在不停地发生,以至于我终于产生了打退堂鼓的想法。

"沈主任,我刚毕业,做班主任没有经验,我还是一边把政治教好,一边多学习学习其他班主任吧。"我小心翼翼地向老领导提出"辞职"要求。

"你工作很有激情,也很有方法,你带的班还是很有起色的。"没想到沈主任还肯定了我,我当时感到无比温暖。

"遇到困难时,不要退缩,坚持下去并战胜班级管理中的困难,你就是优秀班主任了。"沈主任的鼓励让我重新燃起了信心。然而,班级管理路在何方?如何走进学生的心灵?如何才能调动学生奋发向上,迈向成功?我仍在寻觅。

第一次静心读书——书山取经,做个贪婪的书虫

2001 年 6 月,这个班级参加完了初中毕业考试,我感到了前所未有的轻松和畅快。一个暑假的休息后新学期又开始了,学校安排我任教初二政治课,不再做班主任。离开了那一方让我欢喜让我忧的班主任讲台,短暂的轻松后我却感到一些空虚和失落。但很快,我就找到了另一方度过时光的最好净土。

学校图书室藏书丰富,各类书籍、报纸、杂志应有尽有。我教的是思想政治课,平时也没有多少作业,因此就有大量的时间可以在看书读报中度过了。

读《教育导报》,读《中国教师报》,才知道世界之大,每天都有感动发生,到处都演绎着教育的精彩。

读《人民教育》,读《风中芦苇在思索》,才感受到教育之美和育人之乐。

读《给教师的建议》,才发现自己虽然已做了两年教师,却根本不称职。

读《班主任之友》,才懊悔为什么现在才认识这位真诚而高深的"朋友"。

……

把每一篇经验文章里的金点子记下,在后来的班级管理中都派上了用场。

把读过的每一篇文章里的精美文辞摘抄下来,久而久之,自己的笔尖也开始闪耀灵光。

一篇文章代表一种观点,一段文字就是一种思想,当我们的摘抄本用开放的胸怀去包容这些文字和文章时,我们也就做到了海纳百川,博采众长。

2002 年 4 月,我的第一篇班级管理论文《尺素寄深情》在《班主任之友》上发表了,工作仅三年的一个"小毛桃"就在国家级刊物上发表文章,这在全校引起了不小的轰动。*60 元钱*的稿酬,连同教师大会上校长的高度赞扬,让我尝到了甜头。接下来的我,更加勤奋地读书,做读书笔记并坚持教育写作。

天道酬勤。我的文字开始陆续出现在众多的报刊上,在《中国教师报》、《中国多媒体教学学报》、《班主任之友》和《思想政治课教学》上发表的论文、教学设计就近三十篇,加上在省级刊物、报纸上发表的其他随笔、论文、教育通讯稿等,我感觉这片新开垦的教育写作的田野很肥沃。而我,就像一只小蜜蜂,生活得很简单,采百家花露,酿出教育的甘甜。

第一次将平行班带成精品班——在"远志班"听花开的声音

2002 年 9 月,我重出"江湖",成为高中部班主任队伍中的一员。经

过一年的阅读、学习、积累和思考,我对班级建设有了自己独特的思考。我将新带的(8)班命名为"远志班",并在第一期班刊《远志草》扉页上写下了一段话:

吾名陈胜,幸同名于秦末豪杰。陈涉有语:燕雀安知鸿鹄之志哉!率士卒击暴秦,揭竿木倡天下,然大义不顺,哀鸿败北。后人勉之,撰联以记:弃燕雀之小志,慕鸿鹄之高远。及至三国,诸葛孔明有语:夫志当存高远,慕先贤……

名言育栋梁,佳句映乾坤。吾取"志"、"远"二字,建"远志班"追忆先贤,砥砺弟子。

望我弟子心怀远志读书万卷,愿我弟子脚踏实地志远千里。

随后,班歌、班规、班徽、班旗陆续出炉,"远志班"的点点滴滴让学生们耳目一新,从新奇到兴奋、从观望到关注。他们,以热切参与班级建设的一颗颗赤诚之心,为共同营建良好的班级生态而付出了真诚的努力。

开学一周后,我在班会上提出"远志班"要有个性化的班级文化建设,由班级宣传部长牵头,班委干部共同策划。随后,弟子们利用周末时间布置了教室,门上贴着对联,墙上有了标语,窗台上摆放着静谧的文竹和馨香的金丝菊。最让人欣慰的是,每个学生寝室都有独特的室名,如"博闻堂"、"简朴寨"、"静雅轩"、"疏影阁"、"未名室"等,每个寝室都有室规,寝室成员共同遵守,为解决寝室晚间违纪情况和同学间不团结的现象奠定了基础。

2002 年 10 月,为鼓励学生拼搏进取,根据对学生个性、特长和学习基础的了解,我将全班弟子的名字串成一首长诗。《远志赞歌》写成后,学生们争先恐后地去寻觅自己的名字,对诗稿爱不释手并反复诵读。多年后,他们有的在大学深造,有的已参加工作,还在博客上留言,抒发对"远志班"的怀念。

倾注了心血浇灌的花,必定会迎着朝阳而灿烂。"远志班"几乎每一周都是文明班级,各类评比均力拔头筹,虽然是一个平行班,却有着优良的学风和高昂的生命激情。因为我始终坚信:爱心能唤醒爱心,激情能点燃激情。

第一次"跳槽"——兑现一个感恩的约定后我远走他乡

参加工作第二年,在校长的大力推荐下,我代表学校参加全市思想政治优质课大赛并取得了第一名,回来后,同教研组的一位老师说风凉话:"这小伙子拿了奖,说不定下学期就走了,校长培养的青年教师都是成熟一个跑一个。"

他说的是事实,由于学校地处农村乡镇,交通、待遇、子女入学各方面都存在一些问题,每年都有一些优秀的老师流失到城市里的学校。

他有他的说法,我有我的想法:没有校长提供舞台,我就根本没有翩翩起舞的可能,我要以自己的勤奋努力回报他的关心。在接下来的时间里,作为任课老师,我就认真教好一门学科;当班主任我就一定带好一个班。我在寝室的床头写下两句话:"思路决定出路,深度决定高度!"用以激励自己奋发有为,不断上进。

2003 年 4 月,在校长的大力支持和教研组老师的帮助下,我参加四川省思想政治优质课评选也获得第一名。2003 年 11 月,全国第三届思想政治优质课评选在云南昆明举行,省、市教科所与县教育局的领导和老师为我筹备这次比赛付出了许多艰辛,亲自到校听课指导十余次,都期待着我能有一个最好的表现。以前的历次比赛,校长都没有参与听课,这次比赛,他放下手中繁忙的事务,陪我一同去了昆明,并悉心叮咛我的饮食起居。

最后我再次喜获第一名,众多听课老师涌上讲台,记我的联系方式。其中不乏一些名校校长在后来的电话中有过相约加盟的意向,我委婉地谢绝了一切邀请,回到小镇,安安静静地当着"远志班"的班主任。因为,在我心里种植着对母校和校长的无限感恩。工作 4 年来,一直积聚起来的感激的情愫已茁壮成长,长成覆盖心灵的一片枫林。有感动就有行动,有志气就有朝气,我把主要的时间和精力用在了班级管理和学科教学中,去实现学生的全面腾飞。2005 年,我带的第一个高中班参加高考,本科上线率为全县之最,思想政治单科全县第一名。2006 年,所带文科复读班高考全面丰收,本科上线人数居全市第二,全县第一。

2007 年 7 月,校长年近六旬并退休,一次聚会时,我开玩笑地对校长说:"校长您退休了,我也决定到外面的学校去看看,这些年有时也想跳槽,但觉得您在任时离开学校有一种负罪感,就像是'叛变'了一样。"

"哈哈,没有那么严重,不过这些年真的还是很感谢你对我工作的支持。"校长爽朗一笑,随后给我推荐了几所川内很有名气的学校并鼓励我大胆去打拼。

8 月,我走进了现在这所美丽如画的国际学校,这所得到李岚清前副总理和两任教育部部长高度赞誉的学校以博大的胸怀吸引着省内外优秀师生。而我，又在这里播撒新的激情，去照亮更多上进的心。

在新的学校，我一边耕耘着新的土地，一边在网络上记录下自己的内心点滴。许多文章被多家网站转载，一些文章又开始出现在各类书籍、杂志上，也有许多新老朋友留下一些文字激励我继续前行。

如果我的激情和努力真能为年轻的心导航，能点亮他们的奋斗之光，我将一如既往，去追寻我的教育理想。

爱，只是一次机会

李国平

真正认识宇是在我为邻班代课的那段日子。

宇是这个学期挂着"问题学生"的处分转入我所执教的这所私立学校的学生。据说为了进这所学校，宇的家长也颇费了一番周折。而我注意到他，却是因为那双深邃而略带忧郁的眼睛。

当我到班级上课的时候，宇正将自己的椅子搬到前面靠讲台的一个空位子上。我略带微笑地向他望了望，他却很局促地坐下去，摆弄手中的钢笔。

我一向不习惯于采用"问题导入"式的教学模式，但这次我还是提了一个并不算难的问题，一部分同学声音或大或小地说出了基本正确的答案。

"这名同学，请你来回答这个问题！"我向宇示意。

宇似乎是为了证明自己确实不是在复述别人的答案，回答之后，还分析了为什么这样回答的原因。我很满意地向他点了点头。

这节课气氛十分活跃。不知道是该归功于"情境的创设"，还是源于学生对"新"教师"新鲜感"的延续。

当我走出教室时，宇紧跟在我身后，欲言又止。

"你还有问题吗？"我笑着问他。

"没，没有。"说完便红着脸不再说话，背着双手靠在走廊的窗台上。

"你叫什么名字？"

"宇。"他抬起头看着我，"老师，团员是不是您管？"

"是啊，有问题吗？"

宇显得很高兴，忧郁的眼神似乎一下子快活起来。"那某某热线也是您吧，我原来的学校没有的！"

"你原来在哪个学校?"

"二中。"他回答时声音很低,也有些犹豫。

上课铃声刚好响起。

"老师,我走了。"他倒退着走了几步,然后转身飞快地跑进了教室。

宇? 二中? 难道这就是刚插班进来的"问题学生"? 可刚才站在我面前的宇很难让我把他和这四个字联系到一起。

我突然记起了,宇可能就是上任书记暑假里所提及的他表侄的儿子。看来,宇并没有像老书记所担心的那样需要我"照顾照顾"!

原来计划只代一周的课,但由于同事老家的事情没有处理完,还要推迟一个星期。其实,我也想再有机会"照顾"一次宇,以完成老书记的委托。但我有些失望,或者说有种失落——宇的座位空着。

课后,宇的"死党"磊悄悄告诉我:"宇请假去医院了,但他没去医院,而是去网吧打游戏,已经好几次了。"

我突然感觉心里莫名的一沉。如果老师发现自己最得意的学生在考试中作弊,应该也是同样的感觉吧。看来,宇可能是有"问题",而且"问题"似乎还比较严重。

"班主任不知道这事儿吗?"

"她? 都是她的事儿!"一提到班主任,磊似乎很气愤,"宇不知道这节课还是你来上,不然他肯定不会出去的。"磊又补充说。

放学后,我故意和宇的班主任王老师走在一起。闲聊中,我有意提及宇。

"他? 当初我就不同意接手,现在好了,上课打瞌睡,考试作弊,还逃课去网吧。他再这样下去,就真的没救了!"

我很少听这个干练的女人发出如此的牢骚。

"跟他父母谈过吗?"

"他爸爸来过几次都不知道了,但根本说不服他。他不仅是成绩太差,更重要的是不良的行为习惯和畸形的逆反心理。我已经和学校说过了,这个学生真的是不能再留了,不然早晚会出事!"

望着她渐渐远去的背影,我突然感觉有些茫然。

一般情况下,考试结束后的几个星期天是热线最多的日子。这次仍不例外。

"喂,你好,这里是某某热线,你有什么需要帮忙的吗?"

许久,电话那端只有呼吸声断断续续地传过来。

"这样吧,我先放一首歌曲,放松一下,然后我们再聊好吗?"这种方式一向都能很有效地缓解紧张的气氛。

"老师,我,我……"

"你是宇!"我脱口而出。

"老师,你还记得我!"宇的语气一下子激动起来。

"当然!上次磊还说你去医院了呢,现在没事吧?"

"老师,我想,我想求您一件事儿!"

"谈不上求,不妨说来听听,如果我能做到,我会尽力帮忙!"

"我……"只吐出一个字,便是沉默。

"王老师不想要我了,要么让我转班,要么让我退学。"他似乎有些气愤,但语气并没有太多的敌意。

"你自己知不知道为什么呢?"王老师那天说的话看来真的"应验"了。

"还不是怕我拉班级后腿!从来的那天她就一直没给过我好脸色。我也知道我以前表现不好,但我已经改多了呀,如果不是考试前她对我'指桑骂槐',我也不会跑出去。转过来之后,我就一直告诉自己要静下心来学习,虽然有些时候我是听不进课,但我也逼着自己坐在教室里。总得给我点时间啊,可她现在……"

我没有插话。他断断续续讲了近十分钟。从他的语气变化中,我已经感觉到大滴大滴的眼泪正从他脸上流下。

"你自己有什么样的打算?"我缓缓地问。

"老师,您能要我吗?"

"我?"他突然冒出来的这句话,让我有些措手不及。

"老师,您给我一次机会吧,我向您保证,我一定听您的话!"宇近乎哀求。

看来问题有些复杂化了。

"这,这得看学校的决定。"我忽然感觉自己反倒紧张起来了。

"我爸爸上午去过学校了,如果没有一个班愿意要我,就只能退学。我实在是不想再转来转去的了,老师!"

这是一次机会——对宇来说。这一瞬间,我只想到这一点。

"我会和学校商量的,但我不敢保证就一定能行,好吗?"

"老师,我一定会改好的,如果我再不改,我就,我就对不起您了!"

"宇,记住,不是对不起我,而是对不起你自己,明白吗?"

三天之后,宇成了我班级的一员。在"加盟仪式"上,宇收到一张我亲手制作的卡片。

后来,有同事半开玩笑地对我说:"李老师,你班干脆改成收容所算了!"

我一笑了之。的确,年级公认的几个"差生"都已经先后转到了我的班级。这个最后"分"出来的班级反倒成了人数最多的一个集体。但令我欣慰的是,他们都在慢慢地发生质的变化——包括宇。虽然在成绩上,宇的名次仍然要从后面数起,但他没有缺过一次课,即使那次生病,在校医务室挂完吊针后,又赶回到教室。

两年后,宇留学澳大利亚。那时,他已经是班级的生活委员了。

宇走后的第三天,托磊转交一本厚厚的日记本给我。首页夹着我送给他的那张纪念卡。日记里记载着两年来发生在我们之间点点滴滴的故事。

最后一页写着:"老师,5 年后,您会看到一个出色的宇。我会在另一个半球想您!"

我的班主任生活

张青云

"当老师而不当班主任,那就是一个天大的损失,是最划不来的。"这是我参加工作以后,昔日教我初中英语兼班主任的李光耀老师时常叮嘱我的一句话。开始我还不以为然,觉得只要学生欢迎就够了,何必一定要做班主任?后来工作愈久,感受愈深,以至于有次阅读《班主任工作漫谈》,惊喜地看到魏老师说的第一句话就是:"我属于愿意当班主任的那类教师。我总觉得,做教师而不当班主任,那真是失去了增长能力的机会,吃了大亏。"说法竟然跟李老师如出一辙,当时心里感到特别温暖和亲切。

初为班主任

1986 年,18 岁的我师范毕业分配到家乡的一所中学任教。学校安排做班主任,每月工资 62 元,外加 5 元的班主任津贴。我无所谓。

那时候的农村学校条件很艰苦,学风也不好,老师大都是乡里乡亲的本地人,崇尚一种"教鞭"文化,打骂学生是家常便饭。印象深刻的是有一次政治考试,一位学校领导巡视到我监考的考场了,他从第一个学生开始,极其认真地逐一清查学生的夹带舞弊,发现一个,就抡起右手食指关节迅猛地敲击学生脑瓜一两下。我们当地把这种打人方式称为"吃精果",跟瓜农用手指敲击西瓜听声音一样。被请吃的男同学们大都来不及防范,挨过之后方才捂着头忍着痛,龇牙咧嘴,自认倒霉。一路几个"精果"之后,后面的学生纷纷主动地缴"书"投降。接下来的监考就变得异常轻松起来,半小时之后就交卷出场了一大半。

慢慢地,年轻气盛的我也学会了盛气凌人地对待学生。为了树立自己的威信,我常常摆出一副专横有能耐的神情,愤愤地威胁说:"你们走着瞧!"乡村的孩子们大都胆小朴实,往往噤若寒蝉,丝毫不敢造次。可能这也纵容了我,偶有学生做错了事,我也当然地如同事们一样,多以留校、抄书,甚至打骂惩戒。

也许是怕挨揍吧,班里的学生们倒也安分守己,每次考试成绩也还不错。然而那时自己一心想着进城,忙活着工作调动,6 年时间,竟如运动员三级跳远一样,两年一步一个单位,最后终于在 1992 年在近百人的角逐中,侥幸以课堂教学第一名落脚到了城区最好的实验中学,结束了这段无所作为的岁月。

风雨成长路

这个中学至今都是某市教育的窗口单位,初中教育的王牌学校,它汇集了全市的很多教育精英。当时学校规模还不大,24 个教学班,近 2000 名学生。在这里,老师的教学水平、学生成绩永远都是第一重要的。没有一定的能耐,是做不了班主任的,我初来乍到,自知做个合格老师就不错了。

我的同事们大都是从各乡镇农村选拔过来,大家都非常珍惜这难得的工作环境。在这里,我遇到了我的恩师李光耀先生,还有一大批勤奋努力的中老年教师,他们就真的如蜡烛一样,整天不知疲倦地忘我地工作。我所在年级的数学办公室,有三位令人尊敬的 50 岁左右的女教师,人称"拼命三婆",在工作中你追我赶,不甘示弱,虎虎生威,常常令我这个年轻后生自惭形秽,倍感压力。受他们影响,我开始认真反思,关注自己脚下的路,思考教师职业的意义。

从 1995 年开始,我有幸加入了一项由湖北省教研室主持的"初中数学实验教材"改革实验。为了不负学校重望,也为了让自己能够胜任教学工作,我努力专注于课堂教学和班级学生竞赛辅导。仔细地推敲,大量地解题,使我逐渐地在工作中成熟自信起来,从那年开始,自己所任教班级的数学成绩就始终居于年级的第一或第二名位置,个人也先后两次参加了市、地两级教师教学比武,荣获了一等奖,所辅导的学生参加*1998*年全国数学联赛,有近十人次获奖。同年*10*月,在地区举行的实验教材总结表彰会上,我获得了省教研室颁发的"教改实验一等奖"。至此,我终以一个合格出色的数学老师为同事们所称道。

同时,我和班级同学们的关系也真正达到了当年李老师与我们一样融洽的水平。最经典的一次发生在*1997*年愚人节,在我即将上课的时候,学生们一个个精神抖擞,齐唱生日歌,教室黑板上一排大大的字:"祝张老师生日快乐!越长越帅——帅得像个大蟋蟀!"还画着一个大大的蟋蟀。我则立马顺水推舟地回报他们,说我马上要调动了,结果弄得教室里好长一阵死一般的寂静,部分女学生当场哭出声来……多年之后,幸福的我据此写成一篇小文,刊发在*2004*年《师道》杂志上以作纪念。

从*2000*年开始,我不知什么原因,突然开始尝试写作,从小处着眼,从数学解题解法入手,把自己在数学教育教学中的体会写下来投寄报刊。很快,一系列面向学生的文章见诸报刊了,发表的成功与快乐让我又一次寻找到了一条新的发展提升之路。

*2001*年暑假,在我苦读了两本书——《班主任工作漫谈》、《走进心灵》之后,怀揣着一股信心、勇气与冲动,我再一次地担当起一个刚刚时兴的多媒体实验重点教学班的班主任工作。

初一年级整个处在温情期,我慢慢尝试着两位大师在书中所说的一些做法,一时倒也群情激昂信心百倍,但看似平静健康的班集体中也开始暗暗滋长着一些小问题。到了初二,这些烦人的小问题在苦口婆心、晓之以理动之以情没有效果之后,就开始不时地勾起我骨子里面的遇事暴躁不善驾驭情绪的本性。然而,在学校里,又总会遭遇一些挑战,比如有一次学校就发生过这样一件事:

有一个初三的女生,平时表现不太好,说话很放肆。有一次课间路过邻班,见着班主任老师正在讲课,就冲着老师咒骂了一句。老师立马冲出来抓住她顺手打了一巴掌。学生不服,立刻打电话找来了父亲。偏偏孩子父亲也很横,恶狠狠地叫嚷着要揍老师,彼此吵吵嚷嚷,最后事情闹到校长那儿。面对校长,家长并不惧怕什么,愤然丢下一句话:你们等着看!……

类似的例子还有很多,在我与同事们不断感慨摇头的同时,不时提醒自己:班主任要沉住气,要努力砥砺自己的性格,别再自诩为一个性情中人。遇事要学会从容有度,努力克制住自己的不良情绪。发脾气以暴制暴只会使人智昏。

令人安慰的是,这个班的数学水平一直都是数一数二的,最终在升学考试中也不负重望,取得了 24 人直升重点高中,55 人升学的佳绩。而自己的教研热情一路高涨,不断突破取得新成果,同时攀上了网络这条快车道,在"教育在线"上开始撰写教育工作随笔。

用激情对待教育

2006 年 8 月,我怀揣着兴奋与期望,忐忑不安地南下,在东莞某中学又一次从零开始了执教之路。在这里,我开始担任两个初一班的数学教学任务,以及一个班的班主任工作。

这是一个投资超 3.5 个亿的美丽得令人颤抖的市直学校,108 个教学班近 5000 名师生的办学规模,汇集了全国各省市众多的精英才俊。在这里,不可能也不倡导一枝独秀,学校的文化理念就是团体合作。全新的环境与视野,带给了我许多新的感悟与挑战。

读小学时,见到班主任不是教语文的,就是教数学的,便以为只有语、数老师才有资格当班主任。读初中,英语、物理、化学也是主科,这些学科老师做班主任,也觉正常。但到了这里,我发现学校为了锻炼青年教师,常常安排一些任教史、地、生等学科的教师担任班主任,心里不免诧异:这一周在班上都上不了几节课,能带好一个班吗?后来见他们工作一样做得有声有色,井井有条,我方才真正明白了,原来班主任首先应是一名拥有爱心的教育者,其次才是一个知识传授者。

一周一次的班会课,通常会比课堂教学更令班主任们烦恼。如何利用好班会课的舞台有效促进班级的管理,就成了我首先思考的问题。我开始大量收集、整理、积累素材,捕捉班级学生的思想动态,有针对性有计划地设计班会课。比如,针对初二开学初同学们还没有完全从暑假中进入状态,我设计了"志存高远"的目标班会,配合年级的级会共同营造一种开学就进入状态的良好氛围;针对班上部分男生因酷爱篮球而导致宿舍内务纪律不佳、学习态度自由散漫的现象,我通过播放《铁血教练》的电影,以"散漫"为主题,设计了"斯托克的启示"的班会;针对班上部分同学出现情感波动,我仿照李镇西老师,设计了青春期教育的系列班会课,其中的"叩问爱情"班会,我通过"给女人的信"的小品表演、白朗宁夫人的爱情故事、《咱爹咱妈》的系列图片告诉同学们:爱情就是"执子之手,白头偕老"。

1997 年 11 月,在学校进行的教育开放日活动中,我以年级所进行的一场班级拔河比赛我班勇夺第一的事例入题,精心设计了"爱拼就会赢"的主题班会。学生们被感动了,下课时,教室里响起了长久而热烈的掌声。学生们在周记里都不约而同地表扬老师,谈体会。听课老师被感动了,课后复制课件的一个接一个。后来,我把写成的班会案例、视频和课件发送给全国著名的班主任、享受国务院特殊津贴的张万祥老师,他看了之后也赞道:"从这个班会设计,我看出你现在的精神状态很好,工作有特色,很高兴。这个班会设计非同一般,很有特色,结合学生的实际,从一件具体的拔河比赛切入,然后延伸开去,引领学生思考拼搏团结奋斗的含义。我们的班会不能就班会而班会,不能停留在表面,要给学生以人生的启迪和思考。这个班会做到了。我很喜欢。课件做得太漂亮了,佩服。"

在这里,我和我的同事们每个人都非常尽心尽力地工作着,压力非常大,工作时间也极其长,甚至我有时感觉已经快没有了阅读和写作的时间。我一直以为一个出色的班主任,应当具有成长规划,除了从工作中增长能力之外,还应当具有提高自身价值、拓展自己生命深度和宽度的幸福发展意识。而思考和写作,就是包括魏书生、李镇西、张万祥等众多成功者探索出来的有效的路径。一直以来,我也总是习惯于把自己工作中的所思所想付诸笔端,和志同道合的朋友们共同讨论,投寄报刊,几年下来,我已在国内各报刊上发表教育教学文章七十余篇,撰写随笔 50 余万字。这些财富也使我成了一个用激情对待教育,用快乐来看待生活的精神富翁。

做一位诗意、阳光的心灵种花者

许丹红

感恩篇:蓦然回首,伊人就在灯火阑珊处

淡淡花开是生命的一个驿站,静静花落是旅途的一座长亭。花开花落描绘了多彩多姿的世界,花开花落组成了生命的长河。

十几年前,妙龄 19 岁的我来到了一所破旧村小。瞧着四周年老的老师,那青砖蓝瓦泛出的幽幽黯淡,不免一声叹息。初为人师的激情与理想把那缕缕不安与失落轻轻赶跑。借助《愉快教育法》、《李吉林的情景教学》,我寻觅着梦中失落的欢笑:白天,教书、批改、做游戏、辅导差生,宛如一位大姐姐,与孩子们一起笑,一起乐;晚上,淡淡的灯光下,我伏案精心地准备着教案……付之以桃,报之以李。一年后的新教师评优课选拔赛中,在一没试教二无老师指导的情况下,我的课幸运地从 65 堂语文课中脱颖而出，成为人数很少的复赛教师之一。应该说，工作前5年，我也取得了还算不错的成绩。原本已有了一个良好的开端，遗憾的是我没有坚持下去。

不知从何时起，我只剩下管好一个班带出年级第一的简单理想。对我而言，似乎这不是什么困难的事。渐渐地，一颗心蒙上了岁月的懈怠和灰尘，我跟随着同事，日复一日地重复着抄写教案的机械活，带一个班满足于不出什么事……人生如逆水行舟，不进则退。在无聊的泡沫电视剧中，在与同事悠闲的闲聊中，我吞嚼着所有美好的青春时光。

日子在麻木与清闲中度过，日历更新的速度令人叹息。日渐平庸的我，唯有在无数个月朗星清的夜晚，才想起年轻岁月里的激情燃烧的梦想，想起那个单纯快乐向上的女孩，这一切如一抹云，在脑海里轻轻地浮荡。

这样的日子一直延续到了2004年10月，在一个值得缅怀的日子里，我跌跌撞撞地闯入"教育在线"，我知道我的生命开始掀开了新的一页。

依傍大师的臂膀：走近苏霍姆林斯基

千千在"教育在线"论坛上说——倘若我是校长，不读苏霍姆林斯基的《给老师的一百条建议》的老师，不能上岗。这句话在我心中留下了"刻骨铭心"的记忆。于是，我如饥似渴地寻找这本书，欢呼雀跃地阅读这本书。

读书，每天不间断地读书，跟书籍结下终生的友谊。潺潺的小溪，每日不断，注入思想的大河。读书不是为了明天的课，而是出自内心的需要和对知识的渴求。如果你想有更多的空闲时间，不至于把备课变成单调乏味的死抠教科书，那你就要读学术专著。应当在你所任教的那门科学领域里，对你来说只不过是入门的常识，在你的科学的大海里，你所教给学生的教科书里的那点基础知识，应当是沧海一粟。……

大师的至理名言如醍醐灌顶，惊醒了我，滋养着我。

我拿着黑色的笔，诵读着，微笑着，记录着，厚厚一本工作笔记，密密麻麻的字迹浸透汗渍。或淡或黄的痕迹中，沉睡心灵的弦得以拨响：第一次，我那么急迫地希望自己多读书，读好书；第一次，我站在一个大写的人的高度，去看待每一个孩子；第一次，那么渴望给予孩子生命中最重要的东西——幸福；第一次，揣摩自己的教育是否在追求教育的恒久性、终极性价值……

沐浴在大师的光辉下,我平生第一次感到那么幸福。

犹太经典《塔木德》说,和狼生活在一起,你只能学会嗥叫,和那些优秀的人接触,你就会受到良好的影响。你与之交往的人就是你的未来!在"教育在线"中,我接触了一大批优秀的教师,从他们身上汲取了前进的勇气和力量。我开始如饥似渴地读书,读经典,我开始逼迫自己背诵古诗词,专门进行教育、教学的写作,我静心阅读了一系列适合班主任阅读的教育专著,如张万祥老师的《班主任工作创新艺术100招》、李镇西老师的《爱心与教育》、万玮老师的《班主任兵法》、王晓春老师的《教育智慧哪里来》等。在著名特级教师张万祥老师的鼓励、引领下,我对班主任工作更是情有独钟,开始动笔撰写班级日记,在"教育在线"上开设了班级主题帖,从《爱,在诗意中馨香》到《飘香的童年舞曲》,再到《总会遇见隆重的庆典》,单单记录班级生活的教育日记就达50万字。

朱永新老师说,要想写得精彩,必须做得精彩。在不断地记录、反思、书写中,我对班主任工作的感情也日趋加深,更加挚爱这份工作了。我的教育生涯开始发生翻天覆地的变化,3年的时间发表了近百篇教育教学随笔,《飘香的教育舞曲》正式出版。我也获得了桐乡市首届德育骨干教师、市德育学科带头人、市优秀少先队辅导员等荣誉称号。我开始享受教育带来的幸福……

诗意篇:天长地久有时尽,此爱绵绵无绝期

陶老先生说:真教育是心心相印的活动,唯独从心底发出来,才能打到心的深处。用真心去换取真心,用真爱去赢得真爱,我开始用我那如火的热情,如诗的爱心,如水的耐心,潜心地进行班主任工作方面的研究,利用自己身上的文学禀赋,营造一方诗情画意的世界。爱心,在诗意中馨香。

1. 嵌名小诗为礼物

书香遐迩沁心脾,我以诗歌为载体,丰富孩子们的生命,润泽他们的心灵,努力让班级管理弥漫着浓浓的诗情画意。比如,刚接班的第一天,我给每个孩子送了一份珍贵的礼物,那就是赠送给每个孩子两句诗,并把他的名字镶嵌在里面。然后把它打印出来,装在信封里,作为见面礼送给班上的孩子。别出心裁的礼物,给孩子们留下了非常美好的印象。

下面举几个例子:

张晓婷——晓荷绽颜无限娇,婷婷玉立性高洁。

沈诗媛——唐诗宋词皆上品,琴棋书画小媛通。
钱正芳——一身正气浩然,芳名流传人间。
梅杰——梅花香自苦寒来,若想杰出勤为先。

2. 改写诗歌作评语
　　学期结束,我又别出心裁,根据班上每个孩子的特性、禀赋、爱好,给每个孩子编写或改写了一首首儿童诗,作为评语又当做礼物送给孩子。

美丽一万倍——送给佳佳

佳佳啊
比全世界所有的——
国王宫殿加起来
还要美丽一万倍
——那是繁星点点的夜空
——那是你明亮的眼睛。

佳佳啊
比全世界所有的——
女王的衣裙加起来
还要美丽一万倍
那是清澈倒映在水中的彩虹
那是你永远灿烂的笑脸。

佳佳啊
比繁星点点的夜空
比清澈倒映在水中的彩虹
还要美丽一万倍
那是天外的神的国土
那是美丽又智慧的你呀!

　　每个孩子都是独一无二的个体,孩子们看到这些诗歌,那份欢欣鼓舞不是用语言所能描绘出来的。

3. 晨诵诗歌盈心灵
　　与黎明共舞,在每周两个晨曦微露的清新早晨(语文早读时间),我开展"晨诵送诗"的活动。每当有孩子取得进步时,我就精心挑选一首符合他本人意象特征的诗歌,让全班孩子们轻轻诵读,体会诗歌的含义后,进行有意义的改编,作为礼物送给他。请看我的一篇班级日记《每一个人都是很棒的》:

我、小鸟和铃铛

金子美铃

我伸展双臂,
也不能在天空飞翔,
会飞的小鸟却不能像我,
在地上快快地奔跑。
我摇晃身体,
也摇不出好听的声响,
会响的铃铛却不能像我,
会唱出好多好多的歌。

铃铛、小鸟,还有我,
我们不一样,我们都很棒。

周一,又到了晨诵的时刻了。今天吟诵的是《我、小鸟和铃铛》,让孩子们反复吟诵后,谈一谈这诗歌,让你懂得了什么。金子美铃的诗,通俗浅显,琅琅上口,这首诗,充满了童趣童真。

"每样事物都有它的长处,都是很棒的。"小英说。

"世间的每一个生物都有自己的长处,我们要扬长避短,做一个最优秀的自己。"志宏说。

"我们每个人都有自己的长处,我们要发挥出自己的长处,这样我们就是最棒的!一个人不可能是十全十美的,只要我们能扬长避短,就能长江后浪推前浪,更上一层楼。"超超说。

"是啊,孩子们,每一个人来到这个世间,都是有道理的,上帝都会给我们一双美丽的水晶鞋。尺有所短,寸有所长,我们要学会扬长避短,做最优秀的自己。"我充满感情地说。

"下面啊,我们一起把这首诗,送给双手灵巧的坚强同学。"我在黑板上写下了这么一段话:亲爱的坚强啊,你的双手很灵巧,只要你努力,你的未来一定很辉煌!

那温馨的一幕又一次在"红日班"("红日"为本班班名)上空展现:孩子们一个个站立着,绘声绘色地朗诵着:"亲爱的坚强啊,你的双手很灵巧,只要你努力,你的未来一定很辉煌!"孩子们在胸前摊出双手,做出送礼物的样子。坚强激动地说:"谢谢,同学们,我会努力的。"是啊,这个除了语文偶尔能考出三四十分,其余的功课都徘徊在个位数之间的孩子,一直很努力,他从来没有落下任何一项作业。当班中桌椅破损时,他总是会及时地去修理。撇开他的学习成绩,其实他是多么可爱啊!

"亲爱的孩子们,上帝让我们来到世界,总归有他的道理。每个人都有他生存的道理。看看坚强,那么踏实,为人又这么善良和热心,他的双手这么灵巧……孩子们,每一个人都是一个与众不同、独一无二的自我,每一个人都是很棒的。下面啊,我们再一起把这首诗歌送给可爱的坚强同学吧!"

一张张甜美的笑脸,一声声激动的吟诵,还有那张泪光盈盈的脸,分明告诉了我:一个温暖的春天,已经停留在亲爱的坚强的心窝了。

没有爱就没有教育,都说培养孩子是在心灵上种花,是一种精细的活。我热情洋溢地给班上每一个孩子写信,用真心和爱心垒造了一个"情书工程",每一封"情书"包含着我对他们真诚的爱。

我不间断地给全体孩子写信,《做最好的自己》、《爱祖国从爱身边的人开始》、《诚信,赋予我们金子般的魅力》等一封封寓读书、做人为一体,播撒着真情和快乐的信,像涓涓细流淌进了孩子们的心灵。

这些信笺架起师生之间的沟通桥梁,进行心与心的交流,拉近了师生之间的距离。

智慧篇:云想衣裳花想容,春风拂槛露华浓

英国教育家贝克汉姆说:"教师拥有研究机会,如果他们能够抓住这个机会,不仅能有力地迅速地推进教学技术,而且能使教师获得生命力与尊严。"王晓春老师说:教育的智慧从哪里来? 新时代的教师不能迷信并神化师爱,更需要教育的智慧。行走在专业成长的道路上,我努力地去做一位怀揣着智慧,科学有效地做班主任工作的阳光老师。

面对班级工作中的难题,我开始用一颗智慧的头脑,去攻克管理中的一个个难题。我利用喜报,别出心裁地激发、调动孩子和家长的热情:一周,各方面表现很好的孩子,可在周末拿一张喜报,向家长报喜。面对默默无闻和表现平平的孩子,我努力挖掘他们身上的闪光点,慷慨地发放喜报:即使做的好事微乎其微,也立即发一张——您的孩子乐于助人,向您报喜;某一单元取得了好成绩,发一张——您的孩子学习进步了,向您报喜;做作业速度提高了,发一张——您的孩子学习变得轻松了……一份喜报,一份希望,一份自信,激发了孩子们学习的兴趣,调动了家长的积极性,焕发了家长的成就感,密切了家校的联系和沟通。

任何东西,时间一长,很容易失去新鲜感,产生"抗药性",孩子拿喜报过多后会逐渐麻木。针对这种现象,我采取了升级制,每四张喜报,可换一张奖状,每换一张奖状,就上升一个级别:第一个四张喜报,可评"红日小明星",第二个四张喜报,可评"红日小王子(小公主)",第三个四张喜报可评到"红日小天使",最后一个四张喜报评到的是最高级别的"红日阿波罗",并享受照片一张,作为班级形象大使,张贴在教室的门上。

有了一个个级别的争创,孩子们一个个都有了奋斗的目标……每拿一张喜报,孩子们就处于一种亢奋状态之中;每获一个新的级别,将又是新一轮的挑战和奋斗。

在小学阶段,男女生生理发育的特点不同,表现也往往不同。男生的自我约束能力较弱,他们常常以自我表现为中心,贪玩,好动,遇事容易冲动,学习上比较粗心。女生对学校的各项规章制度适应性较强,易于接受老师的教育,办事认真,学习努力扎实。传统教育中好孩子的标准就是听话,乖巧,学习成绩优异。这正符合这一时期的女孩子的表现,在小学,"阴盛阳衰"早已成了一个不争的事实。看到这一现象,我开始想方设法调动男生的积极性。

1. 播赏识之光,搭才能之台

搭建男生施展才华的舞台——建立了双班委制度。男、女生各一套班子,分周轮流管理。这样,一大批男生当上了班干部、组长。及时开展评选最称职的男生班干部、最有进步的男生等活动,让调皮的男生们参与班级管理,与自己的缺点作斗争。这激发了他们的自信,调动了兴趣,培养了集体荣誉感,发扬了男生的主人翁精神,取得了事半功倍的效果。

2. 洒竞争之水,激上进之源

面对一群品学兼优的女生,男生们看不见自己的优势,自卑感油然而生。为了树立男生的信心,我给男生单独开会,做好宣传发动工作。一石激起千层浪,男生们意气风发,各自挑选了所想要追赶的女生为对象,发出了挑战书。女生们在对他们刮目相看的同时,不得不加快自己的脚步。教室后面的评比栏动了起来。每周一检测,是否挑战成功,若成功,就得到我所奖励的一朵小红花,上面写着"阳光男孩",四次后可换取"阳光王子"的称号。评比栏把整个集体带入了一个比学赶帮的热烈的竞争氛围中去,男生们开始充满激情,变得生龙活虎。

　　3. 施自信之肥,扬奋斗之帆

　　为了培养男生的自信心,我在班上建立了"男子真汉榜"。每周在行为规范、学习习惯等方面逐项进行比赛,达到一定分数的男生可上此榜,连续四次,可获取一份阳光喜报,通报家长,让家长一起分享成长的快乐。这一举措,家长们好评如潮。好多家长反映,男孩在家学习主动了,各方面有了很大的改观。这样,一批平常吵闹成性的男孩,看到了自我存在的价值,发生了巨大的变化。

　　办法总比困难多。在出奇制胜的招数中,我开始体会智慧带来的轻松和惬意。

　　纪伯伦说,工作是看得见的爱,通过工作来爱生命,你就领悟了生命最深刻的秘密。当许多人抱怨班主任工作烦琐无奈时,我能体会其中的乐趣。

　　快乐地教书,智慧地做幸福的班主任,让教室成为孩子们愉悦的乐园,这是我的教育理想,也是我现在乃至以后追求的目标。倘若,静默之莲是我的至爱,那么,我愿意用爱心、细心、慧心培植稚嫩的蓓蕾,诗意地聆听花儿悄放的乐声。倘若,班主任工作可以装点我的生活,那么,我愿意,醉于斯,乐于斯,让心花惬意绽放。